这个汉朝太有意思了

从霍光舞权到王莽代汉

第四卷

朱耀辉 著

中国致公出版社

图书在版编目（CIP）数据

这个汉朝太有意思了. 第四卷 / 朱耀辉著. -- 北京:
中国致公出版社, 2020（2020.11重印）
ISBN 978-7-5145-1669-2

Ⅰ. ①这… Ⅱ. ①朱… Ⅲ. ①中国历史—汉代—通俗
读物 Ⅳ. ①K234.09

中国版本图书馆CIP数据核字(2020)第084924号

这个汉朝太有意思了. 第四卷 / 朱耀辉 著

出　　版	中国致公出版社 （北京市朝阳区八里庄西里 100 号住邦 2000 大厦 1 号楼西区 21 层）
发　　行	中国致公出版社（010-66121708）
责任编辑	王福振　颜士永
策划编辑	仪雪燕
封面设计	仙境
印　　刷	旭辉印务（天津）有限公司
版　　次	2020 年 8 月第 1 版
印　　次	2020 年 11 月第 2 次印刷
开　　本	710mm × 1000mm　1/16
印　　张	15.75
字　　数	302 千字
书　　号	ISBN 978-7-5145-1669-2
定　　价	48.00 元

序　言

当武帝朝的盛世在杀戮与忏悔中落下帷幕，我们来到了昭宣时代。

在普通人的印象中，武帝时代足够热血激荡，武帝一死，王朝开始走上了下坡路，因而很多人对后武帝时代的印象都比较差：皇帝荒淫、宦官专权、王莽篡汉。

其实不是这样的。

后武帝时代，故事同样精彩和曲折。就拿昭宣和元帝时代来说，对外，有傅介子重开西域，有陈汤“明犯强汉者，虽远必诛”两汉最强音，有呼韩邪单于来朝。

班固在写《汉书》时发了这样一句感慨：汉之号令班西域矣，始自张骞而成于郑吉。张骞开通西域，建立起了中原王朝与西域的联系，可是直到西域都护府设立，中原王朝才正式统治西域。

武帝时代，汉与匈奴征战四十余年，双方你来我往，顶多打成平手。直到宣帝时代，汉军重出西域，斩断了匈奴右臂，才算彻底降服了这个百蛮大国。而西域，也第一次纳入了中国的版图。

对内，霍光领衔的执政团队继承了武帝临终前定下的休养生息政策，其人口规模在汉宣帝时期再度突破了五千万。历代的盛世，只要轻徭薄赋，给农民一条出路，百姓都会感恩戴德。昭宣时代的政策也是从减轻农民负担入手，多次减免各地的赋税，农业生产发展起来后，就出现了“藏富于民”的局面，老百姓有了好日子过，国家自然也就和谐强盛了。

可是，在这种表面的和谐繁荣下，暗流也在悄悄涌动。

这股暗流就是，地方豪族的大规模兴起。

豪族是怎么来的？恰恰是汉武帝雄才大略的副产品，正是他刺激了社会上豪族的兴起。大量百姓无法忍受繁重的苛捐杂税，扔了土地，投靠到地方豪族门下。

豪族进一步兼并土地，导致大批贫苦的自耕农失去田宅，破产流亡，沦为游民、奴隶甚至盗贼，严重影响了社会安定和谐。当时的情势是富者田连阡陌，贫者无立锥之地，贫富差距之大，令人咋舌。

豪族越来越强，与地方官僚联手对抗皇权。事实上，整个四百年的汉王朝就是一部皇权与豪族的博弈史，西汉的覆亡，很大一部分原因就是地方豪族崛起，架空了皇权。

西汉有一次最重要的改革（王莽改制暂且归到新朝），以桑弘羊领衔的改革团队对帝国的产业、流通、税收三大方面进行了深层次的整体配套改革，在经济上极大地保障了中央集权的形成。

然而，这次改革所造成的负面效应也是显著的。各项产业及流通领域被政府垄断后，“文景之治”所形成的民间经济大繁荣的格局被彻底扼杀，商品经济从此趋于衰竭，引发了地方豪族的不满。

于是，在武帝去世六年后，帝国的朝堂之上开展了一次大讨论，史称“盐铁会议”。

在中国经济史上，这可以说是一次伟大的经济政策辩论会，一个叫桓宽的人详实地记录了辩论内容，写成一部奇书——《盐铁论》。

这次会议由霍光以昭帝的名义召开，就武帝时期的各项政策，特别是盐铁专卖政策进行全面总结和辩论。辩论的一方是武帝改革的关键推手、七十多岁的桑弘羊，另一方则是霍光召集来的儒家文人，埋头在古籍中的学者，而非专业的经济学家。

由于儒家不太懂经济，讨论双方始终不在同一频道上。学者鄙夷桑弘羊投机兴利，桑弘羊蔑视学者空谈误国，双方按照自己的逻辑和思维相互扯皮，已经超出了原来的经济讨论范畴，变成理论层面的霸道与王道之争。

抛开对武帝改革的争议，我还想讨论一个人：王莽。

他有着异想天开的统治理念，施行了一系列的改革措施，其中不乏大胆超前并脱离时代的举措，可为何却在史书中声名狼藉？

在很多人的印象中，王莽是篡汉自立的野心家、影帝，大奸似忠、外似朴野、中藏巧诈这几个词似乎跟定了他，成了他身上抹不去的标签。可问题是，这就是王莽的全部人生吗？

我不想为他起死回生，只是想还其一个本来面目。

写这套书，除了理清故事和历史的底层逻辑外，还有一个愿景：我想还原那一个个有血有肉的人，历史中的人。无数个夜晚，我埋首书桌，一卷卷翻阅《史记》

《汉书》《资治通鉴》，体会着他们的喜怒哀乐，感受着他们的豪情和无奈，然后泪流满面，不能自已。

作为一个文史类作家，我之前也写过不少书，但如此大部头的系列还是第一次。两年的码字与打磨，对我而言是一个从未有过的挑战，能够坚持到写完，除了热爱，还是热爱。

无论如何，我尽力了，希望我的文字不会让你失望。

接下来，让我们共同揭开后武帝时代的历史大幕！

目录

第一章 霍光受遗

大汉权力场

公元前 87 年，一代雄主刘彻崩，继位的是幼子刘弗陵。

刘弗陵登上西汉政坛，踏入了权力场。这一年，他只有八岁。

由于继任者过于年轻，刘彻担心自己去世后，历史会重演吕后乱政的一幕，于是找了个借口，残忍地处死了刘弗陵的生母，钩弋夫人。

政治的残酷与血腥，由此可见一斑。

为了保证帝国这艘大船沿着既定的航道平稳运行，临终前，刘彻将帝国的基业押在了五个人身上，他们分别是：霍光、金日磾（mì dī）、上官桀、田千秋、桑弘羊。

这五个人是刘彻亲自挑选的辅政大臣，他们组成了一个权力天平，无法一家独大，进而威胁到皇权。

将一切安排妥当后，刘彻离开了人世。

八岁的刘弗陵高坐在大殿之上，孤独而忧伤。不到一年的时间里，他先后失去了母亲和父亲，在偌大的未央宫内，他居然举目无亲。他能依靠的，只有眼前的这五个老头。

五位辅政大臣陪侍着小皇帝刘弗陵，也各想着各的心事，他们要面对并习惯这样一个事实：这座伟大都城曾经的主宰已经不在，而且不会再回来。帝国的政坛，将从此步入后武帝时代。

下面，我来依次隆重介绍一下这五位大佬，看看他们到底有何本事，能在最后时刻获得刘彻的青睐。

先说一号人物霍光。

前面说过，霍光是霍去病同父异母的弟弟，父亲霍仲孺曾在平阳侯曹寿府中干活，与平阳侯的侍女卫少儿私通，生下了霍去病，后来又回家娶妻生了霍光。

霍去病后来得知了自己的身世，在出击匈奴的途中，他请来霍仲孺，与其父子相认，并不计前嫌地替父亲购买了大量的田地房屋和奴婢，让父亲和弟弟一家人衣食无忧。

凯旋时，霍去病再次拜访父亲，并将十多岁的异母弟弟霍光带到长安照顾。

在长安城，霍光开阔了自己的眼界，也得到了最好的教育。凭借哥哥的身份和地位，霍光十几岁便进入了中央的后备人才库，先后任郎官、曹官、侍中。

就在霍光朝着自己的梦想迈进时，哥哥霍去病突然去世，他的靠山没了。

局势变得有点快，要想生存下去，只能靠自己了。

霍光主要的工作就是陪在刘彻左右，小心服侍。作为一位杀伐果决的皇帝，刘彻的圈子可不是什么人都能进的，这圈子里除了智者就是能人。要想在这个圈子里混下去，需要打起十二万分的精神，最考验一个人察言观色的能力。

经过多年的历练和隐忍，霍光终于练就了超级忍术，他为人极其低调，办事滴水不漏，二十年的朝夕相处，霍光在工作中从来没出过一丁点儿差错，深得刘彻的信任。

曾有人对霍光做过长期的跟踪观察，发现此人言谈举止极有分寸，简直到了神一样的境界。举个例子，他每次进出宫殿，行脚落步都有固定的位置和尺寸，站的位置既不显眼，又离皇帝不太远。他总能找准自己的位置，然后默默观察大小官员在武帝面前的反应。

霍光的表现获得了武帝的肯定，其权势和地位迅速攀升，历任侍中、奉车都尉、光禄大夫等职位。这意味着武帝出行时，要靠霍光保驾护航；武帝处理政务时，霍光可以凭借国策顾问的身份参与决策。

霍光不追求曝光率，也从不公开发表政见，别说是汉朝百姓，就连许多高官也忽视了霍光这号人物的存在。

每回廷议时，霍光都列席，却从来都一言不发，仿佛自己并不在场。在相当长的时间内，霍光在政坛里并没有引起任何像样的注意，大伙儿都以为他只是一个吃闲饭的人而已。

但低调只是霍光的伪装，或者说，是他在多年政治斗争中悟出的生存之道。

凭借着这份低调与靠谱，霍光侍奉武帝左右长达二十多年。虽然品级不高，也没有多大权势，但他还是几十年如一日地伴随在武帝左右，兢兢业业地完成一项又一项琐碎的事务。他见证了霍去病和卫青那无比隆重的葬礼，也见证了在武帝的带领下，这个帝国如何对外征服四方、扬威西域，对内打击豪强、集权中央，一步一步踏上文治与武功的巅峰盛世。

除了做事靠谱，霍光的颜值那也是没得挑的，他身材挺拔，皮肤白皙，双目有神，长须美髯，妥妥的帅哥一枚。

武帝临终前，命画师画了一幅周公背成王的图赐予霍光，嘱托他像当年的周公一样，辅佐自己的幼子刘弗陵。

为了让霍光更好地开展工作，武帝提拔他为大司马、大将军。

要知道，大司马、大将军位在三公之上。在此之前，武帝曾任卫青为大司马、大将军，但当时武帝大权在握，卫青也恪守本分，故当时的大司马、大将军虽然位高，但还没有成为朝官首领。而此时，霍光一人身兼大司马、大将军，不但成了内朝的最高首领，更成了百官之首。

从这一刻起，霍光终于迎来了自己的高光时刻。

再说二号人物金日磾。

他是匈奴人，十四岁之前一直过着王子般的生活。当初武帝大举进攻匈奴，迫使浑邪王、休屠王投降，投降途中，休屠王因反悔被浑邪王斩杀，而金日磾就是休屠王子。

父亲死后，金日磾和母亲、弟弟沦为汉朝宫廷里的奴仆，作为降汉的奴隶，他被分配到皇家马场养马。

从昔日的王子到今日的奴隶，地位一落千丈，绝对是人生中致命的打击，可金日磾忍了下来，因为他要在这异国他乡活下去。只有活着，才能看到希望，才有机会改变自己的命运。

他把所有屈辱、仇恨深埋在心底，然后开始了自己的养马生涯。

一日，武帝带着自己的众多妻妾来马场检阅爱马，金日磾等数十人牵马从看台前经过，供皇帝观赏。当其他人牵马从台前经过时，几乎都被看台上打扮得花枝招展的宫女们吸引了眼球，一个个伸长了脖子，目不转睛盯着看。

唯有金日磾经过时，目不斜视，牵着自己的马默然走过。

我们不知道，那一刻金日磾心里在想什么。或许是自卑，或许是惭愧，一个王子落魄到如此境地，哪还有心思欣赏美女？

无论如何，金日磾还是吸引了看台上武帝的注意。武帝见他身高八尺有余，容貌威严出众，所养马匹膘肥体壮，在人群中很是显眼，于是叫他上前来。

经询问得知，金日磾是休屠王子，身份不一般。武帝在简单考校一番后，提拔他为马监，接着又升任侍中、驸马都尉、光禄大夫，一步步踏入帝国的权力中枢。

金日磾受到重用后，依然保持着谦虚谨慎的作风，从不越轨行事。他出则陪护武帝左右，入则侍卫武帝前后，很得武帝的信任。

一个外来户被武帝极度宠幸，这引发了很多人的羡慕嫉妒恨，当然，主要是恨。有人在武帝面前抱怨，陛下为何要重用一胡儿？别忘了他是敌国的子孙，非我族类，其心必异！

武帝有点不高兴：胡儿怎么了？只要对朕忠心，朕就对他恩宠，给予他充分的信任！

这之后，武帝反而更加器重金日磾。

金日磾深知，自己的一切都是武帝给的，如果不是武帝的信任，自己恐怕现在还在马场里养马呢！所以他对武帝的回报也是不掺杂一丁点私心。

至于国仇家恨，他早就从中解脱了。

金日磾有两个儿子，长得特别可爱，大儿子常在武帝身边玩耍，跟武帝非常亲近，被人亲切地称为“弄儿”。

有一次，弄儿在玩耍时从后面扑上来抱住了武帝的脖子，不巧这事被金日磾看见了，他生气地瞪了儿子一眼。儿子害怕了，一边跑一边哭着说，爹爹发火了。

武帝责怪金日磾对孩子过于严厉，对他说：干吗生我弄儿的气！

弄儿长大后，行为越发不检点，明目张胆地和宫女嬉戏，玩弄了不少宫女，还搞大了她们的肚子。金日磾一怒之下，下狠心杀了弄儿。

武帝知道后大怒，责怪金日磾太过冷酷。金日磾向他赔罪说：万恶淫为首，弄儿在后宫乱来，如果不杀，臣将愧对陛下的信任！

武帝大为感动，更加敬重金日磾。

金日磾的母亲教导两个儿子甚有法度，武帝听说后，给予嘉奖。后来金日磾的母亲生病去世，武帝将她的画像悬挂于甘泉宫，署名“休屠王阏氏”。金日磾每次见画必拜，每拜必泣。

巫蛊之祸前，有个叫马何罗（本姓马，后人改为莽）的家伙与江充关系很好，马何罗的弟弟因诛杀太子刘据时相当卖命，事后还混了个爵位。

然而，纸终究包不住火。李广利与刘屈氂的密谋暴露后，武帝意识到，巫蛊之乱背后存在着一个巨大的阴谋，太子刘据完全是被陷害的。恼怒的武帝开始秋后算账，他除掉了刘屈氂，将江充宗族和朋党全部诛杀。

此时的马何罗是武帝近侍，当年也是江充陷害卫太子事件的参与者之一。他担心自己也遭到清算，准备先下手为强，刺杀武帝！

不曾想，这个马何罗心机不够深沉，露出端倪，引起了金日磾的注意。

金日磾发现马何罗状态不太对，心中有所怀疑，暗中留意他的动静，与其一同上下班。马何罗也察觉到了金日磾的监视，一直都没有机会动手。

公元前88年的夏天，汉武帝到甘泉宫避暑。

马何罗兄弟觉得时机成熟，决定动手。

这一天，金日磾碰巧生了病，在偏殿休息。马何罗瞅准时机，与弟弟马通及小弟马安成商量，由自己行刺武帝，两个弟弟矫诏发兵，作为外援。

计划很美好，可宫中戒备森严，马何罗根本没有机会。直到天明时分，他才瞅准机会，携利刃潜入武帝的寝宫。

此时的金日磾正在上厕所，他隐约觉得不对劲，提起裤子回到武帝寝宫。恰好就在此时，马何罗袖藏利刃闯了进来，一见金日磾，神情大变，冲向武帝的卧室，不料由于自己太过紧张，撞翻了东西，摔倒在地。金日磾扑过去，抱住马何罗，随即高声呼喊：马何罗造反！

武帝从床上惊起，侍卫拔刀欲杀马何罗，武帝怕伤到金日磾，阻止了侍卫。两人一番厮打，金日磾终究更胜一筹，将马何罗擒住。侍卫们立即一拥而上，将其捆成了粽子。

经过突击审讯，武帝又令霍光与上官桀去逮捕剩下那哥俩。两人正在宫中准备接应马何罗，一下子撞了个正着，欲奔无路，束手就擒。经审讯，马何罗一伙罪大恶极，被判斩首，全家伏诛。

这件事足以证明金日磾是胆大心细的人，也是沉稳与果敢的完美结合。

金日磾作为武帝的贴身护卫，多年来始终兢兢业业，牢记自己的本分，连皇帝赐给他的宫女也不敢接近。武帝有一次试探他，想娶他的女儿，谨慎的金日磾也断然拒绝。

想当初，武帝准备让霍光担任首席辅政大臣，霍光推荐了金日磾，并对武帝说：臣不如金日磾。金日磾却推辞说：臣是匈奴人，才能不如霍光。要是臣当了首席辅政大臣，匈奴就会轻视汉朝，不妥！

金日磾用一颗忠心换来了上天的垂青，而武帝也丝毫不介意他的匈奴人身份，大胆把皇权托付给了他。

再说三号人物上官桀。

上官桀是陇西人，出身平民，没什么背景。此人身强力壮，膂力过人，年纪轻轻就当上了羽林郎。

有一次，武帝去甘泉宫，上官桀护卫随行。也不知道武帝出门之前是否看了皇历，出门不久就遇到了大风。尤其是皇帝所坐的车子上还有一个又大又重的车盖，被风吹得寸步难行。没办法，只能把车盖从车上卸下来。

上官桀一看表现的机会来了，主动扛起车盖，任凭风吹雨打，车盖始终稳如泰山，这一幕引起了武帝的注意。

不久之后，武帝生了一场大病，病愈后，第一件事就是去马厩看马，结果发现自己的马都瘦成了骡子。武帝有点火大，叫来了皇家马场的主管上官桀，怒道：你是不是认为我快死了，再也看不到这些马了？

面对这种情况，如果换作一般人，估计立马就怂了，赶紧道歉。

上官桀不一样。

面对气头上的武帝，上官桀一脸悲痛地说：我听说陛下生病后，日夜忧愁，实在没心思照料马匹。

说完，还流下了几滴眼泪。

高，实在是高！

上官桀很会演，他用眼泪掩盖工作失误，抓住一切机会在武帝面前卖力表现，狠拍领导的马屁。

武帝前一秒还怒气冲冲，后一秒气就消了，忠臣啊，自己差点还冤枉他了！

武帝随后将他调回身边当了侍中，之后又提拔为太仆。

接下来再说说丞相田千秋。

田千秋的身世极其煊赫，他祖上乃是战国时期齐国的田氏，田氏代齐之后便南面称孤，占据山东最富饶的土地。汉朝建立后，齐国田氏作为声名煊赫的“关东九族”之一，被举族迁徙到长安附近的长陵定居。

到了田千秋这一代，他被安排了个“高寝郎”的工作，负责给刘邦看守陵寝，也就是所谓的“守墓人”。

这样一个冷门职位，一般来讲是没有任何前途可言的。但是，田千秋瞅准时机，一举改变了自己的人生轨迹。

彼时的长安城，巫蛊大案刚刚落下帷幕。随着调查的深入，案情逐渐明朗化，武帝终于察觉到，太子刘据可能是无辜的，他的内心逐渐浮现出一丝常人不易察觉到的悔意。

田千秋揣摩着武帝的心意，大胆写了一封奏疏，直截了当地为太子申冤。

田千秋果然把准了武帝的脉搏，随即被封为大鸿胪，位列九卿之一。

几个月后，丞相刘屈氂因罪被杀，田千秋接任丞相一职，封为富民侯。

这样火箭般的升迁速度，在整个汉朝也是绝无仅有的。

人，一生要走很多很多路，重要的却只有那么几步；要说很多很多话，重要的却只有那么几句；会认识很多很多人，重要的却只有那么几个。成功者和失败者的区别，也许就只在于他们多走对了一两步路，多说对了一两句话，多交对了一两个人而已。

毫无疑问，田千秋这一步走对了。

对此，很多人表示不服，班固在《汉书》中这样评价田千秋：田千秋这个人，既没有能力，又没有功劳，一句话说得巧妙，就拜相封侯，开天辟地以来可不曾有过这样的事情。

其实，岂止是文武百官看呆了，连匈奴人也觉得不可思议。

当时汉朝派使者到匈奴，单于问：我听说大汉天子新任了一位丞相，不知是因何任之？

使者说：是因为田大人上书言事，所以才被天子看中。

单于问：如果真是这样，你们汉朝任用丞相，并不是选拔贤能，仅凭上书就能获官，这也太草率了吧？

使者回来后把这些话告诉了武帝。

武帝听了之后很不爽，认为在匈奴人面前丢了面子，想处置这个使者，但最后还是算了。

田千秋虽然处于丞相之位，却一直谦虚稳重，从不出风头。按理说，田千秋的官职比霍光高，理所当然应该是首席托孤大臣。可如今，霍光逆袭成了托孤大臣的一号人物，排位远在田千秋之上。

换了常人，恐怕难以心平气和地接受这个结果，田千秋却毫无怨言。他把霍光推到聚光灯下，扮演着显赫的男一号，享受着最好的灯光和机位，拥有着最多的特写和对白。而他自己则退居幕后，默默工作。

反倒是霍光有点儿过意不去，对田千秋说：我和您一起接受先帝嘱托，我治内，您治外，您要时时刻刻监督我，以免我犯错误啊！

田千秋和气地一笑：哪里哪里，将军有此心，就已经是天下的幸事了！

田千秋的态度很明显，咱俩虽然是平级关系，但您才是首席托孤大臣，您说话，我照办就是，不用跟我客气。

霍光再问他有什么建议，田千秋却再也不答了。

田千秋明智地摆正了自己的位置，深得霍光青睐，每当国家出了什么祥瑞之事，霍光也都称赞是田千秋管理有方。

最后再来说说最后一位人物：桑弘羊。

桑弘羊这个人可不简单，他出生于汉景帝年代，自小生活在河南洛阳的一户商人家庭。少年时期的桑弘羊深谙算术和经商之道，年仅十三岁就以精于心算闻名于洛阳。此后，他被朝廷选中，正式踏入了仕途。

虽然当官很早，但桑弘羊一开始升迁并不快，直到四十岁的时候，才被武帝任命为大农丞，主管会计事务。此后数年，参与假民公田、铸五铢钱、西北屯田等事。

五年后，桑弘羊官拜治粟都尉，代理大农令，推行盐铁官营制度和均输法，创立平准法，实行纳粟拜爵、补官及赎罪政策。

十年后，桑弘羊实授大司农，任内推行酒榷制度。从此之后直至武帝去世，桑弘羊都独掌财权，总管国家财政。武帝对臣子们猜忌无度，生杀予夺，曾在十年间换了六个大农令，其中诛杀两人，只有桑弘羊上任后才没有发生变更，可见武帝对他的信任。

桑弘羊之所以被武帝发掘，不是时来运转，而是因为武帝缺钱了。

缺钱的原因，我在前面也说过，武帝喜欢折腾，南征北战，帝国国库被消耗一空。

作为武帝身边的首席财经顾问，桑弘羊亲自制定计划并推行了很多经济改革，其最核心的内容有以下三项。

首先是强化金融集权。

汉初近百年，民间一直有铸造铜钱的权力，最大的货币供应商就是吴王刘濞和邓通。桑弘羊把铸币权从民间收归中央，推行五铢钱，这种铜钱外圆内方，自此成了铜钱的标准样式，一直沿用了七百四十年，直到唐代才被废止。

其次，创立了均输和平准制度。

均输就是调整物资的运输。汉朝各个地方每年向朝廷缴纳贡赋，需要雇人运往长安。一方面运费高得吓人，另一方面各种物资都集中到京城，很多地方缺乏某项物资，却是供不应求。

均输令规定，这些贡赋都由各地的均输官来统一组织运输，除品质特别好的仍须运送京师外，一般贡品不再运送，由当地均输官运往邻近高价地区售卖，或将贡品按当地售价折成现金，另购廉价的商品运往高价地区发售。

平准，则是在长安设置平抑物价的机构，将全国各地的物资集中起来作为储备，物价上涨时卖出，物价下跌时买入，使商人们无法操纵物价。平准的推出就是为了打击商人操纵市场来牟取暴利，如此一来，民众不再因物价高而苦恼，朝廷也可以挣点外快，一举两得。

最后，是继续发展盐铁官营。

具体来说，就是朝廷招募百姓煮盐，官府只负责提供煮盐用的铁锅。盐煮成后，再由官府按所值给价，利润由双方三七分；至于铁的经营，则由官府彻底垄断：

凡是产铁的郡里都要设置铁官，负责铁的冶炼和铁器的制作与销售。全国二十八郡设盐官，四十郡设铁官，通过这种方式，保证了对匈奴作战的铁器供应。

一系列经济改革的推行，大幅提高了汉朝政府的收入，为汉匈之战的最终胜利奠定了坚实基础，堪称汉代版的"战时经济政策"。而这些政策即将迎来一场终极考验，我们且按下不表。

武帝临死时把桑弘羊拉进了权力核心，看重的是桑大人搞经济的才干，他希望桑弘羊能继续辅佐新皇帝，保证帝国的基业长青。

燕王的心思

以上就是五位辅政大臣的简历，下面我们再来审视一下这个权力场。

武帝在临终前，封霍光为大司马、大将军，金日磾为车骑将军，上官桀为左将军，这三人所任之官均属于中朝官。

什么是中朝官？顾名思义，中指的是宫中和宫内，所以又称内朝官，三公九卿等官员称作外朝官。这种分法始于武帝，其目的在于抑制丞相的权力，皇帝会经常提拔一些亲信之人为近臣，加侍中、常侍、给事中等职，陪在自己身边，充当自己的参谋与顾问。

在武帝一朝，皇帝与中朝官负责作决策，外朝官奉命执行，所以中朝官的职权和地位要高于外朝官。这也是丞相田千秋为什么会对霍光马首是瞻的缘由，因为他手中已经没有多少职权了。

朝堂内部，领导班子虽然暂时稳定了，可外部依然还有很多糟心事。得知八岁的刘弗陵即位为新一任皇帝，燕王刘旦坐不住了。

凭什么？太子刘据已死，按年龄次序，自己才是最有资格继承皇位的，你一个小屁孩，凭什么当皇帝？

还有那老家伙霍光，你不过是父皇身边的跟班，有什么资格主持刘家的天下？

想当初，太子刘据死后，远在河北的刘旦马上就给武帝写信，说愿意到长安来侍奉他。武帝何许人也？一看到儿子刘旦写这样的信，马上就明白了他的意图，于是回信就把刘旦训斥了一通，还削了他的三个县，以示惩罚。

意思很明确，皇位轮不到他来继承。

即便如此，刘旦依然不死心，父皇不让自己当接班人，可放眼望去，还有谁比自己更合适呢？

武帝去世后，朝廷给各地的诸侯王发了讣告，上面还盖了个印章，因此也被称为玺书。当刘弗陵的使者带着玺书来燕国报丧时，刘旦非但不肯依制哭丧，以尽臣子之道，反而产生了许多疑惑。

他对身边的大臣们说：这玺书的规格比以前小了很多，我怀疑是长安发生了什么变故。

使者有些蒙：你什么意思？

刘旦说：我要派人去一趟长安，核实消息！

很快，刘旦派出了自己的心腹寿西长、孙纵之、王孺等奔赴京师，名义上是询问丧礼事宜，实际上是探听武帝去世、小皇帝即位的内情，以及经历这一番巨大变故之后朝廷的最新消息，以便为进一步采取行动做准备。

他不甘心！

作为现存的皇长子，刘旦心里有太多的疑虑。自己上个月还去长安城参加了朝贺，那时候父皇的身体状况还尚可，怎么只过了一个月，父皇说没就没了？

京城之中到底发生了什么？

刘弗陵那小屁孩登基，其中有没有猫腻？

自己必须要搞清楚，要不然绝不甘心！

王孺一行人来到长安，见到了执金吾郭广意，问武帝因何病去世、新皇帝是谁、现年几岁。郭广意回答：先皇驾崩，新帝由诸位将军共同拥立，只有八岁，先皇下葬时并未出来吊唁。

得知新皇帝只有八岁，由姐姐鄂邑公主照顾生活饮食起居后，王孺等人又想去找鄂邑公主。

鄂邑公主是谁？他是皇帝刘弗陵的姐姐，因嫁给了盖侯王充，所以也被称为盖长公主。

不料，鄂邑公主此时已奉诏住进了宫中，王孺等人根本见不上面。

这个消息进一步证实了刘旦的疑虑，他对身边人说：皇帝驾崩时，没有留下任何遗言，而且鄂邑公主也不见踪影，这很不正常。

为了进一步打探朝廷的动向，刘旦又派人到长安，请求各郡国设立武帝宗庙。

儿子祭祀老子，何况又是皇帝，按理来说是很稀松平常的事，刘旦这么搞意义何在？

那是因为，为武帝立郡国庙，看似义正词严、冠冕堂皇，其实不合规矩。

汉代立宗庙，自有一套规章制度，除了汉初曾令各诸侯王在自己的地盘上立太上皇庙外，自刘邦以降，各个郡国都没有立宗庙的说法。燕王刘旦上书请求在各郡国为武帝立庙，不符合汉代立宗庙的规矩。就算要立宗庙，那也是由皇帝说了算，而不是你一个诸侯王说了算的。

刘旦封王已有三十余年，对儒家经典有广泛且深入的研究，不可能不知道这个规矩。但他还是提出了这个要求，很明显，这是在试探。

霍光接到上书后，感到颇为棘手。小皇帝刚刚登基，他不愿意因此事而引起事端，于是给燕王赐了三千万钱，增加封邑一万三千户，算是婉转拒绝了刘旦立宗庙的请求。

对于这个结果，刘旦显然很不满意，区区数千万钱和万余封户，与万里锦绣江山相比微不足道。他怒道：我本来就应该当皇帝，还用得着别人来给我什么赏赐吗？

怀疑和愤怒的种子在刘旦心中生根发芽，直到最后占据了刘旦的内心。

造反，势在必行。

刘旦很快勾结了刘氏宗亲里的刘泽和刘长，密谋造反。

刘旦向外宣称：我老爹活着的时候，曾特别关照我，允许我掌管诸侯国的一切行政事宜。

很明显，这是撒谎。

早在文帝的时候，朝廷就有强干（中央政府）弱支（各诸侯国）的提议，吴楚七国之乱被平定后，压制诸侯国成为朝廷的既定政策。景帝时，朝廷剥夺了诸侯王对诸侯国的治理权和人事任免权，诸侯国的中高层官员全部由中央任命。武帝时又行“推恩令”，严禁诸侯王与朝臣私下往来。

换句话说，此时的诸侯王只能收租子，舒舒服服地过日子；混得不好的，只能坐那种掉价的牛车。

刘旦要想造反，必须取得王国官吏的拥护与支持。

事实证明，野心家身边从来都不缺抬轿子的，王宫禁卫官成轸第一个站出来表态发言：老大，您失去了皇位继承权，干坐着怎么行？必须得抢回来啊！就您的号召力，只要一起兵，燕国之内，即使是妇女也都会在后面追随您！

刘旦听了这话，喜出望外，开始和刘泽密商造反事宜。为了进一步说服群臣，刘旦还信誓旦旦地表示：吕后在位时弄虚作假，把惠帝的儿子刘弘立为皇帝，诸侯王们在刘弘手底下当了八年臣子。后来吕太后驾崩，大臣们联手诛灭了吕党，迎立孝文帝，天下人才知道刘弘不是孝惠帝的儿子。我身为武帝如今最年长的儿子，反倒没能立为皇帝，这也太不公平了！我上书建议为武帝立庙，也未被采纳，现在立的这个皇帝，我怀疑他根本不姓刘！

紧接着，两人顺着这个思路拟了一份文书，宣称新皇帝刘弗陵不是武帝的亲生儿子，而是由朝中权臣拥立的，天下人应当共同讨伐！

然后，两人将这份宣言大量复印，派人到各郡国发传单，广造舆论，企图动摇百姓，搅乱人心。

按照计划，刘泽负责刺杀青州刺史隽不疑，发动兵变。

刘旦也没闲着，他在燕国做了三件事：

第一，积极招纳人才；

第二，大肆招兵买马、制作铠甲兵器；

第三，大阅兵，检阅燕国的部队。

为收买人心，刘旦还效仿天子之制，对追随自己起兵的小弟们皆令以貂尾为冠羽、金蝉饰冠，号为侍中。而对敢于谏阻起兵之人，则无情地予以诛杀，先后有郎中韩义等十五人丧命于刀下。

准备工作在有条不紊地进行，如今万事俱备，就差喊一嗓子了。

然而，一个突发性的事变，打乱了刘旦的部署。

刘泽回到临淄后，还没等他动手，消息就被中山靖王之子缾侯刘成知晓了。

刘成立即向青州刺史隽不疑举报。

就在刘泽继续完善自己的刺杀计划时，隽不疑带着人围了过来，将刘泽一伙人一勺烩了，并将情况上报朝廷。

霍光得报后，立即以新皇帝的名义派遣大鸿胪丞赶赴临淄，会同隽不疑一起审讯刘泽。

进了监狱，少不了一顿毒打。刘泽不经揍，一顿皮鞭下去，立即将与燕王刘旦的合谋全盘供出，随即以谋反罪被诛杀。

刘泽死了，这不重要，重要的是这一事件的主角——燕王刘旦该如何处理？

刘旦策划参与谋反，罪不容诛。可问题在于，他的身份很特殊，是刘弗陵的哥哥。

此时的刘弗陵即位才一年，根基尚浅；由霍光领衔的领导班子执政地位尚没有完全巩固，当下最迫切的事是稳定政局。如果深究刘旦之罪，难免要授人以柄，反而印证了刘旦等人传播的“少帝非武帝子”的流言，这是霍光不愿意看到的。

在这种形势下，霍光权衡利弊，只能将其赦免。

虽然死罪可免，但敲打还是有必要的。霍光派人到燕国明确朝廷的态度，先出场的是宗正，他告诉刘旦，皇上确实是武帝的儿子，这一点毋庸置疑，以后不许造谣生事！

紧接着，侍御史去见刘旦，他负责唱白脸：你想起兵造反，证据确凿，按律当严惩。汉家有正法，诸侯王只要犯下一点儿罪过，就得依法惩处，怎么可能会宽恕你？

最后才是太中大夫上场，他负责唱红脸：

古来天子，在朝内必有异姓大夫，这是用来匡正王族子弟的；在朝外有同姓大夫，用来匡正诸侯。周公辅佐成王，杀了他两个弟弟，所以天下太平。武帝在时，还能宽容大王，现如今新皇帝刚继位，尚未亲政，一切大权委任于大臣。古来诛杀惩罚从不徧袒亲戚，所以天下太平，如今大臣辅佐，依法办事，不敢有所偏袒，恐怕不会宽恕你。大王可要自己谨慎，不要让自己身死国灭，被天下人耻笑。

在这种连环套路下，刘旦终于低下了高傲的头颅，说了一句：我错了。

刘旦是真心认错吗？

依照他的性子，这显然不可能，一切不过是权宜之计而已。返回封地后，刘旦继续挖空心思寻找盟友，等待下一次机会。

伪太子风波

霍光虽然在火线被提拔，可不是所有人都会买他的账。在大伙儿看来，燕王刘旦与宗室刘泽合谋造反一案中，霍光的手段过于软弱，根本不适合当一把手。

这也可以理解，此前霍光最高的官职也不过是奉车都尉兼光禄大夫，也就是皇家车队的老大兼顾问。

很多人不服。

换句话说，霍光虽然是权力中心的一号人物，但他的威望还不够高。

一天深夜，皇宫内外发生了不明缘由的骚乱，大伙儿都在大街上狂窜，谁也不知道在躲避什么，反正跟着跑就是了。霍光怕出乱子，找来保管玉玺的官员，让他交出玉玺。

不料，此人很倔犟，果断拒绝了霍光的要求。霍光很生气，命人抢夺玉玺，结果对方拔出剑说：臣头可得，玉玺不可得！

这场面就有点尴尬了。

好在霍光的脑子转得飞快，他立即换了一副面孔，向保管玉玺的官员道歉：刚才多有得罪，其实我只是想考验一下你是否尽忠职守，你能誓死保护玉玺，我就放心了。

第二天上班时，霍光还上奏小皇帝，请求给这位保管玉玺的官员加官晋爵。

这件事为霍光赢得了不少威信。

可是，这些还远远不够。

前面说过，少帝即位后，霍光、金日磾、上官桀三人是以中朝官的身份承武帝遗命辅政。可是三人都没有侯爵位，要想指挥那帮外朝官干活，没那么容易。

如何才能被封侯呢?

当初刘邦曾与大伙有过约定，非刘氏子孙称王的，天下共击之!

好在霍光早有准备，面对众人的质疑和不服，他祭出了一件终极法宝——武帝遗诏!

这又是怎么回事儿?

想当初，巫蛊之祸发生后，马何罗想要行刺武帝，结果被金日磾给拿下了。因这件功劳，武帝在临终前留下遗诏，封金日磾为秺侯、上官桀为安阳侯、霍光为博陆侯。

少帝即位后，本应立即执行武帝遗诏，封霍光等三人为列侯，但由于金日磾见少帝年少，不肯受封。霍光和上官桀一看，这哥们儿真清高啊，要是自己还坚持己见，岂不是显得自己很功利?

没办法，虽然心里很不爽，但霍光和上官桀不好意思再提封侯的事，这事儿自然也就拖延下来。

好在霍光和上官桀也没有等太久。金日磾当了一年的辅政大臣，病重将死，霍光急忙奏请少帝，想为他申请封侯，圆了这个梦。少帝也不好意思拖下去，在病榻前为金日磾匆匆封侯。

次日，金日磾病逝，终年四十九岁。少帝为他举行了隆重的葬礼，赐给安葬器具及坟地，用轻车军士为他送葬，军队一直排到茂陵，谥为敬侯。

金日磾封了侯，霍光和上官桀封侯的事也就顺理成章了。没过多久，两人终于如愿以偿封了侯。

对于这场不大不小的“封侯风波”，朝中其他同事虽然心里有些不爽，但大家都是官场老油条，本着事不关己高高挂起的态度，不会轻易反对。

不料，卫尉王莽的儿子王忽是个愣头青，他对霍光如此行事愤愤不平，扬言道：武帝临终前后，我一直在旁边伺候，哪里有遗诏封这三人为侯的事?不过是这三个人互相抬轿子罢了!

话说得如此露骨，霍光脸上有点挂不住了，他找来王莽痛加斥责，让他回去好好管教一下儿子。王莽也对儿子的口无遮拦深恶痛绝，这简直就是坑爹啊!他知道封侯这事儿触到了霍光敏感的神经，怕他继续追究，一狠心，一杯毒酒了结了儿子的性命。

王忽之死对大伙无疑是一个严厉的警告，此后再不敢妄加评议。对于王莽的顺从态度，霍光表示满意，两年后给王莽升了官，算是对其丧子的一种补偿吧!

对于朝臣，霍光有一万种办法跟他们周旋，也有信心压制各种不服，可是对于与皇家骨肉相连的宗室，情况就有点复杂了。尤其眼下皇帝年幼，霍光大权独揽，难免给人留下权臣欺主的印象。

无论霍光怎么做，在宗室眼里，他始终是一个外人。

如何处理与宗室的关系，是摆在霍光面前的一个大问题。

于是，有人引用诸吕当政、背弃刘氏宗室败亡的故事，给霍光提了个建议：

将军忘了吕党的往事吗？处在伊尹、周公的地位，摄政专权，却背离宗室，不给他们分权，所以天下不信任，最后导致败亡。现在皇帝年幼，将军又位高权重，应多结纳宗室，联合大臣们一起做事，和吕党的做法反着来，这样才能免祸。

道理大家都懂，可是怎么做，才是关键。

霍光在宗室中挑了一份名单，拜刘辟强及刘长乐为光禄大夫。刘辟强随后被提拔为宗正，主抓皇族事务。

刘辟强是楚元王刘交之孙，年近八十，没多久就挂了。刘长乐则不知出于何系，估计是刘氏的远房宗亲。以他俩边缘人物出任光禄大夫，执掌议论，既可以显示霍光博纳众议的气度，又丝毫不会危及其辅政地位与权威，还可以让宗室无话可说，可谓一举三得。

在挫败刘旦、刘泽阴谋夺位的事件中，青州刺史隽不疑居功至伟。在这里，我们有必要重点扒一扒这个人的简历，因为他将在接下来的舞台上占据主位。

西汉时，有两位取名“不疑”的人很了不起，一位是面对别人诬陷自己和嫂子通奸时毫不辩解的直不疑，还有一位就是今天要说的隽不疑。

隽不疑，河北沧州人，年轻时研究《春秋》，言行举止都合乎礼仪，因此名闻州郡。武帝末年，各郡国盗贼蜂起，暴胜之被武帝指派到渤海郡镇压盗贼。他雷厉风行，执法严格，到任后杀了一批人，威震州郡。

暴胜之早听说渤海郡有一位隽不疑，名气很大，就想见识一下，派人邀请隽不疑到府上一叙。隽不疑接到消息后，整理好衣冠，峨冠博带，挂剑佩玉，上门拜访。

不料，门卫一看他这身打扮，要求他解下佩剑再进门，隽不疑道：剑乃君子的装备，是用来防身的，不能解剑。你不让我进，大不了我回去就是了。

门卫也没办法，只得如实禀报暴胜之。

暴胜之听说隽不疑来了，鞋子都来不及穿就赶紧出来迎接。隽不疑进了厅堂以后，伏地而拜道：我身处荒远的沿海地区，很早就耳闻暴公子您的威名，但直到今天才有幸与您会面交谈，实乃三生有幸！

暴胜之说：还请先生指教。

隽不疑说：我认为，凡是做官的，过刚易折，太柔又难混下去，一定要恩威并济，既要严肃认真，也要团结活泼，这样才能建功立业，永不犯错。

暴胜之一听这几句话，就知道隽不疑不简单，肚子里有干货，不禁肃然起敬，又向他请教施政问题。暴胜之门下那些小弟，都是州郡选拔上来的人才，他们在一旁听隽不疑讲话，都有一种听君一席话胜读十年书的感觉。

两人促膝长谈，一直谈到天很晚了，隽不疑才离开。暴胜之上奏朝廷推荐隽不疑，举荐隽不疑做了青州刺史。

武帝驾崩后，少帝即位，刘旦和刘泽背后搞小动作，正是由于隽不疑的果断处置，才让刘旦精心筹划的计划胎死腹中。

为了褒赏隽不疑，霍光将其提拔为京兆尹，赐钱一百万。

汉朝时，首都长安分为三个区，这三个区号称京畿三辅，分别是京兆尹、右扶风、左冯翊。由于地处京畿，这里往往是高官贵戚、富户豪杰及不法分子的云集之地，历来号称难治，其重要性也不言而喻。

隽不疑由刺史迁升京兆尹，除了他本人工作能力确实突出外，同时也是霍光对他的一次考验。

一段时间之后，隽不疑用实际行动证明，他不仅能管理好地方事务，还能把龙蛇混杂的京城也治理得井井有条，长安的官吏百姓都特别敬重他。

隽不疑的母亲是一位贤德明理的老人。每次隽不疑到地方州县检查工作回来，母亲总是会问他：有多少冤案得以平反，能让多少人活命？

如果某一天隽不疑平反的案件多，母亲就会喜笑颜开，连吃饭、说话都与平时不同；要是没有案件平反，母亲就会生气，连饭都不吃了。

隽不疑的母亲直接影响了隽不疑的执政风格，那就是：严而不残。执法严厉，又不过度使用暴力。

母亲的嘱托和百姓的期望，让隽不疑深感肩上的责任重大，不容丝毫有失。他对每一个案件都细细梳理，判罚分明，绝不冤枉一个好人。

时间一晃到了始元五年（公元前 82 年），这是刘弗陵登基的第五个年头，当初的“巫蛊之乱”已逐渐淡出众人的记忆。

然而有一天，一件意想不到的事情发生了。

这年春天，长安城来了一个男子，身穿黄色衣服、头戴黄色帽子，乘坐黄色牛车，车上插满了龟蛇图案的旗子。

在长安城居民和守门士兵充满疑惑的目光注视下，男子驾着牛车轻车熟路来到了未央宫的北门口，目光悠远，似有无限感慨。

守门士兵拦住了他，你是何人？

来人自称是卫太子刘据。

这话一出口，长安城立即炸了锅。

怎么可能？当年卫太子刘据因不满江充陷害，愤怒之下杀死江充党人，随后起兵自卫。武帝当即下令镇压太子的军队，长安内外十多万人被杀，太子刘据和两个皇孙也在逃亡途中被杀。这是人所共知的事，怎么又冒出来一个卫太子？

守门的士兵也吓坏了，不知所措，只能上报上级，最终到了刘弗陵这里。

刘弗陵听闻此事，感到事情比较严重。如果来的真是卫太子刘据，那自己该怎么办？

见？就是承认太子刘据身份的合法性，接下来会面临从皇位跌落的危险。

不见？在以“孝悌”为治国理念的汉朝，对兄长的绝情，会在舆论场引发巨大争议。

一筹莫展的刘弗陵决定立即召集官员到未央宫开会，商议此事。

长安城看热闹不嫌事儿大的吃瓜群众多的是，这些人听闻卫太子刘据死而复生，纷纷围过来凑热闹，北门附近一下子聚集了数万人，城门口被堵得水泄不通。

未央宫内，大臣们你一言我一语，吵得不可开交，结果也没商量出个一二三。

眼看这会开下去也不会有任何结果，作为首席辅政大臣，霍光这时候拍板了：既然大伙儿商量不出个结果，那就去宫门外验验货吧！

等大臣们从未央宫里出来，北门外已经人山人海了，将“太子刘据”围了个里三层外三层。为了防止群体性事件发生，霍光命右将军带部队维持社会治安。

好不容易挤了进去，大臣们抬眼这么一瞧，几乎不敢相信自己的眼睛，眼前这个人的容貌形状简直与卫太子毫无二致，以致在场的大臣们无不满腹狐疑，噤若寒蝉。

这世上怎么会有这么巧的事？

田千秋是从小官直接拔擢为丞相的，没有见过太子刘据，所以无从辨认。

御史大夫桑弘羊看了一眼，闭着眼不说话。

其他人见两个领头的官员都不说话，也不敢作声。

这就很尴尬了。

“巫蛊之乱”距今才不过九年，当年的很多人应当还健在，为何没有一个人敢站出来指认？

就在这时，一个声音响起：把他给我抓起来，绑了！

大伙儿转头一看，原来是京兆尹隽不疑。

有人上前拉住隽不疑，小声提醒他：老隽啊，你是没见过卫太子，这人长得太像了，没准儿真是太子呢，你就这么抓了不好吧？

隽不疑说：春秋时期，卫国太子蒯聩因违抗卫灵公之命出逃，后其子辄继位，拒不接纳其父回国，此事得到《春秋》的肯定。刘据得罪了先帝，逃亡在外，就算当时没死，如今自己又回来了，也是国家的罪人，你们怕什么？

隽不疑力排众议，将眼前的男子送进了大牢。

刘弗陵和霍光正在犯愁，听闻隽不疑的处理，拍手叫好。霍光向刘弗陵说，选官员还是得选那些熟读经书、精通历史、知晓大义的人。

入狱数日，这位自称“卫太子”者被狱吏拷打得不成人形，只好招认了。

经审讯，这哥们儿原来是夏阳人，姓成名方遂，居于湖县，以卜筮为生。

此前，有一个太子门下宾客找他算卦，发现方遂非常像太子，还感慨了一番。

言者无心，听者有意。

方遂于是假装成太子，准备蒙混过关。

廷尉审讯之后，找到了他的同乡张宗禄，坐实了是方遂本人。

最终，方遂被腰斩于长安东市。

经过此事，隽不疑在朝堂上名声大噪，官员们都自愧不如。

霍光请求将女儿嫁给隽不疑，被他婉言拒绝。

盐铁会议

朝堂风波暂时先告一段落，下面，我们来谈一个关乎国计民生的大问题：钱。

事实上，前文已经多次提到过汉帝国的经济政策，但每次都是蜻蜓点水。不是因为它不重要，而是因为它相当重要，一两句话根本说不清楚。为了梳理这项涉及产业、流通、税收的经济变革，这里不得不专辟一节，专门讨论这个问题。

我们先将时间拨回元狩三年（公元前120年），彼时的未央宫，武帝主持的一场廷议正在展开。

汉匈之战已经进行到第十一个年头，河西走廊重新回到大汉帝国的怀抱，与西域的联系得以打通。然而，军事上的重大胜利却使中央背负了巨大的财政压力。“文景之治”积累的社会财富已经被打光了，原有的以农业税为主的财政收入体系已无法支撑战争机器继续开动。

为了取得对匈作战的最终胜利，彻底解决这个来自北方的威胁，汉武帝需要调整自汉初以来的经济政策。

刘彻面向群臣，缓缓开口：自伐匈奴以来，钱粮消耗巨大，府库空虚，该如何应对？

战争是要烧钱的，钱从哪里来？

大农令第一个站了出来，提出了自己的策略：将铸铁与采盐收归政府经营，全国主要产区设置盐铁官，垄断生产与流通领域。

这个政策，就是后世常说的“盐铁官营”，其实就是只允许朝廷贩卖盐与铁，民间不得染指半分。这与刘彻和桑弘羊所思所想暗暗吻合。

盐铁官营前，国家采取征收盐铁税的政策。桑弘羊知道武帝对推行盐铁官营十分重视，及时与大盐商东郭咸阳和大冶铁商孔仅召开会议，统一思想后拿出了一个初步方案：盐业采用募民煮盐而官府专卖的做法，铁业则由官府彻底垄断。

事实上，盐铁官营并不是桑弘羊的独家发明，最早始于齐相管仲。

齐桓公上位后，曾问管仲富国之策，并建议对房屋楼台、树木、六畜、人口征税，都被管仲一一否定。在管仲看来，直接向人民收税，这种办法太低级了，会招致民众的不满。最好的办法是让纳税者在不知不觉中纳了税，而且不至于在心理上抵触。

想法很美好，具体该如何做？

管仲提出了自己的策略：唯官山海为可耳。

什么意思呢？

简单说就是由政府垄断山和海的资源，山上出铁矿，海里出海盐，统统都是皇家的，民众不得私自开采。

具体怎么管理呢？齐国政府规定，盐属于国家资产，但在生产上实行官督民产，规定百姓在特定时间、特定地点煮盐，由政府设置盐官，统一收购、统一运输、统一销售。至于铁矿，国家将开采权承包给百姓，按三七比例分利润，政府得七成，民众得三成。

盐铁官营为齐桓公的霸业奠定了坚实的财政基础，仅食盐专卖一项，管仲为齐桓公算了一笔账：一个万乘之国，人口算一千万，纳税人算一百万，如果征人头税，每人每月征收三十钱，一个月也就三千万钱。但只要每升盐加价两钱，因为食盐销售严格按照户籍进行，每月即可得六千万钱，相当于人头税的两倍，而且收起税来简便。

管仲提出的盐铁专营政策，作为国家干预经济的经典模式，对后世产生了重大影响。而桑弘羊完美继承了管仲的经济改革思想，并将其发扬光大。

武帝和桑弘羊靠一系列的经济改革控制了国家的经济命脉，为汉匈战争及此后的征西南、伐朝鲜提供了强大的财政保障，但其负面影响也是显而易见的。

自从国家的重要支柱性产业被政府垄断后，“文景之治”时期的那种民间经济大繁荣的景象一去不复返，司马迁在《史记》中列举的那种富商巨贾也消失匿迹。算缗与告缗，实际上是对政府信用的一种透支，民众此后再也不愿意为将来储蓄，有好吃的马上吃掉，有好看的衣服马上就穿了。

除此之外，弊端也逐渐显现。就拿铁器来说，各地铁官监造的铁器质量特别差，还强令百姓购买，弄得民间怨声载道。

这种积怨与不满，终于在武帝死后迎来了一次爆发。

始元六年（公元前 81 年）二月，长安城迎来了一场史上最大规模的国策制度辩论会，我们先来看一下这场辩论会的各方选手。

正方辩手：以御史大夫桑弘羊为核心，包括御史丞、丞相史等人在内的官僚集团，最佳辩手是御史大夫桑弘羊，共发言一百一十四次，御史发言十九次，丞相史发言十五次。

反方辩手：来自民间的六十余名贤良文学，也就是知识分子，留下姓名的有茂陵唐生、鲁国万生、汝南朱子伯、中山刘子雍、九江祝生等。这些人饱读诗书、喝过墨水，表面看来是民意领袖和学术大咖，其实是地方上推举出来的，实为学术界和地方利益的代表。

双方交锋的核心一开始是民间疾苦的问题及建议，但是很快，话题就转到了盐铁官营制度的存与废上。双方唇枪舌剑、你来我往，犹如高手过招，七十多岁的桑弘羊舌战群儒，那叫一个精彩！后来，汉宣帝让桓宽根据这次会议记录，整理成了《盐铁论》一书。

这场辩论，就是历史上著名的“盐铁会议”。

为了让大家更直观地了解这场交锋，将画面切回两千一百年前的那场大型辩论会现场，正方辩手是桑弘羊，反方辩手是群儒。下面进入辩论赛的第一环节，主题是：本议。首先发言的是反方辩手。

群儒说：我们听闻管理人民应该防止产生放纵享乐的根源，发扬人们固有的道德因素，抑制工商之利而宣扬仁义，不要引导他们追求财利。只有这样，古代帝王的教化才能复兴，当今的风俗才能改变。现在全国各地都在推行盐铁官营、酒类专卖和均输法，这种赤裸裸的与民争利，不仅破坏了忠厚的本质，还因此形成了贪婪卑劣的风气。老百姓务农的少了，热衷于工商业的多了。外表太华丽，本质就会衰败；工商业兴盛，农业就会衰落。工商业发展了，老百姓就会骄奢淫逸，农业发展了，老百姓才会诚实朴直。老百姓诚朴，财用就富足，老百姓奢侈，饥寒就产生。因此，我们希望政府废除盐铁官营、酒类专卖和均输法，从商业活动中抽身，专注于农业发展。

桑弘羊冷哼一声：你们说得倒是轻巧，不当家不知柴米贵，你们不需面对纷繁复杂的日常政务，可以信口开河大谈礼仪道德教化。我就一句话，取消盐铁官营，边防军费开支从何而来？

桑弘羊说：匈奴反复不断侵扰汉朝边境，甚至侵入内地。防备匈奴，就会使中原士兵劳苦；不防备，匈奴又会进犯。先帝怜悯边境人民长期遭受祸害，苦于被匈奴掳掠，所以在边境建城堡要塞，修整烽火台，屯田驻军来防御对手。但这些军事活动和设施的建设和维护都需要大量的财力投入，政府为了维持巨大的财政开支，不得已才实行盐铁官营、酒类专卖和均输法，增加国家的财政收入，以补充边防经费。你们要我把这些能赚钱的产业都不干了，那我拿什么来养活边关的将士？总不能让他们喝西北风吧？

面对桑弘羊陈述的事实，儒生们又会如何展开反击？

群儒索性把祖师爷孔夫子的话抬了出来："有国有家者，不患贫而患不均，不患寡而患不安。"天子不谈论财富的多和少，诸侯不谈论利和害，大夫不谈论得和失。他们都积蓄仁义去教化民众，推广仁德去安抚百姓，因此，近处的人都亲近归顺他们，远处的人也对他们心悦诚服。所以，善于克敌制胜的人不必去打仗，善于打仗的人不必出动军队，善于统帅军队的人不必排列阵式。只要在朝廷上修明政治，就可以使敌人不战而退。圣明的君主施行了仁政，就可以无敌于天下，何必要什么费用呢？

这些儒生一面高举孔夫子的大旗，高举道德教化的大旗，一面回避残酷的客观现实避而不谈，妄想着以礼义为干橹、以忠信为甲胄、以孝为根本、以德而远播天下，就可以高枕无忧了。

桑弘羊很无奈，但他还是继续给对方摆事实讲道理：匈奴凶悍狡猾，骄横放肆，侵入长城内地杀我朔方等郡县的官吏，叛逆作乱，图谋不轨，早就该出兵讨伐了。陛下大施恩惠，既怜惜百姓生活不富足，又不忍心让将士们征战于荒野中。你们这些人没有身披铠甲、手执武器到北方抗击匈奴的志气，却又想废除盐铁官营和均输法，破坏边防军费的供应，损害国家的战备计划，一点都不担心边境安危，恐怕说不过去吧？

群儒说：古时崇尚以德服人，而鄙视武力征服。孔子说：远人不服，则修文德以来之，既来之，则安之。现在废弃道德而使用武力，出兵去攻打匈奴，屯田驻军防备，长期陈兵于外，无休无止地转运粮食，使边境之士饥寒于外，百姓劳苦于内。实行盐铁官营来供给边防费用，这不是长久之计，所以还是废除为好。

直到这时，儒生们才终于指出了一些客观事实，战争对于粮食的消耗实在是惊人。有人做过一个统计：在秦代，从齐鲁运一袋粮食到朔方郡，一路上所消耗的粮食加起来有八袋之多！

想当初，李广利第一次伐宛，最难的不是作战，而是道路遥远，粮食匮乏。一年后，汉朝倾全国之力，发十八万戍卒开发河西走廊，修筑道路，列亭障至罗布泊。李广利带着新招募的大军赶着十万头牛、三万多匹马，还有无数的驴和骆驼，驮着米粮，踏上了二次伐宛的征程。靠着强大的后勤补给，汉军才顺利抵达大宛。

不过尴尬的是，一年后战争结束，回程时粮食又出问题了。西域各国人少粮少，难以供应汉军，再加上官吏贪污问题严重，沿途还是饿死了不少人。

面对粮食损耗过度的问题，桑弘羊又会怎么答复呢？

桑弘羊说：古代建立国家的人，发展农业和工商业的途径，无非是希望通过市场统一解决各方面的需求，让农民、商人、工匠都能各取所需，互通有无。《易经》上说：通其变，使民不倦。手工业不发展，农具就会缺乏；商业不发展，物资就不能流通。农具缺乏，粮食就不能增产；物资不流通，政府财政就困难。所以实行盐铁官营和均输法，正是为了流通积压的货物，不可废除。

群儒还是避实就虚，继续大讲仁义道德那一套：用仁德教导百姓，百姓就会敦厚；用钱财引诱百姓，风俗就会鄙薄；风俗鄙薄，百姓就会违背仁义而追求钱财；追求钱财，百姓就会奔走往来于集市中。老子曰：贫国若有余。其实并非如此，而是百姓欲望太多，急于求利的缘故。

因此，高明的执政者都重视农业，抑制工商业，用礼义来防止百姓的贪欲，充实粮食和钱财。集市上，商人不贩卖无用之物，工匠不生产没用的器具。所以商业只是用来流通积压的货物，手工业只是生产各种用具，它们都不是治国的主业。

桑弘羊回答：《管子》说，国家有肥沃富饶的土地，而百姓还吃不饱，是由于生产工具不完善；有山林大海出产的各种物品，而百姓仍然经济不富裕，是由于工商业不发达。陇、蜀两郡的朱砂、大漆、牦牛尾和鸟羽，荆、扬两州的皮革、兽骨和象牙，江南的楠木、梓木和毛竹、箭竹，燕、齐两地的鱼、盐、毡子和皮袄，兖州、豫州出产的漆、丝、葛布和麻布，都是人们养生送终的必需品。这些东西，都是要靠商业来流通，靠工匠来制作。

在列举了一大堆因交通困难而导致的商贸不便后，桑弘羊进一步提出，只有大力发展交通，促进商贸活动，才能更好地保障民生。

桑弘羊说：圣人造船、桨通行于江河峡谷，驾驭牛马通行于山陵内陆，甚至到达边远地区，深入穷乡僻壤，为的是流通各种货物，便利百姓。武帝设置铁官，以供应农业需要的用具，实行均输，使百姓富裕。盐铁、均输政策是全国人民所拥戴并赖以取得生活必需品的，绝不能废除！

群儒说：国家有肥沃富饶的土地，而百姓还吃不饱，是由于工商业兴盛而农业荒废的缘故；山林大海出产各种好东西，而百姓仍不富裕，是由于没有生产百姓的必需品，却制造了很多奢侈品。所以大河的水也装不满漏酒的酒器，山林大海产的好东西也填不满深沟峡谷。

盘庚住茅屋，舜藏起黄金，高帝禁止商人做官，为的就是遏止贪鄙的习俗，培养人们纯朴的风气。打压商人、堵塞求利的门路，尚且还有人为非作歹，更何况朝廷带头牟利？《公羊传》说："诸侯好利，大夫就卑鄙；大夫卑鄙，士就贪财；士贪财，老百姓就要偷盗。"这就是打开了求利的门路，给百姓提供了犯罪的阶梯。

桑弘羊说：各地诸侯把本地特产作为贡物运到京城，一路上货物的损耗肯定不少，等到了目的地时价值还不够抵它的运费。因此在各郡国设置均输官，来帮助运输，便利于远方交纳贡物。在京城设立仓库，用来收购和贮存货物，物价贱时就买进，物价贵时就卖出。政府手里掌握着物资，商人就不能牟取暴利，所以叫作平准。实行平准，百姓就能各安其业；实行均输，百姓的劳逸就均衡得当。平准、均输是为了平抑物价而方便百姓，绝不是打开牟利的门路而成为人们犯罪的阶梯。

群儒回答：以前向百姓征税，只征收他们出产的东西，不征他们没有的东西，农民交纳农产品，妇女交纳纺织品。现在，均输法名义上是在当地征收特产，但均输官为了牟取更大的利润，其实际做法却是不收当地出产的东西，改为索取当地无法生产的东西。老百姓只好贱卖掉自己的产品，去市场上（实际上也是由官府经营）买均输官要求的东西。

最近还听说，有的地方命令百姓生产布絮，还包括齐、阿的细绢，蜀、汉的麻布等产品在内，官府对他们任意刁难，以欺诈手段强行低价收购，农民翻倍受苦，妇女重复纳税，根本看不到所谓均输的好处在哪里。

官府滥发命令，关闭城门，垄断市场，什么东西都强行低价收购，囤积居奇造成物价飞涨，等市场严重缺货时再高价出售牟取暴利。这种低价购入、高价出售的政府经商行为，也根本看不到所谓平准的好处在哪里。

不得不承认，儒生们虽然喜欢抬杠，但他们确实发现并指出了均输与平准法的弊端。在他们看来，所谓的均输法，不过是朝廷以其无远弗届的政治权力，在经济领域造成全方位的垄断局面，操纵物价，贱买贵卖，以牟取暴利。

儒生们已经扭转了一开始被动的局面，他们提出的一些现实问题让政策的制定者桑弘羊也很头大。至此，第一阶段的辩论会正式结束，我们来做个简单的总结。

这是双方的第一场交锋，一见面，双方没有多少客套，直奔主题。儒生们一上来就要求废除盐铁专营，桑弘羊自然不肯答应，他详细介绍了设置盐铁专营的目的——为了保障边防巨大的军事开支。同时，围绕平准和均输两项政策的正反面，桑弘羊与儒生们展开了激烈辩驳，不过很显然，桑弘羊在这一场辩论中处于下风。

稍事休息后，双方开始了第二轮辩论，此次辩论的主题是：力耕。顾名思义，就是鼓励耕种的意思。

桑弘羊之问

桑弘羊首先发言：君主应该控制自然资源，管理关卡集市，掌握平衡物价的权力，守候时机，根据轻重之策来管理百姓。在物价低时国家收购来托市，物价高时国家抛售来平抑物价。

桑弘羊也学着儒生们的套路，把老祖宗抬出来给自己壮胆：从前夏禹时闹水灾，商汤时闹旱灾，老百姓很贫困，有的要靠借贷来过日子。在这种情况下，夏禹用历山的金（铜），商汤用庄山的铜铸成钱币，救济老百姓，大家都颂扬他们的仁慈。

过去，国家财用不足，部队得不到给养。山东地区遭灾荒，齐赵之地发生饥荒，全靠实行均输法所积蓄的财富和国家仓库中贮藏的粮食，才保证了军队的给养，饥饿的百姓得到救济。均输的收入不但能用来给边关将士发饷，还能在发生自然灾害时，购买救灾物资来救济灾区百姓，可谓取之于民，用之于民。

群儒说：古时农民交十分之一的税，按时节到鱼塘捕鱼，国家不禁止，百姓都能耕田种地，农业不荒废，所以耕种三年有一年的余粮，耕种九年有三年的余粮。夏禹、商汤就是用这种办法来防备水旱灾荒，使百姓安居乐业的。如果荒草不铲除，田地不耕种，即使占有山海的财富，广开各种取利的途径，还是不能使国家富足。所以古时鼓励百姓从事农业，努力耕种，不误农时，衣食充裕，即使到了荒年，人们也不害怕。

穿衣吃饭是老百姓的基本需求，耕作收割是老百姓的主要任务。如果这两方面都搞好了，国家就能富足，百姓就会安宁，就像《诗经》说的那样“百室盈止，妇子宁止”了。

儒生们依然坚持原来的观点：一切生产皆要以农为本，无农不稳。

那么桑弘羊又会如何反击呢？

他提出，条条大路通长安，富国强本完全可以通过其他方法实现。管仲帮助齐桓公成就霸业，而纪氏由于只搞农业亡了国。如果为了一家人的生活必须从事农业，那么舜就不应该去制作陶器，伊尹也不应当去当厨师。善于治理国家的人，应该是天下人认为卑贱的，他认为高贵；天下人所轻视的，他却重视，用工商业代替农业，用无用的东西换取有用的。

现在从山林川泽取得的财富，实行均输法所获得的积累，是为了施用轻重之法来役使天下诸侯。汝汉一带的金子、各地进贡的丝织品，可以换取胡羌的珍贵财物。用我们的一点丝绸，就能得到匈奴的很多贵重物品，从而减少他们的财物。这样，骡、驴、骆驼就可以成群结队地进到边塞内，各种良马也都变成了汉朝的牲畜，鼠皮、貂皮、狐貉等各种贵重皮料和彩色的毡子、有花纹的毯子将充满皇宫里的仓库，璧玉、珊瑚、琉璃也都成了汉朝的珍贵物品。

这样，外部的各种物品源源不断地运进来，而内地的财物不外流。外族的东西运进来，国家财用就充足；自己的财物不外流，百姓家用就丰足。这才是《诗经》说的“百室盈止，妇子宁止”。

群儒说：古时，商人和工匠诚信经营，从不坑蒙拐骗，所以君子不论是从事农耕，还是打猎捕鱼，都是一样老实。现如今，商人喜欢宰客，工匠喜欢偷工减料，毫无羞愧之心，结果本来就刻薄的人会更加奸诈，而老实的人也会变得刻薄。

从前夏桀奢侈淫逸，歌妓充盈于宫中，她们衣着华丽，所以伊尹远离夏桀，到了商朝国都，结果歌妓使夏桀亡了国。现在，外来的骡、驴抵不上我们的牛、马，鼠皮、貂皮、毛毡、花毯也比不上我们精美的丝绸。美玉、珊瑚产于昆仑山，珍珠、犀牛、大象产于桂林，这些地方离汉朝都有几千里。按照种田养蚕的劳动来计算一下购买这些物品的支出，就等于一件物品要用百倍的价钱，这太不划算了。

如果朝廷喜欢珍贵的东西，那么奢侈的习俗就会流于民间；如果朝廷以远方的东西为贵，那么财货就会外流。所以，帝王不以无用之物为宝，以使百姓知道节俭；不喜欢那些稀奇古怪的东西，以使国家富裕起来。治理百姓的方法，在于让他们节俭重农，用井田制的方法分配土地即可。

不难看出，儒生们对西周那套以“井田制”为核心的经济管理制度是很欣赏的。既然他们如此看重井田制，那我在这里就掰扯掰扯这个话题。

井田制是商周时期的土地分配方式，也是一种征税手段。政府把一块大田划成井字形的九宫格，中间一块为公田，大家一起耕种，所得归分封之地的贵族所有，其余八块则为私田。

不过，到了春秋时期，井田制就开始逐渐崩溃了。原因也很简单，一方面，公田远远不够政府的开销；另一方面，越来越多的额外税收压力，逼得老百姓只能去荒郊野外自谋生路。

商鞅变法时，就学习了其他诸侯国的改革经验，抛弃了井田制，采用授田制。

具体来说就是，政府给百姓分配土地，但收税不再通过公田收粮，而是每年下达耕作任务，不管这块地你种还是不种，每年都必须按照土地面积向政府交税。另外，农民除了交粮，还要交喂养牲畜的草料税。如果完不成任务，就会按照秦律处罚。

虽然授田制并没有提高生产力，但是通过设定沉重的任务量，逼着农民不得不提高生产效率，最终在整体上提高了粮食产量。

孔子生活在礼崩乐坏的时代，井田制正在解体，新的农户私有制将要兴起；比孔子晚两百年的孟子时代，井田制早就崩溃了，即便如此，两位圣人还是主张恢复井田制。儒家一向主张复古，他们力挺传统，认为当下的事情一团糟，就是因为人们背离了传统，所以他们支持井田制。这也在情理之中。

面对儒生们的食古不化，桑弘羊又会如何反击呢？

桑弘羊说：从京城向四方，穿越高山大河，凡是繁华的城市，无不是道路畅通，商人云集。所以有才能的人顺应自然变化，有智慧的人善于利用地利，聪明的人靠别人供养，不聪明的人靠自己劳动。长沮、桀溺不可能有百金的积蓄，穿草鞋的人不可能像猗顿那样富裕，宛、周、齐、鲁的商人走遍天下。

紧接着，桑弘羊说出了一句至理名言：富国何必用本农，足民何必井田也？

要让国家强大何必依赖于农业，要让百姓富足何必用井田制这样的笨办法？又说，致富之道在于谋略，不在于身体的辛劳；利润的获取在于积聚效益，而不在盲目的蛮干。他甚至认为，工商不畅，农业无从发展，国家财政也将失去来源。唯有工商，才是富国之道！

群儒说：洪水泛滥，才有大禹治水的功绩；黄河决口，才有宣房宫的建造；商纣王暴虐，才引起武王会诸侯于孟津，共谋讨伐纣王；天下混乱，才使商人乘机谋利发财。

远古时代，百姓淳朴，重视农业，所求不多，路上行人稀少，公众聚集的地方杂草丛生。大伙自负盈亏、自力更生，那么耕作能力不强的自然饿死，纺织能力不强的自然冻死。既然剩下的都是吃穿不愁的人，那还需要商人搞贸易来调剂供需吗？

很显然，为了反击桑弘羊的经济改革政策，儒生们已经明显有走极端的倾向了，他们的发言充满了类似近代的“社会达尔文主义”或者说“丛林法则”气息。在他们看来，不能养活自己的人，根本不值得同情，活该被社会淘汰！

至此，第二阶段的辩论会正式结束。比起第一场，这一次的辩论水平还是挺高的，围绕“重商主义”和“重农主义”，双方展开了一场激烈交锋，不仅看到了表面，更看到了实质。不过很显然，儒生们在这一场最终还是落了下风。

事实上，盐铁会议所争论的不仅仅是盐铁官营等经济政策，还包括武帝以来的治国理念、外交政策、统治策略等，内容可谓是五花八门。他们所讨论的深度和广度在两千年的历史上也是绝无仅有的，很多问题直到今天也没有定论。

他们吐槽农具质量太差，说政府督造的铁具都是些大家伙，只求完成上级布置的铸造任务，完全不考虑农民使用是否便利。老百姓拿着政府铸造的钝刀，连草都割不断。农民大老远跑到城里购买农具，还常碰上主管铁器专卖的官员不在店内，只能空手而归。买不到铁制农具，穷困潦倒的百姓只好回归到用木具耕地、用手除草的时代。

他们抱怨政府法律太严苛，主张德治，认为行仁政就可以无敌于天下。特别是汉武帝任用的一些酷吏，如杜周、张汤、王温舒等人，枉顾法律，随意陷害无辜群众，动不动就一人犯罪，全族株连，搞得人心恐慌，动乱不安，因而激起了百姓的反抗。他们一再引证历史教训，批判严刑峻法，指为亡国之道，把严刑峻法看作是秦王朝灭亡的原因。

他们反对向匈奴用武力，主张休兵止战，以和为贵。他们认为，匈奴远处漠北，对于他们的骚扰活动，应该以德服人，咱们天朝上国物产丰盈，无所不有，大不了多给他们点财物，继续落实和亲政策，搞好双边关系最重要，何必非要打打杀杀的呢？

儒生们口若悬河，对国家大政及方针政策一通狂喷，作为政策制定者的桑弘羊自然很不爽，甚至开始吓唬对方："儒墨文学"之徒当年依附于淮南王刘安与衡山王刘赐，结果二王被定性为谋逆，那些人也祸及宗族。

桑弘羊的潜台词再明显不过，政治不是一般人能玩转的，上面这些人就是你们的前车之鉴，要引以为戒！

丞相史也站出来力挺桑弘羊：大司农颜异，反对武帝发行"白鹿皮币"，死于腹诽罪；博士狄山，反对攻击匈奴，被武帝送去前线，让匈奴人砍了脑袋。你们这些人吃朝廷的饭却批评朝廷的政策，生在盛世却讪谤自己的皇帝，万一哪天出门被拍板砖，可怪不得别人！

桑弘羊还拿秋蝉作了个比喻：你们这帮家伙，见过夏末叫得欢的蝉吗？秋风一来就全没了声息。你们现在口不择言，等到祸患临头，再想闭嘴，可就晚了！

估计是后面被逼急了，桑弘羊甚至鄙视"贤良文学"出身低贱，说他们没有资格议论国家的大政方针：你们这些"文学"，能说不能做，身为下民却讪笑上官，穷困潦倒却非议富者，别有用心，信口开河，不过是沽名钓誉，想以博直名罢了。他嘲笑"贤良"：俸禄不足一把米的人，不配谈论治国之道；家中存粮不到一石的人，没资格谈论天下大事！

儒生们自然是很有骨气的，他们反驳道：堵塞民众上升的渠道，禁锢言论自由，每日里阿谀奉承，皇帝从来听不到批评之词，这就是秦王朝灭亡的原因。所以圣人执政，必先除掉这些花言巧语倾覆国家之人。如今你们竟然用亡国之言来吓唬我们，实在是太可悲了！

桑弘羊嘲讽儒生穷困潦倒、衣冠不全，不配谈论国事，儒生这样怼他：身份低贱，不妨碍有才智；贫困潦倒，不妨碍有德行。你们这些肉食者只知敛财，公卿积钱亿万，大夫积钱千斤，士积钱百斤。百姓饥寒交迫，沿路全是流民，我们儒者衣冠不整，有什么好丢人的！

这场辩论会，从春寒料峭的二月一直持续到了烈日炎炎的七月，历时五个多月，辩论双方所涉及的话题已非常深入。在桓宽的记载中，七十四岁高龄的桑弘羊在会上遭遇言语围攻，儒生们没有一丝尊重这名两朝元老的意思，纷纷向他发难，痛骂他搞的盐铁专卖是与民争利，君子不齿。

儒生在道德立场上秒杀桑弘羊，表面上是占了上风，可实际上，这些儒生们只知汹汹反对，大谈仁义道德，虽然看出了不少问题，却提不出任何建设性的方案。

桑弘羊的态度很明确，你们说要取消盐铁专营，我就问一个问题：如果不执行这项政策，一旦外族入侵，我们拿什么去保卫国家？

结果，儒生们无人能答。

盐铁会议，以儒生宣告胜利而告终。

事后，参会的儒生们均被赐予公大夫的爵位，其中一些人还被授了县令之类的小官。儒生们自以为得到了一次一展抱负的机会，朝廷能够改变以往的政策，不料，朝廷最后只是废止了酒类专卖与关内的铁官，并没如同他们所企盼的那样全面废止盐铁、平准、均输等政策，完全恢复到文景之治时的政策。

第二章 权臣秉钧

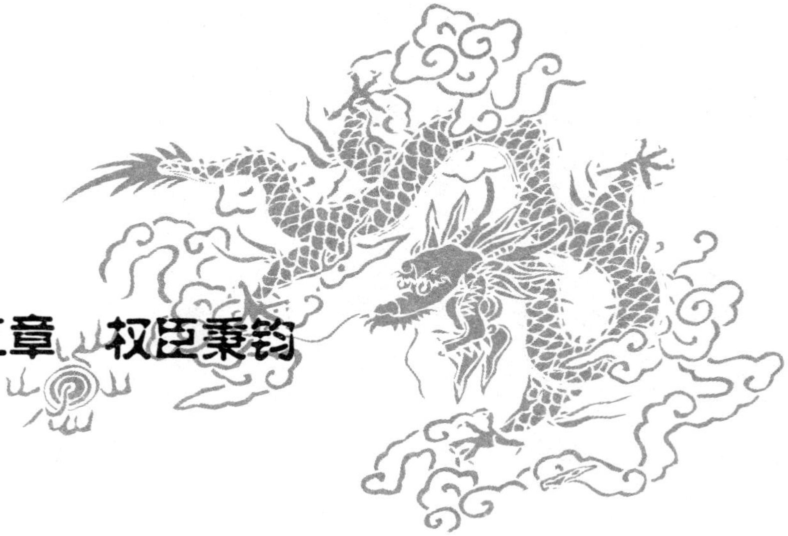

反目成仇

霍光虽然也是儒生们的幕后支持者，但他是帝国的当家人，看问题的视角比儒生们实际多了。

当初的五个顾命大臣中，金日磾在一年后离开人世，田千秋一直都以老好人的形象示人，权力的“铁三角”中，只剩下霍光、上官桀和桑弘羊三人。

我们在数学课上都学过一个概念，叫三角形稳定性。其实，在权力的“铁三角”中，这种结构往往是最脆弱的。毕竟，权力这玩意只能独占，不能共享，如果几个人共同行使，肯定出乱子。

在这次辩论中，七十四岁的桑弘羊可谓是灰头土脸。进一步讲，儒生之所以敢直言，背后少不了霍光的支持。同为顾命大臣，霍光与桑弘羊也不似表面那么和谐，桑弘羊自恃功高，想为自家子弟走个后门，谋个一官半职，结果被霍光一口否决。

除此之外，两人的矛盾还表现在政见不同上。

同样是汉武帝的忠实拥护者，桑弘羊信奉的是《轮台诏》前的扩张路线，而霍光执行的是之后的守成路线。盐铁会议是霍光借地方上的儒生领袖对桑弘羊进行打击，仅仅是一种政治手段而已。

很快，上官桀与桑弘羊联起手来与霍光对着干。

桑弘羊跟霍光不对付，原因上面已经说了，上官桀为什么也要跟霍光打擂台对着干？

事情的起因，还要从汉昭帝唯一活着的姐姐——鄂邑公主说起。

前面说过，汉昭帝刘弗陵即位时，只有八岁。为了防止外戚乱政，武帝死前逼死了刘弗陵的母亲钩弋夫人。所以，丧父丧母的汉昭帝只有一个姐姐鄂邑公主可以依靠。

随着刘弗陵渐渐长大，鄂邑公主便开始谋划刘弗陵的终身大事，简单来说就是娶媳妇儿。

皇帝娶媳妇儿，可是一件大事，有姑娘的人都盯着呢，万一自己的姑娘被选中了，就等于得到了一张直通票，可以直接上桌参与这场权力的游戏，并借此机会一跃成为大汉朝顶级的豪门。

上官桀也不例外。

你肯定会问，他不是已经身处权力核心了吗？还不满足？

没错。

对最高的权力宝座来说，三个人明显是太拥挤了。谁都想一个人霸占宝座，将另外两个挤下去。

曾几何时，霍光与上官桀也有过一段蜜月期，两人还结了儿女亲家，上官桀的儿子上官安娶了霍光的女儿为妻，两人又同受武帝遗诏为辅政大臣。霍光休假不上朝的时候，上官桀经常替代霍光处理国家大事。

可惜，这种亲密关系并没有维持太久。要知道，上官桀很早就担任了九卿之一的太仆之职，官秩在奉车都尉霍光之上。只是由于武帝临终嘱托，霍光才一跃成为大司马大将军，官秩反在上官桀之上，上官桀心中自然不会服气。

权力与地位的变化，在两人的关系中投下了一道阴影，也为日后的权力之争埋下了伏笔。

一日，上官桀让儿子上官安上门拜访老丈人霍光，婉转提了一个请求，希望霍光安排他的女儿上官氏，也就是霍光的外孙女进宫，做小皇帝刘弗陵的皇后。

不料，霍光听完却是一口回绝。开什么国际玩笑？你那孙女上官氏现在才五岁，这么小的年纪，怎么能结婚？

上官安碰了一鼻子灰，但他仍不死心，转而勾搭上了另一个人：丁外人。

丁外人是河间人，他的公开身份是鄂邑公主的门客，但私下里，他还是鄂邑公主的情人。

鄂邑公主久居皇宫之中，不甘寂寞，和门客丁外人偷偷好上了。好事不出门，坏事传千里，很快，这件事传得人尽皆知，也传到了大将军霍光的耳中。

上官安和丁外人私交不错，他决定找丁外人帮忙：听说长公主要挑选女子进宫，我女儿容貌端正，如果能趁长公主选女入宫的机会进宫做皇后，那就圆满了。

问题在于，丁外人凭什么帮他？仅仅是私交不错？

上官安开出了自己的条件：你不是想娶长公主嘛，汉家的规矩是只有列侯才有资格娶公主为妻，如果我女儿当了皇后，我一定帮你运作此事，你还担心封不了侯吗？

丁外人心动了。

封侯，这是他多年的梦想，只有封了侯，他才能名正言顺地娶鄂邑公主！

双方一拍即合，成交！

丁外人随后向鄂邑公主作了汇报，希望立上官安的女儿为皇后，鄂邑公主倒也乐见其成。很快，上官安的女儿上官氏顺利入宫，封为婕妤。没过多久，上官氏被封为皇后。

上官安成了正牌的国丈，被封车骑将军，桑乐侯。

这下子，上官桀父子权力大增。尤其是上官安，在老爹的光环下，他飘了。

他现在是皇帝的岳父，父亲是政界的二把手，上官家一跃成为当时的顶级豪门。由于空前得势，上官安越发骄横淫逸。

自己的愿望已经达成，下面该兑现对丁外人的承诺了。

上官桀父子虽然炙手可热，但上面还有一个霍光。要给别人封侯，绕不过他。

上官安又一次找到了霍光，替丁外人讨要列侯的封赏。

不料，霍光再一次拒绝了他，任凭上官安软磨硬泡，霍光就是不答应。

无奈，上官桀决定亲自出马，结果同样碰壁而回。霍光的理由是，丁外人既非刘姓宗亲，也未建过任何功勋，高祖皇帝定下来的规矩，谁都不能打破。

好吧，既然封侯不行，给个光禄大夫的职位总可以吧？给我点面子好不好？

霍光还是摇摇头。

不肯、不肯，还是不肯，一点面子都不给。

上官桀感觉自己面子上有点挂不住了。自己如今也算是皇亲国戚了，同样是托孤大臣，凭什么你霍光在朝廷中独揽大权、居于众人之上？

上官桀妻子的父亲很喜欢一名大夫。有一次，这人擅自跑到殿上，被捉拿下狱，按律当处以死罪，给鄂邑公主献马二十匹，这才免去了他的死罪。

事情虽然了结了，但上官桀心里很不服气，开始怨恨霍光不近人情。

而接下来这件事，进一步加深了上官桀与霍光的矛盾。

上官安仗着自己是皇帝的老丈人，与丁外人勾结，干了很多不法之事。时任京兆尹的樊福对二人的不法行为经常进行干涉，两人心生怨恨，找了个杀手杀死樊福，并把杀手藏在了鄂邑公主家里。

鄂邑公主家正好在渭城县，而县令正是被武帝表扬过的胡建。

这里有必要翻一下胡建的简历。

他本是武帝时的一个小官，虽然身份低微，但为人刚正不阿，敢于和黑恶势力作斗争。他在任守军正丞期间，监军御史为谋私利，私自将军营的墙打通，与社会上的人做买卖。

监军御史此举违反了军纪，但构不成犯法，胡建决定先斩后奏，他特意选了一个校阅的日子，把监军御史当场逮捕，宣布了他的几条罪状，然后斩首示众。

全军震动！

案件报上去，胡建非但没有被惩罚，反而得到武帝的高度赞扬，胡建因此一鸣惊人。

此时的他，正担任渭城县令一职。自己的辖区内发生了命案，胡建不敢怠慢，立即派兵包围了公主的府邸，搜捕刺客。

鄂邑公主不但不交出刺客，反而还唆使家奴驱赶胡建派来的士兵，事后又倒打一耙，告胡建欺负公主，杀公主家奴，箭射公主府。

这就有点过分了。

好在霍光知道其中的曲折，对胡建暗中保护，使得公主的恶状没有告成。

上官桀并不打算放过他，趁着霍光因病休假的空当，下令逮捕胡建。胡建得知消息后，愤懑自杀。

霍光回来后，脸色很不好看，这是赤裸裸地践踏法律！

霍光与上官桀两位大佬闹矛盾，立刻在朝廷引起了震动。消息传到燕国，燕王刘旦坐不住了，他派人送了大量金银进京，送给鄂邑公主及上官桀父子等人，秘密协商。

为了配合燕王刘旦的行动，上官桀父子秘密记录霍光的过失，发给刘旦，让他上书告发霍光，并替丁外人求侯爵之位。

刘旦大喜，上书说：子路的姐姐死了，一周年后他还不脱掉丧服，孔子批评他。子路就说，我生活不幸，没有兄弟，不忍心脱掉为姐姐穿的丧服。所以说，看一个人的过失，就可以知道他是否仁义。现在我和陛下只有长公主一位姐姐，陛下既然让丁外人侍奉公主，何不给他赏一个侯爵？

小皇帝有点把不准，问霍光的意见，霍光还是坚持不同意。

既然你不仁，那就休怪我不义了。

上官桀父子与燕王刘旦很快达成统一战线，一场针对霍光的阴谋如同无形的网，正在悄然张开。

这一天，正逢霍光休息，小皇帝刘弗陵的案头出现了一封奏章，署名是燕王刘旦，其中痛斥霍光的一系列违法行为：

霍光出去检阅军队时，命人清道，驱赶行人，还让人为他提前准备饮食，排场和皇帝一样，这是典型的僭越；

霍光任人唯亲，杨敞并无功劳，只因他以前给霍光当过侍卫，就被提拔为搜粟都尉。另外，霍光还擅自调动校尉到大将军府，目的不纯；

霍光大权独揽，为所欲为，我担心他会做出不利于皇上和朝廷的举动，因此我愿意交出燕王的印玺，进宫护卫在皇上左右，监督奸臣，以备不测。

上官桀等人信心十足，刘弗陵只是个小孩子，遇上这样大的事，必定会惊慌失措。而他所能信赖的，除了霍光，就只有自己了。小皇帝一定会召见自己，到时候自己和桑弘羊等人再添把柴，这么一火上浇油，小皇帝必定会倾向于自己。

只要小皇帝流露出严查霍光的意思，自己立刻部署抓人，来个先斩后奏！

在上官桀的主持之下，计划进行得有条不紊。

只要到了明天，一切终将见分晓！

第二日上班时，果然不出上官桀所料，所有人都在热烈讨论此事。霍光也知道自己被举报了，匆匆赶来，但他毕竟是被告，不方便进去，只好很自觉地待在画室之中，等待皇帝处置。

所谓画室，是参加朝会之臣待命的地方。

刘弗陵上殿后，见霍光不在队伍中，便问：大将军在什么地方？

上官桀说：因燕王控告大将军的罪行，所以他不敢进殿。

刘弗陵说：召大将军进殿！

霍光一进殿，没有着急为自己辩解，先将官帽摘了下来，俯首跪地，向刘弗陵认罪。

哪知，刘弗陵竟挥一挥手，让霍光起身，道：大将军请戴上帽子，朕知道这奏章是假的，大将军无罪。

霍光猛地抬头，问：陛下如何得知？

不仅霍光惊讶，所有人都愣愣地看着小皇帝刘弗陵，只听刘弗陵道：大将军去广明校阅郎官，这是最近的事，选调校尉以来，也才不到十天的时间，燕国山高路远，怎么可能这么快就知道这些事？况且，大将军如要谋反，还用得着选调校尉吗？

小皇帝话音刚落，所有人都睁大了眼睛，不可思议地看着小皇帝。刚刚那些话，是这位稚气未脱的小皇帝口中说出来的吗？不可能啊！

众人还未从惊讶中回过神来，就听见刘弗陵话音一转，又道：速去缉拿上书诬告大将军之人！

谁是那个诬告霍光的幕后推手？

只有上官桀！

见刘弗陵大有誓不罢休的意味，上官桀连忙道：陛下，不过是些流言罢了，区区小事，用不着穷追不放……

刘弗陵打断了上官桀的说辞，道：诬告大司马大将军，此人胆大包天，背后必有指使之人，怎么会是小事？此事必须严查到底，看看到底是谁在背后煽风点火？

上官桀等人已是面色苍白，浑身冒冷汗。

后来，上官桀的同党中有人对刘弗陵说霍光的坏话，刘弗陵立刻怒斥：大将军是重臣，先帝托付他辅佐朕，谁再胆敢诬蔑大将军，立刻问罪！

自此之后，上官桀及其党羽再也不敢在昭帝面前攻击霍光。

霍光当权

假手昭帝除去霍光的A计划失败后，上官桀等人开始制订B计划。他与鄂邑公主密议，准备由鄂邑长公主出面，摆下一桌“鸿门宴”，以霍光劳苦功高，慰劳他的名义，宴请霍光。等他到场时，周围设下伏兵，立即杀之！

除此之外，上官安还给燕王刘旦写了一封信，承诺他：废掉刘弗陵之后，我一定拥立你当皇帝！

刘旦激动坏了，立刻回信：一旦自己当了皇帝，自己第一个就让上官桀称王！

上官桀真有这么好心吗？自己搞定小皇帝，夺得实权，然后邀请燕王刘旦下山摘桃？

显然不可能！

上官桀真正的打算是，先除掉霍光，废掉小皇帝，再引诱燕王刘旦至长安杀之，然后将这刘家天下变成上官家的，自己上位当皇帝！

上官安越想越激动，他开始畅想自己的美好未来。有人问他，小皇帝要是被废了，那皇后怎么办？那可是你的亲生女儿啊！

不料，上官安却轻描淡写地回答：猎狗在追逐麋鹿的时候，哪有时间管小兔子？

意思再明显不过，欲成大事者，应该不拘小节，何必在意那位小皇后？上官安的冷血无情，令人心寒。可怜的小皇后，就这么轻易被自己的父亲抛弃了。

刘旦这几天也处在亢奋与焦虑之中，穿龙袍还是穿囚衣，即将见分晓。

燕国丞相保持着难得的清醒，他谏阻刘旦：当初大王和刘泽密谋，就是因为刘泽太过于炫耀，导致造反计划流产。听说上官桀一向办事不稳重，上官安又年轻骄横，我担心他们与刘泽一样成不了事，也担心他们事成之后会背叛大王，还请大王三思！

此时的刘旦正处在自我膨胀中，根本听不进任何反对意见。他说：我是当前先帝最年长的儿子，本应该做皇帝，上官桀父子敢违背天下人心吗？况且长公主也说了，只需担心大将军霍光和右将军王莽，如今右将军已经去世，丞相田千秋也病了，你就瞧好吧！

即便过了七年，刘旦还是非常自信，他心中的执念不但没有消失，反而越来越强烈，他一直强调自己是汉武帝在世的儿子中年龄最大的，这个皇位本来就应该是他的。在这种执念的引诱下，刘旦再次决定铤而走险，为自己的前途博一把。

随后，刘旦命小弟们时刻待命，翘首企盼长安城的消息。

可巧的是，此时燕国却怪事纷起：都邑蓟城突遇暴风雨，大树摧折、城楼倒塌；雨后，彩虹悬垂宫中，吸尽井水。九月，乌鹊相斗，乌鸦溺毙于宫中水池；后宫永巷之中，群猪发狂，闯出猪圈，突入厨房。据载，更为奇异的是，有一只成了精的老鼠站在王宫端门之中，旋转跳舞，燕王心惊，派人以酒肴祭奠，并无效验，舞尽一日一夜后力竭而死。其后，又有流星下坠，声震远近，通向京师的燕城南门也被天降大火焚毁。

种种怪异接连出现，宫中人人震恐。在讲求天人感应的社会里，这些征兆的出现意味着什么，刘旦当然心里清楚，以致惊惧成疾，遣人四处祈祷鬼神。

燕王宾客吕广善观天文，他对刘旦说：五行怪异，九至十月间会有兵马围城，朝廷中会有大臣被杀。

刘旦听后愈加忧惧，对吕广说道：事情还没成功，就出现各种怪事，这可如何是好？

墨菲定律说，如果事情有变坏的可能，不管这种可能性有多小，它总会发生。用通俗的话来讲就是怕什么来什么。很不幸，这次谋反的消息又一次走漏了！

泄露消息的是鄂邑公主府上的一个门客。

门客名叫燕仓，职务是稻田使者，也就是管理稻田租税的小官员。得知这一图谋后，他首先去找大司农杨敞。

杨敞还有一个身份，他是太史公司马迁的女婿，也是霍光的心腹，其大司农就是霍光力排众议，将他提拔上来的。

然而杨敞是个胆小鬼，懦弱无能，得知此事之后，当时就慌了，不知如何是好。他推说身体不适，往床上一躺，泡起了病号。

杨敞躺在床上，仔细一琢磨，这也不行啊，事情瞒不住的，可是向霍光去告发吧，他又不敢。想来想去，他决定将这个消息告诉霍光的另一个心腹，谏议大夫杜延年。

老杜可比老杨有主见多了，得知这一消息，一秒钟也不敢耽误，一面通知霍光，一面赶往宫中向皇帝汇报。

兹事体大，刘弗陵与霍光不敢怠慢，迅速集结了朝中两千石的高官及在京军队，依次敲开了上官桀父子、桑弘羊、鄂邑公主府的大门，搜查罪证，捉拿乱党。

一切都在霍光的掌控之中。上官桀等人筹备了那么久，霍光表面上不动声色，暗中却早已知晓了一切。即便争权已经到了最后时刻，霍光也没有主动出手，而是借由小皇帝之手去平乱。

宫廷斗争酷烈之极，输的代价通常就是性命。最终，上官桀父子被杀，灭三族；桑弘羊、丁外人等人也被杀，家族被灭，连苏武的儿子也受牵连被处死。苏武在霍光的保全之下，总算逃过了牢狱之灾，但还是丢了官职。

鄂邑公主自觉无颜见汉昭帝，自杀谢罪。

京城一片纷乱，消息很快传到了燕王刘旦这里。得知事情已败，刘旦犹不死心，问曾经劝阻过他的燕国丞相：现在立刻发兵还来得及吗？

燕国丞相摇摇头道：上官桀已被处死，百姓也都知道了，现在发兵还有什么用？发兵必败啊！

既然起兵叛乱不过是垂死挣扎，死亡的结局无可避免，燕王也彻底放弃了，索性破罐子破摔，开始放纵自己，置酒万载宫，大会宾客，享受人生的最后一点美好时光，在绝望中等待最后时刻的降临。

没过多久，朝廷诏令下达，赦免了燕国所有的官吏和百姓，唯独没有赦免刘旦。

刘旦见此，仰天长叹道：只赦吏民，独不赦我！

他把王后、姬妾、诸位夫人迎到明光殿，道：我这糟老头做错了事，该死！说罢就要自杀。左右随从赶紧拦住他，劝解说：如果只是削去封国，或许还有机会活下去，要不再等等看。

时隔不久，小皇帝又派专人送来玺书，斥责刘旦：

当初高祖皇帝取得天下，封立子弟为王用以藩屏江山社稷。先前吕氏诸王阴谋篡位，刘氏天下危若累卵，靠着绛侯周勃等人诛讨贼乱，尊立了孝文皇帝，使宗庙得安，不是因为朝廷内外有人，里外相应配合的缘故吗？

樊哙、郦商、曹参、灌婴等人仗剑冲锋，跟从高祖皇帝南征北战，无暇收拾自己，艰苦之极，然而得到的赏赐不过是封侯而已。现今宗室子孙没有风吹日晒之苦，还可以继承父辈的爵位。你身为刘氏子弟，却与他人合谋危害社稷，把外人当成亲人，把亲人当成外人，有叛逆悖乱之心，无忠君爱国之义，你还有何脸面去祭拜高祖之庙？

刘旦看完后绝望了，以绶带自缢而死，太子刘建被贬为庶人，燕国被取消。

该杀的杀，该留的留，该赏的赏，一切看似归于平静。

然而，事情并没有结束。

在谋反被镇压的两年后，也就是公元前78年，一个叫侯史吴的人引发了一场轩然大波。

当初，桑弘羊被捕后，儿子桑迁一看风声不对，立即翻墙跑路，在父亲的老部下——侯史吴家里躲藏过一段时间，后来被抓获伏诛。

之后有一年赶上朝廷大赦，侯史吴主动出来投案自首，被关进了监狱。

廷尉王平与少府徐仁负责审理此案，二人认为桑迁是因父亲谋反而受牵连，后被侯史吴藏匿的。侯史吴窝藏桑迁的罪名，应该是“窝藏连坐者”，而不是“窝藏谋反者”。

于是，二人就按大赦令，赦免了侯史吴的罪。

但是复核此案的侍御史不同意这种判处，要求重新开庭审理此案。他认为，桑迁精通经学，明白事理，明知其父桑弘羊参与谋反，却没有劝阻抗争，本身与谋反者并无两样；侯史吴身为三百石的官吏，知法犯法，窝藏嫌疑人桑迁，与一般百姓窝藏连坐者的性质大不同，应该从重处罚。

侍御史不仅推翻了此前的判决，还在写调查报告时，顺便弹劾了廷尉王平和少府徐仁，说这两人为谋反者开脱，也不能轻饶。

得知这个消息，王平和徐仁蒙了，这可真是人在家中坐，祸从天上来！

侍御史如此曲解案情，肆意网织罪名，这波操作耐人寻味。

要知道，廷尉和少府可是九卿高官，如果不是秉承了霍光的旨意，仅为御史中丞属官的侍御史是不可能有这份胆量的。

霍光为什么要对这两人下手？

很简单，这少府徐仁是丞相田千秋的女婿。

换句话说，霍光要对付的是田千秋。

这里我们再来扒一扒两人的关系。

田千秋最大的特点是低调。大多数时候，他都退居幕后，在朝堂中极力降低自己的存在感，以避免政治斗争。

田千秋在汉武帝发布“轮台罪己诏”的那一年被任为丞相，至今已有十一年。这十一年来，他一直充当着老好人的角色，在官场上小心谨慎，凡事唯霍光马首是瞻。但即便如此，终究还是没能躲过政治斗争的旋涡。

而如今，霍光这么做，目的也很明显，再次强化自己的权势，彻底铲除朝中的异己势力。换句话说，他要独运朝纲！

自己的女婿被牵连了，田千秋坐不住了，但他也知道，自己不能明着替女婿说话，只能从侯史吴处着手。只要能证明侯史吴无罪，加在自己的女婿身上的罪名自然也就站不住脚了。

为此，田千秋多次找到霍光为侯史吴说情，但霍光并不买账。

这是逼自己不得不与霍光正面杠啊！

情急之下，田千秋兵行险招，他召集高级官员，召开了一场讨论会，商议侯史吴一案。明眼人都看出来了，他这是想为开脱侯史吴及王平、徐仁的罪名寻求依据。

遗憾的是，大伙儿并不买他的账。长安人都知道，朝中真正说了算的是大将军霍光，而非他丞相田千秋。此案明显是霍光授意的，谁敢在这个事儿上找不痛快？

大伙儿的态度整齐划一，一致指控侯史吴大逆不道，必须严惩。

田千秋没辙了，只能把大家的意见密封，原样报上去。

霍光得知此事，恼羞成怒。召百官议事，你想干吗？想拿舆论来压我吗？他以田千秋擅召官员开会议事、与朝廷公然唱反调为由，下令将廷尉王平、少府徐仁逮捕入狱。

一般来讲，汉朝丞相有召集百官议政的权力，霍光为什么会有这么大反应？

那是因为，武帝是一位强势的皇帝，他绝不会容许身边有一位强势的丞相。在他执政中后期，由亲近侍臣组成的内朝逐渐有取代外朝之势，相权开始失势。召集百官议事虽然没有超出丞相的职权，却触动了霍光敏感的神经。

霍光发了威，大伙儿不免人人自危，朝廷上下人心惶惶。

而丞相田千秋，也面临着职业生涯以来最大的危机！

就在所有人都以为田千秋会被牵连的时候，一个人的出现挽回了局面。

这个人就是杜延年。

杜延年在之前已经亮过相，但他还有一个身份，本书没提到过，他的父亲正是武帝时期十大酷吏之一的杜周。

杜周在职期间一直以张汤为偶像，在刑罚上极尽严苛。他当廷尉的时候，汉朝被关入监狱的人数大增，被关押的时间也大幅延长，被判死刑的人更是逐年上涨。

杜延年与他老爹的性格完全相反，是一个特别仁厚的人。刘弗陵登基那几年，杜延年建议朝廷提倡节俭、为政宽和、顺应民意，深得霍光的信赖。

杜延年深知，如果霍光将丞相下狱治罪，必定会引起政局动荡，这对霍光也不是件好事。

为此，他对霍光说了这样一段话：

法官即使要判人罪，也当有法律依据。现在改判侯史吴大逆不道，恐怕在法律上过于严峻。再说，丞相一向喜欢为下属说情，平日没什么成见，至于擅自召集朝中官员，确实做得不对。但丞相在位已久，又曾在先帝手下效命，除非有什么重大过失，否则不宜废弃。

近来民间都说朝廷刑罚太重，法官严峻苛刻，民间与群臣已颇有微词。如果此次再罪及丞相，势必会造成属下喧哗，小民私议，流言四布，我担心大将军会因此在天下人面前名声受损。

杜延年的一席话显然触动了霍光。在杜延年的劝谏下，田千秋最终没有被霍光追责，徐仁和王平二人却保不住了。

不久后，王平被判腰斩，徐仁在狱中自杀。

作为武帝托孤重臣之一，又是汉帝国的丞相，田千秋不仅没能力保住自己女婿的性命，自身也险遭不测，靠着杜延年的说情才侥幸躲过这场劫难，这不仅仅是他个人的悲哀，也是整个外朝官权力的一次大失落。

当初的五位辅政大臣表面上一团和气，但私底下都在或明或暗地较量角力，以争取在权力的蛋糕上占据更大的份额，原本占小块的想要大块，原本占大块的想要更大块。当权力蛋糕的再分配达到纳什均衡，政局才会再度趋向稳定。

几年后，田千秋去世，朝臣中再无一人能与霍光相抗衡，放眼望去，已无对手。除继任田千秋的王䜣外，其后的两位丞相均是霍光的马仔。

比如杨敞，前面提到过，此人长年在霍光身边工作，是霍光一手提拔起来的。但杨敞胆小怕事，上官桀要造反，他听说后装病不出，霍光也知道他胆小，事后没有追究。大概霍光也是看中了他的胆小谨慎，让他当上了御史大夫，随后又升任丞相。

杨敞死后，继任丞相的是蔡义，他因精通《韩诗》而成为皇帝的老师，后被提拔为御史大夫、丞相。他当丞相时已经八十多岁了，须发皆无，面似老妪，身材矮小，腿弯腰罗，需要两个人搀扶着才能走路。

当时有人议论，说霍光任用丞相不选贤举能，只是任用那些唯唯诺诺的人。霍光自己也不好意思了，对下属说：蔡义当过皇帝的老师，他当然有资格当丞相，怎么就说不选贤才呢？这种议论不能让天下人听到。

号为百官之首的丞相竟成了霍光手中的牵线木偶，除了秉承霍光的旨意，在处理重大事务时举手表态外，再无其他作为。而昭帝年幼，待他如父，一切军政决策全出自霍光，其权威镇服海内。

霍光终于登上了权力的巅峰，他现在是志得意满、权势显赫。谁又能想到，十多年前，他还只是一个武帝秘书处的小跟班，兢兢业业却又无人关注？

那时候，历史的舞台上乱哄哄，一个个主角次第亮相，你方唱罢我登场，灯光却始终照不到霍光身上。

但是，那又如何？

有些人就是头上长角，虽有一时之落寞，但终究会显露峥嵘。

匈奴内讧

刘弗陵以幼龄登基，北方的匈奴又开始蠢蠢欲动。

武帝时，汉军多次出击匈奴，打得匈奴人狼狈逃窜。然而，卫青与霍去病相继谢幕后，汉军却接二连三遭遇惨败。

太初二年（公元前 103 年），曾以七百骑兵打下楼兰的赵破奴奉命出击匈奴，遭受匈奴八万骑兵围困而大败，汉军全军覆没，赵破奴被俘；

天汉二年（公元前 99 年），李陵孤军深入，遭受匈奴八万骑围困，血战后无力突围，李陵投降匈奴；

征和三年（公元前 90 年），李广利受命伐匈奴，率七万大军寻觅单于至郅居水，遭到单于、左部、右部合力围攻，汉军覆灭，李广利投降。

三场硬仗，匈奴歼灭俘虏汉军十余万，缴获了大量甲胄武器。正是这三场大胜，让危机中的匈奴缓过一口气，没有分崩离析。

就在刘弗陵登基这一年，匈奴人悍然入侵，攻打汉帝国北方重镇朔方城，洗劫附近的百姓，大掠而归。

只是这一次，武帝初丧，新君继位，政局未稳，汉朝并未发动大规模反击，只是派了上官桀加强北部边疆的巡防。

两年后，也就是公元前 86 年，狐鹿姑单于病逝。

狐鹿姑单于的去世，是匈奴由盛而衰的转折点，因为他死后，匈奴起内讧了。

一开始，狐鹿姑单于的异母弟弟左大都尉是最有可能继任单于位的，可狐鹿姑的老娘希望自己的孙子，狐鹿姑的儿子左谷蠡王壶衍鞮继承单于位，于是派人干掉了左大都尉。

不料，狐鹿姑临死前，觉得自己的儿子左谷蠡王壶衍鞮年龄太小，不适合接自己的班，改立其弟右谷蠡王为接班人。

这下子，狐鹿姑的老婆颛渠阏氏不干了，她找来卫律商量。对于玩阴谋搞政变，卫律可谓是门儿清，他秘不发丧，改写了狐鹿姑单于的遗嘱，让左谷蠡王壶衍鞮顺利接班，成为下一任单于。

卫律自以为做得密不透风，可还是露出了破绽。左贤王、右谷蠡王很不爽，拒绝前往龙城参加单于主持的祭祀大典。

新上任的壶衍鞮单于害怕汉朝趁机来袭，不得不主动向汉朝开口，重提一个话题——和亲。

汉朝这边，主政的是大将军霍光，他也开出了条件：和亲可以，但有一个前提，匈奴要把之前被扣押的汉朝使节放回来，比如苏武。

为此，汉朝派出了使节前往匈奴，商谈具体事宜。

谁知，匈奴玩了个把戏，谎称苏武已死，只同意把苏武的副手常惠放回来。

为了解救苏武，常惠与汉使节一起商量，最后想出了一个办法。

这一日，汉使面见壶衍鞮单于，说：汉朝天子在上林苑射猎时，射下一只大雁，说来也怪了，这大雁的脚上竟系着一块写了字的帛书。

壶衍鞮单于的好奇心被勾了起来：哦？写的什么？

帛书上说：苏武被囚于湖泽之地。

有这等事？壶衍鞮单于大惊，匈奴人本就迷信，以为是有什么神灵在暗中帮助苏武，尴尬了半天，最后说：那啥，你们稍等片刻，我再去问问。

然后，壶衍鞮单于假惺惺与左右聊了几句，这才向汉使道歉，承认苏武还活着，并答应让苏武等人归国。

镜头切到北海。

遥远的北海，风声呼啸而过，天地一片肃杀，苏武孤独的身影跋涉在空旷无人的荒野上。

这已经是他来到匈奴后的第十九个年头了。

他的朋友不多，李陵算一个。几年前，李陵来了，他带来了一个坏消息——武帝死了。一向以硬汉形象示人的苏武，这一次却跪倒在地，向南叩拜号哭，泪流干了，鲜血从他嘴里大口大口地喷出，他倒下了，昏死过去。

亲手交给他节杖的人不在了，还会有人惦记他吗？

这一次，李陵又来了。不过这次他带来了一个好消息，单于同意放苏武回汉朝了。

李陵为苏武饯行，两人觥筹交错，一醉方休。

几杯酒下肚，李陵的泪流下来了，他开了口——

如今你扬名天下，匈奴和汉朝无人不知、无人不晓，古往今来的那些英雄豪杰没一个能比得上你！我李陵虽然胆怯无能，但假如武帝当年不杀我的老母，不毁我的全族，我也绝不会投降的。然而，造化弄人，我已成异国之人，这一别就是永远了！

李陵和苏武两人把酒话别，却是满腹心事。

次日，苏武收拾行囊，终于踏上了南下的路。

当他历经险阻，回到长安时，身材高大的苏武竟持节跪地，对着巍峨汉阙稽首再三，痛哭流涕！

时隔十九年，苏武回国了。

去时还是发髻乌黑的壮年使节，归来已是须发尽白。荒凉的北海，渴饮雪、饥吞毡的日子太苦了，熬白了少年头，却磨不灭那颗忠臣心。

他枯槁的手中，是一根节毛尽落的旄节。大汉的旄节是一根八尺长杆，杆上末端以染成红色的牦牛尾装饰，为其毦（ěr），一共三重。

这根旄节乃是当年汉武帝亲自授予他的，代表了国家的尊严，承载着沉重的使命。身为使者，哪怕拼了性命，也要保护汉节周全。

在漫长的流放岁月里，不论睡觉还是牧羊，哪怕节旄尽落，也不曾有失，是它，陪伴苏武度过了一个个难挨的日子。

看着那根光秃秃的节杖，从大将军霍光到长安普通百姓，无不为之动容。

而当年随苏武同去的两百余人，只有九人得以回归。

苏武回国了，但是汉匈关系并没有因此而改善。就在他归国后的第二年，匈奴左、右部出动两万骑兵，兵分四路，再次袭扰汉朝边境。

面对挑衅，汉军奋起反击，斩杀九千匈奴骑兵，生俘匈奴瓯脱王，让匈奴人损失惨重。

吃了亏的匈奴人故技重施，又一次向汉朝发出了和亲的讯号。汉朝则在这个问题上虚以应付，一直没把和亲的事情提上日程。

就这么过了两年多，按捺不住的匈奴人刺探得知汉朝酒泉、张掖一带兵力较弱，再次派遣四千骑兵入侵汉境。

出乎他们意料的是，汉军已提前得知了计划。此战，匈奴人再次遭遇汉军重创，仅百人逃脱。

匈奴人不甘心，此后多次进攻汉塞，但都因为汉朝边境线上烽燧的报警功能十分强大，匈奴人根本没占到什么便宜，相当挫败。

单于很郁闷，不过他很快就找到了新的目标：乌桓。

说来，乌桓和匈奴的渊源也算久远，它本是东胡部落残余的一支。当年冒顿单于横扫草原，东胡遭到毁灭性打击，其残部向东逃窜到乌桓山与鲜卑山，成为乌桓与鲜卑两个新的部族。

即使逃离了故地，他们依然无法摆脱被匈奴奴役的命运。每年两个部族都得向匈奴进贡牲畜和物资，一旦交不够，匈奴人就拿他们部族的女眷当奴婢。

漠北之战，霍去病大败匈奴，乌桓被解救出来，归降中国。武帝将他们安置在辽东、上谷、渔阳、右北平一带定居，并置乌桓校尉，专门管理乌桓事务。

经过数十年的休养生息，乌桓终于缓过劲儿来，变得自大，想搞独立。

既然如此，那么匈奴又为何会跟乌桓闹掰呢?

原来，是有人告诉匈奴单于，说乌桓曾挖了单于祖先的坟墓！这等辱人祖先的事情，搁谁都不能忍！

单于立刻下令：调遣两万骑兵，收拾乌桓！

汉朝方面得知这一消息后，犯起了难。两个对手掐架，要不要帮忙呢?

为此，霍光专门组织召开了一场军事会议，讨论要不要帮乌桓揍匈奴。从内心来讲，霍光是愿意出兵迎击匈奴的，因为乌桓顶多算是皮肤瘙痒，匈奴才是心腹大患！如果能趁此机会给予匈奴重重一击，绝对可以换来未来数年的和平。

不料，护军都尉赵充国却持反对意见。

赵充国这个人，我在前文提到过，他曾随李广利出征匈奴。回程时，汉军被匈奴围困，赵充国毛遂自荐，带着一百多名敢死队员杀出重围，撕开了匈奴的包围圈，李广利才带着士兵跟随其后突围而出，避免了全军覆没。

他认为，乌桓是喂不饱的白眼狼，汉朝在他们落魄的时候收留了他们，可他们却恩将仇报。匈奴收拾他们，其实对咱们有利，现在匈奴南下的次数越来越少，汉朝主动招惹他们，不妥！

霍光又扭头问另一个人，此人正是霍光的女婿、中郎将范明友。范明友倒是没有废话，直言说，现在出兵匈奴，正是时候！

霍光闻言，欣慰不已，他下令由范明友率骑兵两万，从辽东出塞，迎击匈奴。临行前，他嘱咐范明友：大军不可空手而归，如果不能干掉匈奴军队，就趁机干掉乌桓！

此时的匈奴人刚刚在战场上占了上风，得知汉军出动，担心陷入两线作战，于是主动撤出战场，往北遁了。

范明友没能追上匈奴人，转而对乌桓一顿狠揍。

此时的乌桓刚刚被匈奴人一顿揍，气儿还没喘匀呢，又被摩拳擦掌的汉军一顿揍，怎一个惨字了得！转眼之间，胜负已定，范明友斩杀乌桓六千余人，还斩获了三名乌桓首领的头颅，大胜而归，因功被封为平陵侯。

这一战，汉军展示出了强大的攻击力，几乎震撼了草原上所有部族，包括刚刚打赢了乌桓的匈奴。之后的数年里，匈奴总算老实了一段时间，不敢再有大规模的军事行动。

武帝晚年，几次远征漠北讨不到好后，汉匈两个帝国间的对抗已经从直接交锋，转变为对西域的争夺。汉朝多次出兵西域，最终降服了沿路上的小国家，楼兰更是被汉将赵破奴以七百轻骑攻破，最终臣服了汉朝。

只是可惜，楼兰的情况很复杂，简直就是一个小邦夹在两个超级大国之间的血泪史。

一百年前，匈奴将大月氏赶到中亚，降服了西域三十六国，逼迫他们每年上交粮食、黄金、铁器、牲畜，并为匈奴耳目，遮绝汉使。直到汉朝开通西域，开拓河西，武帝才意识到，夺取西域，彻底斩断匈奴右臂，是获得这场战争胜利的必要条件，而距汉最近的楼兰首当其冲。

楼兰位于今天的新疆巴音郭楞州若羌县，别看只是一个县，面积却有两个江苏省那么大，是当时汉通西域的唯一通道。它的位置不好，处于汉朝与匈奴两个大国的接壤处，两个都是大块头，无论跟谁混，都会得罪另一方。为此，楼兰王思来想去，最后向汉朝和匈奴各送了一位质子。

可在汉朝的楼兰王子却出了事——他在长安犯了罪，被廷尉判处宫刑，给阉了！

楼兰王欲哭无泪，只能将在匈奴为质的王子迎回。由于汉朝余威尚在，新王只能打发他的两个儿子继续去当质子。

武帝晚年，楼兰王去世，匈奴最早得到消息，立即将在匈奴做质子的王子送了回去，扶持他做了新一任的楼兰王。

可想而知，这位楼兰王继位之后，与汉朝的关系自然是越来越糟糕。

自从武帝病重去世后，汉兵已十余年来不曾西出玉门，让西域诸国对汉朝有些怠慢。加上匈奴人挑拨，每年都有汉使被截杀，汉朝在西域的影响力似乎又退回到了大宛之战前。

刘弗陵继位后，汉使依旧频繁往来于西域的商路上。但此时的匈奴正在恢复元气，准备卷土重来，西域各国迫于匈奴的压力，纷纷归附。尤其是楼兰，更是唯匈奴马首是瞻，经常派人伪装成盗寇，在驿道上劫杀过往的汉使和商人，卫司马安乐、光禄大夫王忠、期门郎遂成，大汉三拨使节都殒命于楼兰境内。

这分明就是在挑战大汉天威！

经过十多年的休养，已恢复国力的汉帝国，自然不会容忍这种状况太久。

公元前 77 年，一个叫傅介子的人向霍光主动请缨，希望能为国家分忧解难，重开西域！

不破楼兰终不还

傅介子是北地（今甘肃庆阳）人，武帝时以从军为官，随李广利远征大宛，但功名不显。如今二十年过去了，也不过是个六百石的骏马监。

骏马监隶属于九卿之一太仆之下，秩禄与县令一样。别看秩禄不高，但傅介子主管天子之骑马，常行走于宫苑，颇受大将军霍光赏识。但是，傅介子的梦想显然不止于此。大丈夫当提三尺剑，立不世之功，方不负世间走一遭！

汉朝开国已有一百多年，经过波澜壮阔的汉武时代后，帝国的阶层已经渐渐固化，每个有志青年想往上爬，都会碰上有形或无形的墙壁，可西域有这样的机会！

当初张骞开通西域，异域封侯，名垂史册，极大地激发了汉家男儿的斗志和热血。对于边郡子弟而言，西域简直就是冒险家的乐园，他们憧憬着神秘的西域，因为只有在那里才有扬名立万的机会。

傅介子也一样，他也有异域立功封侯的梦想！此次申请出使西域，主要目的是与大宛恢复朝贡关系，顺带走访一下楼兰和龟兹，以此作为汉朝重返西域的信号。

可是，从长安到西域，谈何容易？

楼兰，离长安六千一百里；龟兹，离长安七千四百八十里；大宛离长安更有万里之遥。这一路上要跨越令人谈之色变的白龙堆、三垄沙，要随时防备可能出现的北边匈奴人、南边羌人的袭击，还有无数未知的危险和困难。

傅介子深知，使节团出了玉门关，随时都可能陷入险境，甚至有可能一去不复返。

可即便如此，他还是迈出了这一步，不仅仅是为了封侯拜将、青史留名的梦想，更是因为，有人做守护帝国安稳的盾牌，就得有人做锐意出击的利剑！

而他傅介子，就是那把利剑！

和当年的张骞一样，傅介子登上轺车，从长安出发，踏上了前往西域的征途。

黄底黑字的汉旗，在西域干燥的风中猎猎作响。

从玉门关到楼兰，中间相隔一千六百里，要穿越如无数条黄土巨鲸搁浅的雅丹魔鬼城，跨过两片大沙漠，一个是三垄沙，一个是白龙堆。

三垄沙是三座沙山，沙很滑，风也大，南北长达一百公里，北接雄伟的库鲁克塔格山，南方则是一望无垠的库木塔格大沙漠。白龙堆是罗布泊东部渐渐干涸后，留下的一片不毛之地，方圆上千公里。白龙堆的白色盐碱层相当厚，如同鳞片，硬如顽石，哪怕是骆驼行走，几天下来也会四蹄流血。

三垄沙和白龙堆是汉朝西出玉门的必经之路，长达数百里。当年李广利两次征伐大宛，大部分汉军没有倒在郁成之战或轮台之战中，而是倒在了这两道天险中。

大漠中缺粮缺水，加上部队军纪涣散，长官只顾自己发财，不爱惜士卒，几乎每走一步，都有人倒下，再也起不来。

只有跨越三垄沙和白龙堆天险，才能抵达水草丰饶的罗布泊。汉朝时的罗布泊可不像今天，早已变成一片白茫茫的盐碱地，当时的罗布泊还不是死亡之海，而是生命之海，正是它滋养了楼兰国。

而楼兰，就位于罗布泊的西面。

使节团一路西行，出了玉门关，进入荒凉的塞外，顶着大风或烈日，跨过三垄沙和白龙堆，用了近一个月的时间，经历了千难万险后，终于抵达了楼兰城。

即便如此，放到整个西域来看，楼兰也是距离大汉最近的城邦。它地处咽喉要道，不管是去轮台、龟兹、乌孙的北道，还是去于阗、莎车、疏勒的南道，都要在楼兰中转。

迫于汉朝的强大，楼兰王对使节团毕恭毕敬，但是傅介子还是察觉到了楼兰王的犹豫，质问他：汉朝的大部队就要到了，匈奴使者经过这里到西域各国，为什么不报告？

楼兰王战战兢兢地说：匈奴使者刚过去，应该是去了乌孙，中途会经过龟兹。

傅介子一挥手，带着使节团马不停蹄立即赶往下一站：龟兹。

龟兹是西域北道第一大国，人口八万，拥兵两万余，国土东西八百里，有十多个城，国都延城（今新疆库车附近）。龟兹以库车绿洲为中心，其国东通焉耆，西通姑墨，北通乌孙，最盛时辖境包含了今天的新疆轮台、库车、沙雅、拜城、阿克苏、新和六县市。

一到龟兹，傅介子当面斥责龟兹王首鼠两端，龟兹王也勇于承认错误，表示一定会努力改正。不久之后，傅介子从大宛回到龟兹，龟兹王主动汇报：匈奴使者从乌孙回来，这几天正好住在这儿。

天赐良机！

傅介子当机立断，率领所带的汉军斩杀了匈奴使者。回到长安后，他将情况据实上奏，汉昭帝下诏任命他为中郎，升为平乐监。

这之后，傅介子又对霍光说：楼兰、龟兹国多次反复无常却没有受到惩罚，不足以立威。我路过龟兹、楼兰时，他们的国王身边安保较弱，容易接近，若能带着勇士前去刺杀，成功的概率会很大。我愿意出趟差，向西域各国显示汉朝之威。

霍光思忖片刻，道：龟兹路远，且去楼兰试一试。

第二次西行，傅介子招募了一批勇士，带了大量礼物，名为赠礼，实则是一场中央政府授权的斩首行动！

为了这次出行，一行人做了充足的准备，铁甲、兵器、给牛马骆驼吃的豆子和草料、军粮、水囊等，拉了好几十车。当然，还有一捆捆上好的丝绸、几箱金饼，这都是诱惑楼兰王的饵。

一行人长途跋涉，穿过雅丹魔鬼城，跨过三垄沙和白龙堆，终于抵达了楼兰城。

不料，傅介子却在这里吃了闭门羹，楼兰王根本不敢见他。

没办法，上一次傅介子在龟兹斩杀了匈奴使者，震动西域。楼兰只是沙漠绿洲上的一个小国，谁知道傅介子一言不合，会不会拿自己开刀？

楼兰王安归身边安保力量充足，即便与汉使座谈，身边也站着十来个楼兰武士，一行人根本找不到刺杀的机会。

眼看任务就要失败，怎么办？

傅介子倒是胸有成竹，他假装要离开楼兰，但在走到楼兰边境时，对楼兰的翻译官说：

烦请回去之后禀告你们大王，汉朝天子让傅公持黄金、锦绣行赐诸国，不但楼兰王有厚赏，楼兰王的亲信官员们也人人有份！楼兰王如不接受，我就去其他国家了。错过这村，可就没这店了。

说完，傅介子让人打开了使节团一直随身携带的几个箱子，里面是华丽轻盈的蜀锦绸缎，还有一小箱竟堆满了黄灿灿的金饼！

翻译官忍不住咽了一下口水，这么多金子，这可是自己几辈子都挣不来的钱啊！楼兰王真是糊涂，怎么能拒绝人家送上门来的好东西！

他一路小跑，去向楼兰王报告。果然不出傅介子的预料，贪恋汉朝财物的楼兰王坐不住了，决定亲自接见使团团长傅介子。

没办法，中原的丝绸太珍贵了，它柔滑而又美丽，色彩像鲜花一样美，质料像蛛丝一样轻盈，深受西域各国尤其是贵族们的喜爱，早就成了王公贵族标榜身份的奢侈品。汉朝在给西域诸邦进行政治性赠赐时，也经常以丝绸为主。在西域，丝绸甚至可以当作货币来使用，原本各自为政的绿洲城郭因丝绸而变得活跃繁荣。

宴会上，傅介子频频将黄金、丝绸展示出来，醉醺醺的楼兰王都看傻眼了。趁此机会，傅介子悄声对楼兰王说：大王，我汉朝天子交代了我一件事，一定要亲自告诉您，请借一步说话。

而后，傅介子用眼神示意到后帐去。

楼兰王在好奇心的驱使下屏退左右，起身跟随傅介子而去。然而，刚进入后帐，两把利刃便穿透了他的胸膛。

楼兰王当场毙命。

突遭此变，楼兰国的护卫和大臣们惊慌失措，吓得四处逃散。傅介子却毫不畏惧，极为镇定，他走出王帐，对众将士宣告：楼兰王安归通匈奴，谋大逆，杀汉使，断南北道，平乐监傅介子奉天子命，诛杀楼兰王！

出了门，外面已被楼兰武士和民众围得水泄不通。被挟持的楼兰贵族官员们用颤抖的声音，向楼兰人宣告安归的罪过，同时大声呼吁自己的族人看清形势，勿要动手。

傅介子冷冷扫视一圈，大声道：安归已死，汉兵将至，别乱动，否则将招致灭国之祸！

一番话果然震住了慌乱的楼兰人。在汉朝护卫的强大气场下，傅介子从容不迫地割下了楼兰王安归的人头，用快马送回了汉朝，后来被悬于未央宫北门之外，而傅介子一行人亦迅速离开了楼兰。

很快，那位曾在汉朝当质子的楼兰王子被任命为新的楼兰王。为了避免再一次成为汉匈博弈的牺牲品，新的楼兰王识时务地南迁至车尔臣河流域，并更名为“鄯善”。汉朝方面则派了人到楼兰屯田，聚积粮食，同时协助第一任鄯善王的统治。

傅介子捕杀楼兰王，威震西域。汉昭帝对他大加赞赏，封其为义阳侯，食邑七百户。

傅介子千里斩楼兰，重振了大汉国威，成为当时及后代无数人的楷模。有人称他为汉朝版的战狼，我认为一点都不夸张。李白为他写诗：“愿将腰下剑，直为斩楼兰”；杜甫无限怀念地说，“愿见北地傅介子，老儒不用尚书郎”；王昌龄为他写下了“黄沙百战穿金甲，不破楼兰终不还”。

投笔从戎第一人、东汉班超把张骞和傅介子相提并论：大丈夫无他志略，犹当效傅介子、张骞立功异域，以取封侯，安能久事笔砚间乎？

第三章 废立天子

二十七天皇帝

就在傅介子请战这一年，小皇帝刘弗陵终于举办了加冠仪式。

普通男子加冠，意味着长大成人了。对于刘弗陵而言，加冠最大的意义在于，他从此可以亲政，做这个国家真正的主人。

按理来说，昭帝既然成人，霍光是时候把权柄交出来了，此时霍光却一点还政的意思都没有，反而由于皇帝的委任，呈现更加强化的趋势，仍然主持着帝国的全盘工作。

是霍光不愿意交权，还是昭帝没有接受？史书没有记载，我们也不好猜测。

无论如何，这一点在朝野间还是惹了一些非议的，毕竟是外戚，大家首先想到的不是周公，而是诸吕。

然而，就在加冠后的第三年，年轻的汉昭帝却突然去世，终年二十岁！

昭帝到死也没能亲政，基本上是个坐在幕后的皇帝。不过，后世普遍对他评价不错，特别是在上官桀一党进谗言废霍光的事情上，他的机警聪慧博得了一致好评。唐武宗时期的宰相李德裕，也就是牛李党争时的李党领袖这么评价他：

人君之德，莫大于至明，明以照奸，那么百邪就无法隐藏了，汉昭帝就是这样的人。

不仅如此，他还把汉昭帝抬到周成王、汉高祖、文帝、景帝之上，还说如果汉昭帝有伊尹、吕尚的辅佐，肯定能超越成康之治的成就。

汉昭帝的死很突然，但对于知晓内情的人而言，其实早有心理准备。《汉书》中多次提到，汉昭帝的身体状况一直很差，后几年一直在泡病号，所以一直没有孩子。霍光也很清楚昭帝的身体状况，为了让昭帝留下子嗣，霍光禁止其他女人靠近昭帝，只允许自己的外孙女侍寝。

不过很可惜，一直到汉昭帝去世，那个小皇后也没能给皇帝生下一男半女。

对于朝臣而言，汉昭帝的死亡似乎有一种天崩地裂的感觉，长久习惯的环境，陡然之间天翻地覆了。

身为首席辅政大臣的霍光此时却来不及悲伤，因为他面临着一个棘手的难题：

刘弗陵没有留下子嗣，谁来继承皇位？

眼下，汉武帝的六个儿子中，唯一还活着的只有第四子，广陵王刘胥了。所有人都知道，刘胥以专横跋扈、无法无天著称，早在汉武帝活着的时候就已经将他排除在外。

更何况，刘胥的哥哥，燕王刘旦曾参与上官桀谋反一案，最终被刘弗陵和霍光先发制人，满门被诛。一旦刘胥登上了皇位，哪有霍光好果子吃？

更何况，霍光能够顺利辅政的一个重要条件是皇帝年幼，便于控制。而此时广陵王刘胥正值壮年，一旦迎立刘胥为帝，霍光这个辅政大臣还如何辅政？没了辅政大臣这个头衔，他的权力又从何而来？无论从哪方面来看，霍光都无法容忍刘胥上位。

可问题在于，眼下刘胥毕竟是武帝唯一在世的儿子，继承帝位当在情理之中。另外，群臣估计是不愿意看到霍光成为独断专行的权臣，在继承人的问题上跟他抬杠，一致要求立广陵王刘胥为接班人。就算这事儿没戏，恶心一下霍光总还是可以的。

这就让霍光很为难了。

按照古往今来一以贯之的官场政治运作规则，在陷入这种窘迫境地的时候，总会有看似不起眼的小人物不失时机地站出来为当权者解套。很快，这个人就出现了。

有个郎官向朝廷上书说：周太王废弃年长的儿子太伯，立太伯的弟弟王季为继承人，周文王舍弃年长的儿子伯邑考，立伯邑考的弟弟周武王为继承人。这都说明，只要适合继承皇位，即使是废长立幼也完全可以，广陵王不适合继承皇位。

无论郎官的发言是不是出于霍光的授意，总之，霍光力排众议，将刘胥踢出了接班候选人名单，转而选择了昌邑王刘贺。而这位幸运的郎官也被霍光破格擢升为九江太守。

昌邑王刘贺是谁？

说来话长，刘贺的老爹是昌邑王刘髆，就是当年李夫人与汉武帝爱情的结晶。当年为了给刘髆争夺太子的位置，舅舅李广利和丞相刘屈氂联合，阴谋扳倒太子刘据，结果好不容易达成目的，这场阴谋却被武帝察觉。手握兵权的将领拥立自己的外甥为储君，觊觎皇权，触犯了天子大忌，刘屈氂身死族灭，李广利投降匈奴，其家族被诛灭，刘髆也失去了皇位继承人的资格。

刘贺五岁时，父亲刘髆已经去世，刘贺继承了刘髆的昌邑王位。由于年龄小，没有长辈管束，刘贺的青少年时代几乎可以称得上是“野蛮生长”。

刘贺喜欢和马夫、掌管膳食的属官一起吃喝玩乐，出手阔绰，给他们的赏赐不设上限。

昌邑国郎中令龚遂痛心疾首，跪在地上哭谏，劝他学好。但顽劣淘气的刘贺根本听不进去，捂着耳朵跑开，还说：郎中令真让人羞愧！

龚遂双膝跪地而行，泪流满面，痛哭流涕，周围的人都感动得直落泪，只有刘贺很蒙：郎中令为什么哭？

龚遂答：我伤心国家危险啊！希望您抽出一点空闲时间，让我把自己愚昧的意见说完。

刘贺挥挥手，让周围的人避开。

龚遂问：大王知道胶西王不干好事而灭亡的事情吗？

刘贺摇摇头：不知道。

龚遂说：我听说胶西王有一个善于谄媚的臣子叫侯得，胶西王的所作所为明明和夏桀商纣一样，侯得却说胶西王与尧舜一样圣明。胶西王喜欢他的奉承，经常和他同起居，听信他的妖言邪说，以致弄到身死国亡。

如今大王亲近那批小人，渐渐地就会沾染上他们的恶习，这是关系到国家存亡的问题，不可不慎啊！我想在郎官中挑选一些品学兼优的人同大王一起生活学习，坐着的时候一起读《诗》《书》，站着的时候共同演习礼仪。这样，或许对大王有些帮助。

刘贺同意了这一建议，可是没过几天，他就受不了了。读书太无趣了，哪有喝酒聚会过瘾？索性将这些人统统赶走了。

刘贺这么瞎搞，估计老天都看不下去了，很快就出现了一些怪事儿。他曾看见白色的狗，身高三尺，没有头，脖子往下长得像人，还戴着方山冠；后来又看到一只熊，可是他的随从愣是没看到；此后又有成群的乌鸦飞到宫中，让人心中发怵。

刘贺也有点心虚了，他心知这不是好事，就去问龚遂：这是怎么回事？

龚遂告诉他，这是天帝的告诫，告诉您，在您身边的那些人都是不识礼的小人，就像戴冠的狗一样。只有把他们都赶走，您的王位才能继续保持，要不然，您这王位也坐不长久。

刘贺仰天而叹：为什么不祥之物总是来啊？

龚遂叩头：臣不敢把话埋在心里而不向您提出忠告，我曾多次进言关系国家危亡的劝诫，可是大王您根本听不进去。国家成败危亡，难道就在于臣的几句话吗？

您也是通读过三百零五篇《诗经》的人，这里面关于为人处世和治国理政的道理讲得很透彻了。您自己想一想，您的所作所为符合《诗经》中的哪一篇？您身为诸侯王，所做的事却比普通人还不堪，这样下去离败亡就不远了！您好好反省一下吧！

龚遂说得掏心掏肺，可刘贺却是当耳旁风，吹过就忘。

刘贺还对流行时尚兴趣盎然，热衷引领时代潮流。听说长安时尚界新出了一款“仄注冠”，刘贺专门派了中大夫到长安，大量订制这种奇装异服，赏赐封国的臣属和奴婢们。

彼时昭帝病重，所有人都很低调，刘贺却完全没有宗室应当具备的政治觉悟，依然我行我素，照常跑马打猎射鸟，跟养马的奴隶、厨子厮混在一起，天天过着醉生梦死的生活。

后来，昌邑王宫发生了一件十分诡异的事：王座莫名其妙地出现了一大摊血污。刘贺大吃一惊，问龚遂原因。龚遂趁机告诫他：这是不祥之兆，您必须深刻反省自己的过失。

实际上，血污事件有可能是龚遂的计谋，旨在教育刘贺迷途知返。但很显然，这种手段对于狂妄少年刘贺根本没用。

安居山东一隅的刘贺不曾想到，他会在十九岁这一年迎来人生的剧变。

这一年，霍光力排众议，将皇冠递给了远在山东的昌邑王刘贺。

故事写到这里，想必你一定在想，既然都知道刘贺是这么个不着调的不良少年，霍光为何还会选中他？

我想，霍光之所以垂青于刘贺，恰恰就是因为他的玩物丧志。一个是野心勃勃的广陵王刘胥，一个是胸无大志的刘贺，要想继续握紧手中的权力，你会怎么选？

这一天，刘贺接到了召他入京主持昭帝丧事的诏书，激动得一蹦三尺高。长安是最富贵繁华的所在，全国时尚潮流的发源地，光是想想就足够兴奋了。只要坐上那个至高无上的宝座，还有什么能束缚他对美好生活的超凡想象力呢？

当天中午，刘贺就兴冲冲地启程，心情自由自在，半天时间跑了一百三十五里路，随从的坐骑一匹接一匹地累死。经过龚遂提醒，他才打发几十名随从返回昌邑。

刘贺到济阳，寻找鸣叫声很长的鸡，路上买合竹杖。经过弘农时，他纵容奴仆抢掠民女，装在车子里带走，结果在湖县遭到了长安使者的谴责。龚遂问刘贺，刘贺否认，想保护奴仆，然而龚遂太了解刘贺了，对他的狡辩置若罔闻，坚决处罚了那个奴仆。

一行人到了霸上，大鸿胪亲自到郊外迎接。刘贺让他的仆从寿成驾车，郎中令龚遂同车，一行人趁夜赶路，天明时，长安城已遥遥在望。龚遂告诉刘贺，按照国丧礼仪，奔丧望见国都就要开始哭了。

刘贺撇撇嘴，咽喉痛，哭不出来。

大伙儿都很无语，哪怕你干号几声，意思意思也行啊。

到了城门，龚遂又提醒他。刘贺说：城门和郭门一样，不急不急。

直到未央宫门口时，龚遂实在看不下去了，对他说：昌邑国的吊丧帐篷在北边，离这里不远。大王应该下车，哭得越悲伤越好，要不然你这皇帝怕是当不了了。

刘贺没辙了，为了即将来临的美好生活，暂时委屈一下自己吧！

走完一系列烦琐的流程后，刘贺终于接过了皇帝玺印和绶带，继承帝位，尊汉昭帝皇后上官氏，也就是霍光的外孙女为皇太后。

做了皇帝，刘贺仍然我行我素。自从进了都城，刘贺经常让人私下买肉来吃。他对昌邑故旧仍有感情，带着两百多名昌邑随从进宫，继续和他们一起玩耍作乐。大行皇帝的灵柩还没入土，刘贺就召昌邑国艺人进宫献艺，取出三副太牢供品，和小伙伴儿们大吃大喝。

为了寻求刺激，刘贺还亲自驾着车跑到北宫桂宫追野猪、斗老虎。他和前任皇帝的女人们行淫乱之事，还下诏对掖庭令说，敢泄露出去就将你腰斩！

此类荒唐事，在《汉书》中比比皆是。

刘贺的所作所为，全被霍光看在眼里。

二十七天后，霍光下定主意要废黜刘贺。

哀哉海昏

不过，刘贺毕竟是霍光亲自选定的皇位继承人，短时间内又要将其废黜，不可避免地会在朝堂上引起激烈震荡。为此，霍光不得不谨慎行事，他先找来自己的亲信大司农田延年商议。

田延年说：大将军是国家栋梁，既然知道这个人不行，为什么不向皇太后建议重新选人立为皇帝？

霍光很谨慎：以前有过这种例子吗？

田延年说：古时伊尹任殷朝丞相，放逐太甲而保全了王室，后世之人称赞他忠。大将军如果能做到这点，也就是汉朝的伊尹了。

霍光点了点头，又找来车骑将军张安世，咨询他的意见。

在取得这两人的支持后，霍光让田延年告知丞相杨敞，结果胆小的杨敞吓得直冒冷汗，唯唯诺诺，半天蹦不出一个屁来。

关键时刻，还是杨敞的妻子站了出来，替丈夫下定了决心。

杨夫人是司马迁的女儿，颇有胆识。她见丈夫犹豫不决的样子，暗暗着急，趁田延年更衣走开时，对丈夫说：废立君主是国家的大事，既然大将军已有决定，你要赶快表态，要不然就会大难临头。

杨敞这才下定决心，表示一定尊奉大将军的号令，与大将军共进退，共同废黜这个混账皇帝。

在将丞相杨敞拉上自己的船后，霍光名正言顺地召集丞相、御史、将军、列侯、中二千石、博士到未央宫开会，讨论废除皇帝一事。

霍光首先发言：昌邑王行为昏乱，长此以往，会危害到国家社稷的安危，大家都说说，该怎么办？

有没有发现，此时的霍光已经不认这个皇帝了，连称呼都又改回当初的昌邑王了。

大伙儿一听，顿时就炸了：废除皇帝？你霍光只是个首辅大臣，有什么资格废立皇帝？

所有人都目瞪口呆，面面相觑，可愣是没人敢站出来表态。大伙儿都看向丞相杨敞，期待着他能表个态，可杨敞却是眼观鼻、鼻观心，一副“事不关己，高高挂起”的样子。

早就安排好的田延年手按剑柄，横眉立目，大步跨出，替霍光发威了：先帝把天下托付给了大将军，是让大将军在危难时定刘氏江山。昌邑王继位之后昏乱无能，闹得朝廷上下鸡犬不宁，大将军不出来主持公道，将来有何面目去地下见先帝？今天这事儿必须有个结果！谁要是退缩，我就砍了谁！

田延年这番话慷慨激昂、掷地有声，把大伙儿都给镇住了。当然，震住大伙儿的主要是那把剑。

霍光赶忙摆出一副痛心疾首的样子，说：田延年批评我，批评得很对啊！国家现在不安定，我应该先受处分啊！

他装出一副责无旁贷的样子，将废立大权一股脑儿地揽到了自己的身上。

得，这台戏都演到这份儿上了，底下那帮群演，不，大臣们，也都觉悟了，忙不迭地表忠心，说什么天下苍生的幸福都系于大将军一人，我们都听大将军的！

此情此景，今日读来依然寒气逼人，而且就连霍光本人在数年之后，回忆起当时的情景，也抚着自己的心口说，现在想起来还有点心悸呢！

为了防止这帮人反悔，霍光拿出早就写好的奏章，让大伙儿一个个都签名摁了手印，一起进宫去见皇太后，历数刘贺的种种荒唐行为，提议废掉刘贺，另立新君。

此时的皇太后正是霍光的外孙女，一个十五岁的小女孩，能有什么主意？自然是霍光怎么说，她怎么听了。

随后，皇太后乘车来到未央宫承明殿，诏令各个宫禁门卫，禁止让刘贺的人进宫。刘贺大摇大摆地走进了宫门，旁边的黄门哐当一声就把宫门关上了，亲信被拦在了门外。

这一幕来得太突然，刘贺有点蒙：你们这是干什么？

霍光跪了下来，道：皇太后有诏令，不许昌邑王的群臣进来。

刘贺说：不让他们进宫可以和朕商量，何必气势汹汹呢？

刘贺很快被软禁起来，霍光告诫负责人，保护好昌邑王，如果他出了任何闪失，会让我对不起天下人，背上杀害君王的罪名。我要是被连累了，你们一个也别想跑！

紧接着，车骑将军张安世带兵逮捕了刘贺的所有亲信，关在诏狱内。

此时的刘贺还不知道自己要被废黜，听说自己的亲信全部被抓，他还在为他们鸣不平：朕的那些旧臣有何罪？大将军凭什么关押他们？

不久，太后下诏召见刘贺，刘贺心中开始慌了，他问旁边的人：我犯了什么罪，太后要召见我？

没有人能回答刘贺这个问题，也没人敢回答这个问题。

当他看见上官太后端坐在帷帐中，左右卫士手持兵器，群臣肃立在两侧时，他终于明白，自己的政治生涯要结束了。

见刘贺进入殿内，众人目光像刀子一样，齐刷刷射向他，太后召昌邑王上前听候宣旨。

这一听，就听得刘贺心惊肉跳：

昌邑王荒淫昏乱，丧失礼义，淫邪不轨，破坏汉家制度，多次规劝都不改正，恐将危害国家。

刘贺大脑一片空白。

除了“昏乱”外，描述刘贺行为的词语，还有“淫辟”“狂悖”“狂乱无道”“狂乱失道”“淫乱”等。

杨敞威严的声音还在耳边回响：

臣请太后举行祭祀大礼，告高祖皇帝，昌邑王不可统治天下万民，应当废黜！

刘贺脑中嗡嗡作响，还没反应过来，自己怎么突然从天堂跌入了地狱？

霍光示意他交出皇帝玉玺和绶带，刘贺不甘心：我听说，天子有诤臣七人，即使无道，也不会失去天下。

然而，霍光只冷冷地回复了他一句：皇太后已经下诏将你废黜，岂能自称天子！

随后，霍光抓住刘贺的手，解下他身上佩戴的玉玺、绶带，呈给上官太后。

登基仅二十七天，霍光就借太后之手，废了刘贺的帝位，将他发配回了山东老家，之后又被赶到了江西，废为海昏侯。

对于大汉王朝在位时间最短的皇帝，班固都懒得专门为他立传，只在《宣帝纪》《武五子传》中提了一下。

正史用三个字总结了他被罢黜的原因：行淫乱。

不仅如此，霍光还专门统计过，刘贺当了二十七天皇帝，一共干了一千一百二十七件坏事，具体来说，不外乎贪色寡情、贪婪刚愎、忤逆信馋。

刘贺被罢黜皇位后，他从封国带到京城的两百多个旧臣大多被杀，临刑前连连大叫“当断不断，反受其乱”。

这就是史书上记载的关于刘贺的一生，普通人记得最多的，只有二十七天干了一千多件荒唐事，以及那保存完整的海昏侯墓。

故事就这样结束了吗？

并没有。

如果我们深入挖掘一下，会发现，刘贺被废一事中，有太多匪夷所思之处。

比如，霍光为何要废黜刘贺？仅仅是因为他的荒唐吗？这期间究竟发生了什么？

抛开刘贺的荒唐行为，我们再来看一下整个过程。

皇位看似风光无限，却也危机四伏。

早在刘贺入京时，王府的中尉王吉专门给他传递了条信息，他明确告诫昌邑王：大将军霍光仁爱勇智，忠信之德天下莫不闻，在武帝身边兢兢业业二十余年，没有犯过错误。武帝驾崩后，将江山托付给霍光，而霍光也扶持幼君治国理政，海内晏然，不比周公和伊尹差。如今昭帝去世，霍光愿意主动提携您，这是您的幸运！

你只是霍光选择的傀儡，即位后只能像昭帝一样做个老实人，对他言听计从，尊之敬之，绝不能触怒霍光。

刘贺即位后，有一次梦见苍蝇屎积在西阶东面，用大瓦覆盖。他问龚遂是怎么回事，龚遂趁机给他提了个醒儿：

陛下读的《诗经》不是说过吗？“营营青蝇，止于樊；岂弟君子，无信谗言。”意思是说，青头苍蝇嗡嗡飞，飞到篱笆上面停；开朗平和的君子，不要相信那谗言。陛下身边进谗言的小人太多，这些人就像苍蝇一样可恶啊！陛下应该选拔先帝亲近的人作为侍中，如果不能疏远昌邑旧人，恐怕会有祸事。

不仅如此，龚遂还表示，自己愿意第一个离开长安，给大伙儿起个表率作用。

可是，刘贺对王吉和龚遂的谏言并没有放在心上，他竟真的发号施令，像模像样地做起皇帝来了。

如果仅仅是一些日常政务，霍光或许还会任由他吆五喝六地折腾一阵儿。可是，刘贺竟然得寸进尺，着手调整宫廷禁卫兵马，准备让昌邑国的相国安乐接任长乐卫尉一职。

这就触到霍光的敏感处了。

要知道，长乐卫尉负责掌管太后寝宫长乐宫的安保工作，而上官太后是霍光的外孙女，是霍光手里的一张王牌。刘贺用自己的昌邑国旧臣替代长乐卫尉，很明显是想效仿当年刚入宫的刘恒，将宫廷宿卫权控制在自己手中。想当年，刘恒在入主未央宫的第一夜，就将自己信任的旧臣安插在卫将军、京城南北军等关键岗位上，以保证自己的安全。以霍光处事之精明，当然是一清二楚。

这件事引起了霍光的警觉，无异于直接向霍光宣告，他刘贺要亲自掌权！

然而刘贺忘了，此一时，彼一时也。他要挑战的对手，已经在帝国的朝堂上修炼了数十年，远强于文帝当初面对的那些人。跟霍光比，刘贺的段位连青铜都算不上。

那些昌邑国旧臣临刑前高呼“当断不断，反受其乱”，或许正是他们不甘心的表现，不甘心没能遏制霍光的大权，结果导致自己被反杀。

二十七天内，干了一千一百二十七件坏事，平均一天干四十二件坏事，可能吗？

翻阅史料，发现其中还有许多刘贺在入京即位前所做的荒唐事，占据了大量篇幅，给人一种“罄竹难书”的即视感。问题在于，为什么在此之前，霍光没有发现刘贺的人品很渣？难道他都不做背景调查的吗？为什么上位后短短二十七天，刘贺这些陈芝麻烂谷子的事儿就被抖搂出来，写进史书里了呢？

来来来，霍光大将军请你回答一下这个问题。

霍光说：这都是昌邑群臣的责任，他们没有及时将刘贺在封地的狂悖行为上报朝廷，所以他们也难逃死罪！

那刘贺即位后，这些事情又怎么突然为人所知了？

霍光说：……那我也不知道，肯定是天意使然！

短短一月，皇帝变成平民。

来时，群臣簇拥；走时，家丁零落。

返回山东的刘贺，处境有些尴尬。他被废后，大伙儿落井下石，向太后提议，古时被废黜流放的人都会被发配偏远地区，希望将刘贺发配到汉中，让他自生自灭。

霍光却以太后的名义否决了大伙儿的建议，甚至护送刘贺回到山东老家，赐予刘贺食邑两千户，并慷慨地将他老爹昌邑哀王刘髆的家产都送给了他。

王的身份，却再也没有了。

昌邑国从此被废，代之以山阳郡。

多年以后，继位的汉宣帝左右四顾，发现刘贺活得挺滋润，总觉得这哥们儿是个潜在的危险，派人给山阳太守张敞送了一封密信：要谨慎防备盗贼，注意往来过客，注意保密。

从以往的经验来看，刘姓诸王都有一颗时刻怦怦乱跳的篡逆之心，汉宣帝没法对他放心。

张敞马上就明白了皇帝的心思，他立即布置人手，不分昼夜监控刘贺的一举一动，定期向宣帝汇报。我们看看张敞给皇帝的汇报中是怎么监视刘贺的吧：

我于地节三年（公元前 67 年）五月到山阳任职，刘贺就住在从前的宫中，有奴婢一百八十三人，关大门开小门，只有一个门人到街上购物，每天早上送一趟食物，此外不得出入。

地节四年（公元前 66 年）九月中，我去看望刘贺，他二十六七岁的样子，脸色很黑，小眼睛，鹰钩鼻子，眉毛胡须很稀疏，身材高大，还患有风湿，走路不方便。他穿短衣大裤，戴着惠文冠，佩玉环，插笔在头，手持木简趋前谒见。

我和他坐在庭中闲聊，见到了他的妻子和奴婢。我想试探一下他，说：昌邑有很多枭。

刘贺答：没错，以前我到长安，根本没有猫头鹰；回来时经过济阳，听到有猫头鹰的叫声。

刘贺这人看着有点呆傻，他有十六个妻子、二十二个儿女，其中十一个儿子、十一个女儿。我统计了他们的个人信息，请陛下过目。

刘贺的老爹刘髆有歌女、舞女十一人，这些人既不是姬妾，也没有身份地位，当初刘髆死后就应当让她们回家，却被府中的人强留下来。我认为应该让她们回家，刘贺不肯，可见他的天性喜好败乱伤亡，看不到一点仁义。后来丞相御史帮忙上奏，那些人才被送回家。

自此，汉宣帝觉得刘贺不足为虑。

元康三年（公元前 63 年）三月，汉宣帝下诏：听闻舜弟象有罪，舜称帝后封他于有鼻之国。骨肉之亲明而不绝，现封故昌邑王刘贺为海昏侯，食邑四千户。

接到通知后，刘贺只得带着家人，千里迢迢来到了豫章郡，也就是今天的江西南昌。

虽然被封为海昏侯，生活衣食无忧，刘贺的政治生命却提前画上了句号。朝中侍中金安上向汉宣帝谏言称，刘贺是上天抛弃的人，陛下至仁，才封他为列侯，他没有资格奉宗庙朝聘之礼。

皇帝批了同意两个字。这之后，在各诸侯一年一度到长安参加大型活动的名单上，再也看不到刘贺的名字了。

这对刘贺而言，打击不可谓不沉重。

西汉有一项规定，每年八月，诸侯王和列侯要祭祀宗庙，向皇帝献上黄金。如果所献黄金分量或成色不足，王削县，侯免国。

刘贺没有奉宗庙资格，但他也准备了大量金饼，希冀着终有一天能回到长安祭祖献酎。然而，他终究没有等到那一天。两千年后，江西南昌海昏侯墓重现天日，其中出土的三百七十八枚总重达一百公斤的金器，就是他当时迫切心情的真实写照。

身在南国，刘贺依然心向着北方。他常行船到修水与鄱阳湖交汇处，遥望北方，愤慨而还。

一次行舟中，豫章太守卒史孙万世和刘贺闲聊，孙万世问他：你被废时，为什么不斩大将军，却听凭别人夺去天子玺印与绶带？

刘贺随口答：错过机会了啊！

孙万世又恭维他：您不久将升为列侯。

刘贺点点头：估计会这样，但现在不宜谈论这个话题。

不料，这段闲谈很快被人上报给了汉宣帝。宣帝抓住这个机会，诏令削去刘贺三千户食邑。

刘贺最终也没有等到皇帝和朝廷的一丝怜惜，在海昏侯国的四年里，刘贺长期躺在榻上会客，连起身都十分困难。公元前 59 年，刘贺在鄱阳湖边郁郁而终，年仅三十三岁。

那些准备的金饼没有等到跟着主人入朝酎祭的那一刻，“黄肠题凑”和玉衣也终是不敢用，只能陪着他一起埋到地下。万般无奈却不敢越雷池半步，可以想见刘贺临终时该是何等不甘与凄楚。

元平元年（公元前74年）六月，昌邑王刘贺废黜，朝廷再次无主。

拥立新君以安宗庙，成为朝中大佬亟待解决的问题。或者说，大伙儿都在等大将军霍光的指示。

只是这一回，霍光也没有主意了。

武帝在世的直系子孙中，燕王刘旦谋反事败自杀，其子孙当然不在考虑中；广陵王刘胥四肢发达头脑简单，早在迎立刘贺之前已经被否。放眼望去，还有谁适合当这个接班人？

草根皇帝

直到有一天，一个人的名字突然被人重新提及——刘病已。

刘病已是谁？

为了讲清他的身世，我们将时间的指针拨回到巫蛊之祸前。

当年，太子刘据纳了一位史姓女子为良娣，史良娣为他生下一子，名为刘进，号称史皇孙。史皇孙长大后，娶妻生下一子，即为刘病已。

我们接下来的主角刘病已，正是刘据的孙子、武帝的曾孙。

然而，刘病已出生没多久，巫蛊冤案爆发，刘据的妻儿门客几乎全部被诛杀，刘病已也受到牵连，被丢进了监狱。出生没多久，他就失去了父母，这是人生中的大不幸。

那一年，刘病已还是襁褓中的婴儿，侥幸捡了一条命。

监狱之中男女混杂，肮脏黑暗，刘病已的处境可想而知。不过，就在这里，刘病已遇到了他人生中的第一个贵人。

刘病已所在的监狱，由一个叫丙吉的廷尉监管辖。丙吉是鲁国人，年轻时研习法律，在鲁国监狱负责断案，升至廷尉右监，后因事丢了官。

武帝末年，巫蛊案发后，丙吉被再次启用，调至郡邸监狱，负责审理巫蛊一案。在这里，他见到了哭得嘴唇发紫的皇曾孙刘病已。

在阴冷潮湿的监狱里待久了，连成年人都受不住，更何况一个出生还没几个月的婴儿？

丙吉心地善良，他见婴儿哭个不停，心中不忍：太子刘据诅咒皇帝，这事本来就证据不足，太子很有可能是被冤枉的。更何况如今太子已死，孩子有什么错？

丙吉决心，无论如何也要保护好这个孩子，为冤死的太子保留最后一点血脉。

刘病已还没断奶，丙吉便找了两个忠厚的女囚，给她们安排了一间干净的牢房，哺育他照料他，自己每天来看望两次。

没有人承认刘病已的皇族子弟身份，也没有人在乎他。他无父无母，就连这名字，也是丙吉起的。

在丙吉和两个女囚的照顾下，刘病已的日子倒也不算太难过。可惜，没过多久，大祸再次降临。

有一次武帝生病，觉得周身不适。身边有个术士告诉他，长安监狱之上有天子气，故而陛下您的病一直不见好转。

汉武帝是个迷信的人，认为是这股天子之气害了自己。他下令，将长安监狱中的所有囚犯，无论罪责轻重，一律处死！

丙吉一听，顿时就慌了，他看了一眼还在襁褓中的刘病已，暗暗下定决心，就算是拼了命，他也要保护好这孩子！

当传达诏令的宫廷内务官郭穰抵达丙吉所在的监狱外时，丙吉大门紧闭，将郭穰拒之门外，坚决不允许他踏入监狱半步。

郭穰在外面喊话：这是皇上的旨意，你要抗命不成？

丙吉隔着门答：皇曾孙在此，其他人尚且罪不至死，更不要说是皇曾孙！

……

郭穰威逼利诱，丙吉死活不开门，双方一直僵持到了天明。

没办成事，郭穰只好回去告丙吉的状。

然而，听了郭穰的汇报，又得知丙吉是为保护刘病已才拼命阻拦，刘彻只叹了一口气，道：天意啊！

此后，刘彻便不再提起此事，也不曾对丙吉有任何奖惩。

那一夜，长安城的监狱中人头滚滚，只有丙吉所管监狱中的囚犯得以幸存。

后来，巫蛊冤案被平反，刘病已虽然摆脱了罪囚身份，但他无依无靠，无处可去，连吃饭都是问题。天性纯良的丙吉便常常用自己微薄的工资供养刘病已的衣食，护他周全。

即便如此，丙吉觉得皇曾孙住在阴暗潮湿的监狱里，怎么都不叫个事儿，于是让狱官给长安京兆尹写了一封信，想把刘病已和保姆一起送过去。不料京兆尹根本不接，刘病已只能继续住在狱中。

保姆服刑期满，刘病已对她特别依恋，丙吉就自己出钱，给她发工资，雇她留下来照顾刘病已。

后来，宫廷事务署财务管理员对丙吉说，最近宫里开支紧张，没有皇帝的诏令，刘病已的伙食费估计也发不下来了。

丙吉没有在意，他从自己的工资里留出一部分，买米买肉，照顾刘病已。刘病已自幼体弱多病，好几次几乎性命不保，丙吉日夜照顾，总算熬了过去。

可是，丙吉也深知，自己终究只是一个最低级的官吏，工资微薄，自己能照顾他一时，能照顾他一世吗？

后来，丙吉终于找到了刘病已的亲人，祖母史良娣的娘家。当时，史良娣已经在巫蛊之祸中死去，刘病已被交给史良娣的哥哥史恭抚养。当时史恭的老母亲还健在，年纪已经很大了，看到小家伙孤苦无依，非常心疼，亲自照顾他饮食起居。

再后来，皇帝下诏，将刘病已的名字重新记到皇室谱牒中，刘病已交由掖庭令（宫廷事务总管）抚养，并命宗正（皇族事务部）为其登记皇族属籍。

在这里，他遇到了人生中的第二个贵人。

张贺时任掖庭令，这个人在历史上名气不大，他父亲和弟弟却是声名赫赫，父亲是武帝时最有名的酷吏张汤，弟弟是霍光的心腹张安世。

张贺曾在太子宫做过刘据的宾客，可惜因为巫蛊冤案，张贺也被牵连，判处死刑。

哥哥入狱后，弟弟张安世向刘彻苦苦求情，刘彻念及他们的父亲张汤的功劳，免了张贺的死刑，改判宫刑。

即便受了此等大辱，张贺也没有形成反社会人格，他感念刘据旧恩，哀怜刘病已，小心奉养，甚至拿出自己为数不多的钱供其日用，教其读书。

眼看着刘病已一天天长大，张贺开始张罗着为他订一门亲事。一开始，他想把自己的孙女嫁给他，于是和自己的弟弟、车骑将军张安世商量，对刘病已一顿猛夸，说他如何天赋异禀、聪慧敏捷，不料却被张安世兜头浇了一盆冷水。

张安世说：如今皇上（刘弗陵）正年轻，你却常夸赞皇曾孙天赋异禀、聪慧敏捷，是想惹祸上身吗？

皇曾孙毕竟是卫太子之后，能被召回掖庭抚养，已经是很侥幸的事了，以后休要再提嫁女之事！

如此，张贺便歇了嫁女的心思。

虽然这事儿最后没成，但张贺仍旧想为刘病已寻一门合适的亲事。经过多方打听，他听说下属许广汉有个女儿叫许平君，相貌不错，且年龄相当，便想撮合一下。

许广汉是昌邑国人，家境殷实，可惜前半生遇上的尽是倒霉事。

年轻时，他曾跟着第一代昌邑王刘髆来过长安，跟随武帝游幸至甘泉宫。因被同事灌了几杯酒，离开时昏昏沉沉，许广汉误把别人的马鞍放到自己的马背上。事情发觉后，执法者将其定为盗窃，当处死刑，许广汉最后选择了受宫刑，做了宦者丞。

没过两年，倒霉事又来了。

元凤元年，上官桀勾结燕王刘旦、长公主谋反被霍光拿下后，许广汉奉命在长公主的住宅内搜查罪证。他搜了一圈啥都没发现，可之后其他人二次来查，却搜出了一个“密柜”，里面放着几千条绑人的绳索！

不管许广汉如何辩驳，他还是被定了失职之罪，官丢了不说，还被判了鬼薪之刑，罚在未央宫掖庭里做苦力。

好在许广汉表现勤勉，过了几年，被掖庭令提拔当了暴室啬夫，混了个主管。

许广汉有一女儿，名叫许平君，眼看到了出嫁的年龄，父亲为她说了一门亲事，眼瞅着都要成亲了，准女婿竟然死了。

这下子，再没人来为许平君说亲。母亲找了算卦的占卜，说女儿未来当大贵，特别开心，父亲却不信，满心忧愁。

得知那位落魄的皇曾孙想求娶女儿，许妈妈强烈反对，可许老爹却执意将女儿嫁给了刘病已。结婚当天，张贺还拿出自己的家财为刘病已筹备婚事。

结婚后的刘病已总算是有了依靠，他身后有祖母娘家史家和岳父许广汉为依靠，又因张贺的关系，师从东海人澓中翁学习《诗经》。

朝廷看在他皇曾孙的面儿上，给他在勋贵云集的尚冠里分了户小院子。即便如此，刘病已依然是这里面最落魄的一个，能住进这里的要么是列侯宗室，要么是朝廷重臣，可谓家家高门大户，唯独他跟这座小院子一样落魄寒酸，无人问津。

闲暇的时候，他常常一个人出门，游走于市井之间，与普通人打交道。事实上，他本就是普通人，没有人在意他的皇族身份。长安有一百六十个里，街衢通达，每隔几个里坊便能遇到一个集市，车来车往，十分热闹。他喜欢斗鸡走狗，喜欢街市上的人情味和烟火气，磨刀霍霍的狗屠、路边摆摊的老者、卖布的中年汉子，偶尔还会有高鼻深目的西域客商牵着骆驼走过，各种嘈杂声叫卖声此起彼伏，这一切都让他感到无比亲切。庙堂之上的世界太过遥远，对他来说并没有清晰的概念。

然而，也正是有着这样的生活，才让刘病已对大汉王朝的基层社会现状和运作有了清晰的认识，也对民间疾苦有了更深切的体会。

在充满阴谋、算计与杀戮的宫廷中，丙吉与张贺，用不计得失的慈爱和善念照亮了刘病已的童年，让人看到了人性最光辉之处。每每读到这里，都让人感慨不已。

刘病已本以为，这就是自己的全部人生。但历史的轨迹总是奇妙，十八岁那年，他的人生迎来了转机！

昭帝去世，昌邑王刘贺被废，帝位空虚。丙吉见霍光对于新帝人选犹豫未定，琢磨了半天，最终决定上书，将他心中那个合适的人选推荐给霍光。

丙吉给霍光进言道：

臣听说民间对那些身为诸侯或居于高位的皇族成员都没有什么好评，臣觉得有一人，大将军可以考虑考虑。奉诏养育在掖庭的孝武皇帝曾孙刘病已，如今十八九岁了，通晓儒家经术，性格平和。将军可对刘病已详加考察，再参考占卜结果，看其是否适合继承皇位。

刘病已？

霍光在自己的脑海中迅速搜索这个名字，可依然没什么印象。

巧的是，还有一人也向霍光推荐了刘病已。此人正是霍光的得力助手、太仆杜延年。他的儿子杜佗素与刘病已关系不错，知道刘病已品德优良，美名在外，也极力向霍光推荐。

先是丙吉，后是杜延年，接连两个人都推荐刘病已，霍光不由得上了心。经过一番考察，霍光已初步掌握了刘病已的基本信息。他五岁出监狱，被祖母娘家史家抚养，后被召回掖庭抚养，娶一小吏之女为妻，终日游走于市井之间，与普通人无异。

这样一个没有任何靠山和背景的人，不就是霍光苦苦找寻的接班人吗？这样的刘病已，正合霍光的心意。

就他了！

随后，霍光正式提议立刘病已为帝：礼制，人重视血统关系所以尊重自己的祖先，尊重祖先就会敬奉祖宗的事业。昭帝无嗣，应选择支子孙贤德的为继承人，武帝曾孙名病已，有诏令由掖庭进行照管，今已十八岁，从师学习《诗经》《论语》《孝经》，操行节俭、慈仁而爱人，可以做昭帝的继承人，奉承祖宗大业，统驭天下臣民。

当刘病已还在家中逗弄刚出生的儿子时，掌皇族事务的宗正刘德突然来到他家，携上官太后所赐御衣，召刘病已入宫觐见太后。

七月，刘病已进入未央宫，朝见皇太后，先封为阳武侯，随即群臣奉上玺、绶，刘病已即皇帝位，谒高庙。是为汉宣帝。

这一年，他十八岁。

出身坎坷、孱弱无助、在民间混迹了十几年的刘病已，被命运选中，一步踏入了最高权力场。他将会怎样面对曾让他家破人亡的朝堂斗争呢？

韬光养晦

刘病已成了汉帝国的第十任掌门人。他深知，眼下自己没有能力摆平这深不可测的官场，倒不如老老实实夹紧尾巴做人。除了自己的血缘关系，他没有任何优势可言，他必须看清自己，也必须看清谁才是汉帝国的实际控制人。

刘病已表面上是皇帝，可任谁都知道，霍光才是权力中心的一号人物。当初武帝的五位托孤大臣经过一系列明争暗斗，只有霍光依然屹立在朝堂之上。如今的霍光将文官集团和武官集团的权力集于一身，大权独揽，甚至已经达到了独断专行的地步。

他既然可以网罗刘贺不适合为帝的上千条罪状，将其废掉，自然也可以废掉毫无根基的刘病已。刘贺前鉴不远，如何处理好与霍光的关系，是初即大统的刘病已的首要之务。

承明殿内，每逢朝会，群臣总会看见一位身穿黑色朝服、头戴红色委貌冠的公卿立于皇帝御榻之侧。他虽然个子略矮，只有七尺三寸（1.68 米），长相也不算出众，却手握能让那些比他高一头的文武百官们战栗缄默的权势。

他就是大司马、大将军霍光。

功高震主历来就不是什么好事，继位之后的刘病已视霍光为心头大患，放眼朝堂，大多都是霍光一派的人，霍氏家族的人更是在多个重要位置上任职。他知道，自己的一举一动，都逃不过霍光的眼睛，从他上位那一刻起，霍光就在暗中注视着他，考核着他。

刘病已是刘贺的侄儿，是刘贺性格的反面。他不敢动，那种感觉不好受，但他不是刘贺，他懂得隐忍，懂得谋划。在面对强大的对手霍光时，他选择了韬光养晦，选择了隐忍。

忍，不是因为怕，而是在双方实力严重不对等的情况下的策略，是一种政治谋略。刘病已在残酷的现实面前，迅速成长起来，他掌握了这种政治谋略，而且娴熟地加以运用。他的实力还太弱小了，弱小到可以忽略不计，他的对手却掌握着整个国家的军政大权，任何不成熟的举动都有可能被对方踢出局，刘贺不就是活生生的例子吗？

环境塑造人，十八岁的刘病已像打了催熟剂的蔬菜一样，以闪电般的速度奔向成熟。

登基之后的一年里，刘病已战战兢兢、如履薄冰，所有外来的奏章一律先送往霍光处，等他批完再转给自己。朝堂之上，刘病已对霍光也是给足了面子。

登基不久，刘病已就让有关部门对安定汉室宗庙有功的人论功行赏，给大伙儿发了个大礼包。其中，霍光增加食邑一万七千户，加上之前的，霍光的食邑数量已达两万户。

两万户，这是一个什么概念？我来简单分析一下。

西汉一朝，虽然封侯者不在少数，封万户侯的却不多见。刘邦时封侯者多达四百余人，封侯万户者仅有二人，一个是平阳侯曹参，一个是留侯张良，排名第一的丞相萧何也只有八千户。曹参传四代，至武帝元光五年（公元前130年）国除，距始封时已经过了六十九年，封户才过了两万。

霍光有生之年就封户两万，其权势恩宠之盛，可以想见。

除了给霍光一个大礼包，刘病已在丞相的任免上也是全部放权，让霍光自己做主。前面说过，丞相杨敞去世后，八十多岁的蔡义接班，紧接着又是七十多岁的韦贤。刘病已这么做，在一定程度上稳住了霍光，这也是在霍光去世前，君臣能相安无事的一个原因。

对于这个由自己一手扶持起来的皇帝，霍光显然也并不完全放心。就在刘病已登基一年后，霍光在朝堂之上跪地叩首，主动要求归政于皇帝。

这绝对是刘病已趁机拿回原本属于自己皇权的好时机，他却拒绝了。权势很诱人，但他知道自己还没有实力握在手中。他对霍光说：朕登基不久，仍需大将军辅佐，还请大将军继续挑起担子，辅佐于朕。

刘病已的识趣让霍光很放心。

霍光是心满意足了，刘病已却如坐针毡。

初登帝位的时候，刘病已和霍光前往宗庙祭拜高祖皇帝，两人同坐一辆车，刘病已却有一种如芒刺在背的感觉。

彼时的霍光可谓是一手遮天，儿子霍禹被任命为中郎将，掌握兵权；侄孙霍云过继给霍去病，也被封为中郎将，有自己的亲兵队伍；另一个侄孙霍山任奉车都尉、侍中，执掌汉朝的胡、越少数民族部队；霍光的两个女婿，分别任长乐宫和未央宫的卫尉，相当于大内侍卫；其余霍氏宗族遍布朝野，都在重要部门任职。

不难看出，刘病已刚登基时，霍光的权势大到什么地步，党亲连体，根据于朝廷。盘根错节，遍布朝野，朝堂上的每个角落都有霍家的人，刘病已怎能不怕？

刘病已登基不久，就有一个不怕死的大臣弹劾霍光擅自废立皇帝，没有臣子的礼数，大逆不道！

这个不怕死的大臣叫严延年，时任侍御史。

刘病已看完奏书，心中颇为复杂。扳倒霍光，这是自己心心念念都想做的事，可问题是时机不对。另一方面，严延年批评霍光对皇帝擅行废立，似乎就是说刘病已不该当皇帝。

对于这封奏折，刘病已的态度是搁置一旁，不表态。

严延年很郁闷，第一炮就哑了火，这后面还怎么办？

眼看弹劾霍光没有任何动静，严延年又把矛头瞄准了霍光的心腹，时任大司农的田延年，罪名是田延年手持兵器，冲撞了皇帝侍卫的车。

田延年辩解说自己没有冲撞，刘病已把此事交由御史中丞查办。

御史中丞问：田延年，你有没有武装冲撞皇帝侍卫的车队？

田延年回答：没有！

御史中丞说：好的。

调查完毕，田延年是无辜的，严延年没事找抽，造谣生事。

严延年不服，说他亲眼看见田延年冲撞皇帝车队，而且还携带武器。御史中丞大怒，马上质问他：你既然都看见田延年违法了，当时为啥不拦住他？

这——

严延年欲哭无泪，不带这样坑人的啊！

很快，他被御史中丞倒打一耙，扣了个“阑内罪人”的罪名——这是一个死罪。严延年一见形势不妙，赶紧溜之大吉，亡命天涯。

御史中丞颠倒黑白，霍光不可能不知道，想必也有他的默许在内。

不过，即便在霍光当权的年代，作为“傀儡”的刘病已也并非毫无作为。继位第二年，他下了这样一封诏书：

我以卑微身份，蒙受祖先恩德，继承圣人事业，奉祀宗庙，日夜不敢忘。孝武皇帝躬行仁义，北征匈奴，单于远遁，南平两越，东定朝鲜，开疆拓土，设立郡县，百蛮之地，莫不臣服，使臣不请自至，贡物陈列宗庙中；协调音律，改造乐府之歌，荐享上天，封泰山，建明堂，改以建寅之月为岁首，又改定车马祭牲的颜色；开创圣人功业，尊重贤人而赏赐有功之人，复兴衰亡诸侯和贵族世家，赞美周的后代……

孝武皇帝功德茂盛，而祭祀所用的庙乐却与他的功德不相称，朕甚为忧伤。请有关官员一起商定，为孝武皇帝商定庙乐规格等事宜。

刘病已为何会突然下这样一封诏书？难道是他真的崇敬仰慕从未谋面的曾祖父刘彻？

想来未必，毕竟刘病已的祖父和父亲就死于武帝之手，他不可能心血来潮，他的真实情感不可能那样深厚和强烈。更何况，刘病已身居汉帝国的最高权力场，他的每一项决定都是经过深思熟虑的。

既然如此，那么他的这一举动，背后必然有更深的含义。

我们都知道，刘病已虽然当了皇帝，但还有一个问题一直在困扰着他，那就是继承皇位的合法性问题。

其实，选刘病已当皇位继承人，霍光也承受着很大的压力。这种压力一方面来自天下对他擅自废立皇帝的质疑，另一方面也源于刘病已出身低微，缺乏继承皇位的合法性。

有人要说了，刘病已是刘彻的曾孙、刘据的孙子，怎么就没有资格继承大统了呢？

没错，他是刘彻的曾孙不假，可他的祖父刘据在巫蛊之乱中公然举兵造反，是违抗天子的罪人。虽然刘彻晚年意识到自己错怪了刘据，还修建了归来望思台表达思念和悔恨，却一直没有正式为刘据平反。换句话说，刘据本人并没有在政治上真正翻身，毕竟，刘据及母亲卫子夫死后，连个谥号都没有。在这种情况下，作为刘据直系子孙的刘病已是没有资格继承皇位的。

对这个问题，刘病已也心知肚明，这是自己能否坐稳天子宝座的基本问题。为此，他制定了一个循序渐进的方案，具体来说是分两步走。

第一步，先解决最紧要的问题：摘掉自己身上“造反派后代”的帽子，结束刘据这一支在政治上不清不楚的尴尬地位。

在处理完封赏重臣及拒绝霍光归政的事情后，刘病已立刻下诏要求有关官员为自己的爷爷议定谥号。经过一番考量，最终给了刘据一个十分值得玩味的谥号：戾。

明眼人都能看出来，“戾”是一个贬义词。《逸周书·谥法解》中这么解释“戾”：不悔前过曰戾；不思顺受曰戾；知过不改曰戾。刘据当年确有违抗天子诏令、鼓动长安百姓谋反的事实，给他一个“戾”字的恶谥也无可厚非。

得知这个结果，刘病已内心有点复杂，刘据毕竟是自己的祖父，下面的人这么做，自己面子上有点过不去，好在他也没有继续纠结这个问题。对刘病已来说，不管是美谥、平谥还是恶谥，只要有个谥号，他的“正名”目的就已达到，没必要再冒险去争一个虚名。

刘据虽然是自己的爷爷，然而毕竟有鼓动群众造反、跟他老爹对着干的事实，按照礼法要求和当时的舆论环境，刘病已都应该选择站在武帝这边，更能体现他的政治立场。

第二步，下诏商议武帝庙乐，进一步承认武帝在位时取得的成绩，把他放到和汉高祖刘邦、汉文帝刘恒一样的高度来尊崇。

这么做，其实是向所有人昭告，他刘病已与刘弗陵嫡庶有分，他是继承孝武皇帝事业和遗志的正统，他的继位天经地义且名正言顺。

但对于武帝的功过，朝中的争议还是很大。

前面讲过，武帝虽然有过非常辉煌的执政成绩，但也将国家和百姓折腾得够呛，一度导致民生凋敝，这一点在当时也是得到公认的。况且西汉时期臣子们都比较耿直，有一说一。比如，长信少府夏侯胜对于刘病已的这条诏令坚决反对，他说：

孝武皇帝虽然有攘四夷、广土境之功，却穷兵黩武，杀戮太重，挥霍无度，让老百姓财力穷竭，天下虚耗，户口减半，蝗灾四起，赤地数千里，甚至发生人吃人的惨剧，原先的储备积累至今还未恢复。所以武帝对老百姓没有恩泽，不应该给他制定庙乐。

刘病已面子上有点挂不住了。

大伙儿赶紧拉住夏侯胜：你清醒一点，这是诏书啊！难道你敢反对诏书？

也有好心人劝他不要冒违抗皇命和否定先帝的风险，可夏侯胜不为所动，依然一副耿直的样子：这道诏书不应该执行。当臣子的职责，必须坚持真理，直言不讳，而不是为了讨好皇帝而顺从他的旨意。我的话已出口，绝不收回，就是死我也不会后悔。

为了坚决维护皇帝的权威，不折不扣地落实诏书，丞相蔡义和御史大夫田广明带头声讨夏侯胜“非议诏书，毁先帝”的罪行，定性为大逆不道，又揭发丞相长史黄霸事先知道夏侯胜的态度而没有举报，犯有包庇怂恿之罪。

最终结果是，两人都被扔进了监狱，判处死刑。

这里要多说几句，夏侯胜这个人可不一般，他是西汉“今文尚书学”的开创者，讲求经世致用。武帝时任博士，宣帝时先后担任过长信少府、太子太傅，是一个敢于直言议政的人。

值得一提的是，黄霸和夏侯胜虽然被打入死牢，但之后就无人问津了。

其实早在刘贺当皇帝的时候，夏侯胜就曾严肃地告诫过刘贺：你就作吧，我预测过不了多久，你手下的大臣会有人搞死你。刘贺不爽，把夏侯胜扔进了监狱。然而霍光听到这番话，心中却琢磨开了，他召夏侯胜来问话：你为啥知道有大臣要搞刘贺？

夏侯胜索性卖起了关子，说：因为我读了《今文尚书》。

不久，刘贺被废。

夏侯胜的神奇预测，把《今文尚书》炒成了儒家必读书籍，也把自己炒成了大儒。

黄霸知道，夏侯胜精通经学，和这么个牛人一起蹲监狱，机会可是千载难逢。于是在监狱中，他便请求夏侯胜为他讲解经学。

夏侯胜很郁闷：咱俩都要死了，还讲什么经学？

黄霸一脸渴求的样子：朝闻道，夕死可矣。

夏侯胜一听，这么好的学生，打着灯笼都难找啊！此后，两人便在监狱中做起了老师和学生，不亦乐乎。

这一教一学，就是两年。

别人进监狱是蹲大牢吃牢饭，黄霸蹲监狱却顺便读了个研。

两年后，关东地区发生大地震，山崩地裂，城墙房屋倒塌，死了六千多人。刘病已在赈灾的同时宣布大赦，夏侯胜与黄霸也出了监狱。

黄霸后来一路被提拔到扬州刺史，相当于扬州大区的监察官。到了宣帝朝末期，黄霸更是接了丙吉的班，做到了帝国的丞相一职。

夏侯胜也得到了刘病已的任用，既然你这么爱抬杠，那就索性让你做个谏大夫吧！他被任命为谏大大给事中，相当于皇帝的亲近谏官兼内廷秘书。

为什么刘病已不杀夏侯胜，反而在他复出后对他更加亲信？《汉书》中记载了这么一个故事：

有一次，夏侯胜见完刘病已，出去后把皇帝的话告诉了别人，刘病已有点不爽，责备夏侯胜。夏侯胜说：陛下说得很好，我宣扬之；尧的话散布于天下，至今仍被诵读。我认为这些话可以传颂，就说给别人听了。

这马屁拍得相当高级，刘病已心里暖暖的。

此后，每逢朝廷商议大事时，刘病已知道夏侯胜性格耿直，就对他说：先生您有话尽管直说，不要因为上次那事儿而有所顾虑。

话题扯回来，刘病已通过为武帝立庙乐一事，扩大了自己的政治影响力。但是，当上皇帝的刘病已并不能随心所欲，惮于霍光的权势，他总是战战兢兢，对霍光极为敬重，言听计从。

但在一件事上，他没有妥协。

第四章　掌权之路

君臣矛盾

刘病已登上帝位后，确立皇后成为举国关注的一件大事。在霍氏家族的暗示下，大臣们纷纷上奏，要求他立霍光之女霍成君为后。

臣子们的溢美之词如滔滔江水绵绵不绝，刘病已却只是微微一笑，并不发话。等殿上的喧嚣渐渐平静下来，刘病已下了一道微妙的诏书：

我在贫微之时曾有一把旧剑，现在我非常怀念它，众位爱卿能否帮我把它找回来呢？

旧剑？什么旧剑？大臣们几乎都是一头雾水，感觉忒莫名其妙了，皆不能领会其精神。

这可是有史以来最另类的诏书啊！

于是乎，聪明的大臣就对皇帝的生活经历刨根问底，挡都挡不住。很快，有人就听出了刘病已的弦外之音：皇帝连一把旧时陪伴在侧的剑都念念不忘，又怎会舍弃结发之妻另立他人为后呢？

时光倒回多年前，他叫刘病已，她叫许平君。

那时，他是生于监狱、长于监狱的落难皇孙，她是长在民间的平凡女孩。

他无家无业、无亲无故，也无处容身。在他最孤独、最无助的时候，她出现了，给了他一个家。初遇，便已伴随着相濡以沫，于是，此生的相守就此注定。

一年后，许平君给刘病已生下儿子刘奭（shì），也就是后来的汉元帝。

刘病已当爸爸几个月后，刘贺也结束了短短二十七天的皇帝生涯，丙吉向霍光上书，他被推向了历史舞台的中央，登基称帝。

人们常说，人心易变。此时的他虽贵为皇帝，却又有着更多的无奈。霍光希望霍成君能够成为皇后，从此地位无忧；群臣也希望霍成君能成为皇后，从此朝局稳定；霍成君也希望自己成为皇后，从此母仪天下。

妥协，也许是最好的选择。

可刘病已偏偏选择了不。

他终究是一个性情中人，很多事他都可以向霍光妥协，可是唯独在这件事上，他却保持了一个男人的执拗，他固执地选择了自己的心中所爱。

许平君，那个支持他陪伴他，始终不离不弃的平凡女子，才是他发誓要相伴一生的人。她是刘病已在这个世上最信任的人，抛弃她的念头，他是从来也没有动过的。

在那沉闷、冰冷、压抑得令人窒息的深宫之中，只有在许平君面前，他才能做回真实的自己。

这就是“故剑情深”的故事，贫贱不相离，富贵亦相知。而那一纸浪漫的圣旨，也见证了一个平民之女与一位帝王最平和温情也旷古绝今的爱恋。

善于揣摩皇帝心意的臣子们纷纷改口，请立许平君为皇后。毕竟，深情不可负！皇帝如此珍惜贫贱时的妻子，怎能不令人动容？

霍光对于封后一事一直耿耿于怀。按照惯例，皇后的父亲是要封侯的，霍光却始终不允，直到一年后，才给许广汉封了个地位次于侯爵的“昌成君”。

刘病已固执地选择了自己的爱人，不止得罪了霍光，还得罪了霍光的夫人霍显。

人的欲望是无止境的，霍光可以管理天下，却管不了枕边人。眼下，自己的外孙女成了皇太后，女儿霍成君也嫁给刘病已成了婕妤。但是，霍显仍不满足，一直念念不忘让自己的女儿成为皇后。

原本凭借霍家的威势，霍显几乎认定了皇后之位非自己的女儿莫属，不料半路杀出个许平君，硬是夺走了到嘴的肥肉。堂堂大司马、大将军霍光的女儿，竟败给了平民出身的许平君，是可忍孰不可忍！

霍显不甘心！

她下定决心，一定要将许平君拉下来，让自己的女儿上位。

机会很快就来了。

许平君怀孕后身体不适，召御医来诊治，而女御医淳于衍正是霍显的人。

在霍显的威逼利诱下，淳于衍在许皇后的汤药中加入了孕妇禁服的一味中药——生附子，毒杀了许皇后。

十九岁，正是蓓蕾初开的年纪，年轻的许平君却在暗夜长空里凄美凋零。三年的执手相望，刘病已守护住了爱情，却失去了妻子。

那一夜，他在许皇后的灵前哭得撕心裂肺，泪如雨下。

许皇后的意外之死，让刘病已痛不欲生。伤心之余，他对这几个大夫产生了怀疑，派人将大夫抓起来审问。

霍显慌了，她察觉到了事情的严重性，担心淳于衍招供，转而向自己的丈夫寻求帮助。

在听妻子讲完事情的前因后果后，霍光犹如五雷轰顶，糊涂啊！自己一辈子谦恭谨慎、躬行节俭，想不到到头来，却被自己身边的人给坑惨了。害死皇后，不管有多大功劳，可都是抄家灭门的大罪啊！

怎么办？主动揭发吗？

这个念头只是一闪而过。霍光的身后，是整个霍氏家族，一旦这事儿被揭露出来，那么不仅仅是自己，整个霍家都难逃一劫。

就在霍光纠结的当儿，廷尉的调查结果出来了。他们一致认为，没有确凿证据证明是御医照顾不周，许皇后去世，或是自身体质虚弱的缘故。淳于衍等人无罪，应当被释放。

霍显终于松了一口气，霍光却依然眉头紧锁。

其实，刘病已哪里不明白，这一切就是霍家的阴谋，但他还是忍住了。此时的他羽翼未丰，还无力与霍氏家族抗衡，为了大汉的江山，他只能选择隐忍。

一着不慎满盘皆输，刘病已越是思念许平君，越是假装一切都没有发生。他把爱妻葬在自己早已选好的墓地杜陵南园，并追谥为“恭哀皇后”。

许皇后去世后，霍成君如愿以偿，成为刘病已的第二任皇后。

霍成君当了皇后，刘病已继续封赏霍家的族人，霍成君想要什么就给什么。一时间，霍家登峰造极，煊赫无比。

不知道霍光是否明白这样一个问题，当一个人权势用尽，福报享尽，剩下的，就只有灾殃了。

刘病已很清楚，改变你能改变的，接受你不能改变的，剩下的，唯有继续等待了。刘病已是识时务的人，他深知，当你势不如人时，你就要一直忍耐、等待，哪怕最终靠死神帮你赢下比赛。

时光荏苒，转眼已是地节二年（公元前 68 年）。这是刘病已登基的第六年。

这年三月，秉政二十年的霍光走完了人生的最后一段旅程。如同他曾经效忠的汉武帝一样，霍光也终究敌不过生老病死，萧萧然走下了政治舞台，无论他多么放不下这片江山，放不下那份权力。

得知这一消息，刘病已终于长长舒了一口气。自己韬光养晦，熬了六年，终于熬死了霍光。

让刘病已芒刺在背的霍光终于死了，属于他的时代结束了，刘病已只觉神清气爽、浑身舒泰，于是开始逐步收回权力。当然，这事儿不能急，得慢慢来。

刘病已与上官太后亲自临丧，按皇帝的规格厚葬霍光，并下诏追思霍光的功德：

大司马大将军博陆侯宿卫孝武皇帝三十余年，辅孝昭皇帝十有余年，屡逢国难，躬秉忠义，率领三公、九卿、大夫等群臣定长治久安之策，以定宗庙，让天下黎民都得安宁。功高德劭，朕深为钦佩。现让其子孙享受其荣光，不减少其爵邑，世世代代免其徭役赋税，其功如丞相萧何。

把霍光的功绩和萧何相提并论，这个评价可以说是相当高了。自古及今，只怕没有几个臣子能有霍光这般的荣耀了。

此外，刘病已还给霍光上了一个无比荣耀的谥号“宣成”。“圣善周闻”曰“宣”，“安民立政”曰“成”，这可是属于帝王专用的评语。此等恩宠，简直前无古人后无来者。

霍光也成了中国历史上殡葬规格最高的大臣，只是这无限的风光与荣宠背后，埋伏着的是步步杀机，潜藏着的是万丈深渊。

我们不禁要问，霍光真的当得起这么大的荣耀么？到底该如何评价他？

宋人有个叫王十朋的家伙，写了一首诗：

武帝英雄类始皇，甘心黩武国几亡。
晚年赖有知人术，解把婴儿付霍光。

意思很直白，他把秦皇汉武相提并论，说两位皇帝都是古代英雄，又都骄奢极欲、穷兵黩武，把国家弄得濒于灭亡。只是武帝知人，晚年把辅佐幼年太子的重任托付给霍光，才使西汉政权渡过了危机。

在一定意义上，这首诗说到了问题的要害。昭宣时期的前二十年内，霍光确实是一个非常关键的历史人物，武帝折腾了一辈子，到他临去世时，四海虚耗，户口减半，留下的是一副烂摊子。刘弗陵年幼，所有的重任都压在了霍光身上。

霍光没有让武帝失望，他用了二十年的时间，继承武帝休养生息的政策，保证了汉帝国这艘大船平稳运行。没有霍光，就没有刘病已的今天，更没有大汉王朝的复兴。

他的一生极具代表性，前半生谨慎小心，获得武帝信任，后半生专权跋扈，废立皇帝。虽不能说像周公辅佐成王那样尽善尽美，倒也确实尽心尽力，是个守成名臣，可见武帝看人还是很准的。

霍光是大汉帝国的忠臣、能臣，甚至可以说是救世之臣。没有他，就不会有汉朝中后期的“昭宣之治”。

只可惜，霍光被架上权力的巅峰，下不来了。权力之路，有如河流，逆水行舟，不进则退。霍光深知，他的地位并不稳定，甚至依然脆弱得很，江湖未静，霍光就必须搏斗下去。他必须尽一切力量，捍卫他的地位，不仅为了他自己，更是为了整个霍氏家族。

在他执政的二十年内，他完全以周公自居，大权独揽。他还把自己的整个家族带入上层，把持政权。所谓水满则溢，月满则亏，一个权臣甚至一个家族，如果控制政权太久，而且甚至到了操控皇帝废立的地步，绝对不会有好下场。

霍光自己虽然做到了善终得保晚节，但他的家族中人还会这么幸运吗？

山雨欲来

在追思霍光功德的背后，一个剪除霍氏家族的行动在有条不紊地展开。

霍光虽然去世了，但霍家的亲属和亲信还控制着朝廷的各个重要部门，尤其是兵权还掌握在他们手中。为了稳住霍家人，刘病已委任霍光侄孙霍山领尚书事，总揽朝政。

要收回霍家的权力，不能急，得一步一步来。而此时，一个叫魏相的人登上了历史舞台，陪着刘病已在政坛上大展身手。

在这里，我们有必要介绍一下他的简历。

魏相是济阴定陶（今山东定陶）人，少年时代学习《易经》，做过郡里的小吏。朝廷选人的时候，魏相策论答得不错，做了茂陵县令，在此期间，他最出名的便是其严明的吏治。

有一次，御史大夫桑弘羊的一个门客来到茂陵，假称桑弘羊也要来，想借此收取一些好处。县丞觉得不像是真的，就没理这个门客，门客大怒，将县丞给绑了起来。

事情传到魏相那里，魏相仔细一问，怀疑其中有鬼，又将门客关了起来。经过彻查，确认该门客是仗着桑弘羊的名气在外面招摇撞骗，魏相手起刀落，直接将其按律处死。

如此痛快利落地处理完了一个案子，魏相立刻在当地引起了轰动。后来，他被提拔为河南太守，秉持其一贯的吏治严明的风格，打击当地豪强势力，将地方治理得井井有条，百姓无不拍手称快。

不过，正因为他出了名的严苛，也为自己引来了一些麻烦。

丞相田千秋去世后，儿子被任命为洛阳武库令，成了魏相的下属。但是小田听说魏相管理相当严厉，怕时间长了被魏相修理，居然弃官跑了！

魏相很尴尬，难道自己在大伙儿心中的形象这么严厉吗？连忙派手下去追，结果人家坚决不愿回去。

魏相非常郁闷，说：小田这一跑，大将军霍光一定会认为我不是个东西。丞相刚死，我就收拾他儿子，这可咋整？

事实证明，魏相的担心是没错的。小田一溜烟跑回了长安，也不知道他是怎么向霍光汇报的，反正霍光从此对魏相印象深刻，咬着后槽牙说：幼主（刘弗陵）刚刚即位，函谷关是京师的屏障，屯聚武库和精兵，才让丞相田千秋的弟弟任关都尉、儿子任武库令。丞相刚一去世，魏相就排挤他儿子，简直不识抬举！

巧的是，有人见魏相处境堪忧，便拿出当年魏相斩杀桑弘羊门客一事弹劾魏相，指责其滥杀。

霍光索性将他扔进了监狱，交给廷尉审查。

不过，魏相刚进监狱，就有人来为他求情了。

魏相虽然对手下人很严苛，但对百姓那可是真好，所以在河南民间很有威信。听说他摊上了官司，河南的两三千戍卒一起向霍光请愿，愿意再留守一年来赎魏相的罪过；一万多百姓到了函谷关，要向皇帝上书请愿。

民意不可违，守关的官员不敢耽误，立即上报，却被霍光给否了。好在魏相运气不错，只被关了一冬天，赶上了朝廷的大赦令，被放出来了，之后又担任茂陵令。

辛辛苦苦好多年，一朝回到解放前。

魏相这种性格和脾气，显然在官场是混不下去的。好友丙吉还特意嘱咐他，朝廷已经了解了你的能力和政绩，过不了多久就会重新启用你，希望你以后行事要慎重，锻炼自身的才能。

收到好友的提醒，魏相收敛了些，重新开始在官场上摸爬滚打。没过多久，他就被征召为谏大夫，后来再次担任河南太守。

数年后，刘病已登基，听闻了魏相的才能，将其从地方提拔到中央担任大司农，不久又升为御史大夫。从此，魏相正式迈入了西汉的权力中心。

四年后，把持西汉朝政二十年的霍光去世，刘病已感念霍光的恩德，将霍光的儿子封为右将军，让霍光哥哥的儿子掌领尚书事务。

魏相觉得自己的机会来了，而他为刘病已筹划的第一件大事，正是拔除霍家的势力。

霍光刚刚离世，魏相第一时间给刘病已上了一封书，内容是“拉张打霍”。

他说：国家新失大将军，陛下最好擢升有功的高官接替，不要空悬大位，以免争权。顺便，他也提出了自己认为合适的人选：张汤之子张安世。

他说：车骑将军张安世侍奉孝武帝三十余年，忠信谨慎，勤劳政事，我觉得可以提拔他为大将军，但不再兼光禄勋事；张安世的儿子张延寿，稳重厚道，可以任光禄勋。

魏相这个建议，与刘病已不谋而合。很快，刘病已下诏，宣布张安世为新任大司马、大将军。

但是，这个任命让张安世欲哭无泪。

原因很简单，全长安的人都知道，张安世乃是霍光一手提拔起来的人，是霍光的左右手，张安世的孙女还嫁给了霍家外亲，张家与霍家是一条船上的。魏相无视霍家子弟，转而提拔张安世接任大司马、大将军之位，这让霍家子弟情何以堪？

其实，魏相要的就是这个结果：故意制造隔阂，拉拢张安世，分化霍氏集团。

张安世坐立不安，决定去见皇帝，好好说道说道。一进去，他就主动摘官帽，叩头说：老臣才能不够，自量不足以居大位，继大将军后，恳请陛下哀怜，以全老臣之命。

刘病已笑道：你太谦虚了，你要是当不了，还有谁能够胜任？

陛下……

好了，不要再说了，君无戏言，这事儿就这么定了。

张安世推辞再三，也没能推掉这块烫手的山芋。

为了不让张安世一人独大，几个月后，刘病已又以减少战争、徭役为由，解散了张安世手下的一支屯戍部队。

没过多久，魏相又通过刘病已的老丈人、昌成君许广汉，上了第二封秘密奏章，请求直接削权：

陛下，《春秋》讥讽世世为卿相的人，憎恶宋三代人都做大夫，到鲁季孙的专权当道，都曾使国家处于危难祸乱。从武帝后元以来，王室子弟能得到俸禄，国家的政事却要由冢宰来决定。现在霍光去世，他的儿子又做了大将军，哥哥的儿子做尚书，掌握政要，霍家的兄弟女婿们都握有兵权，权势极大。

不仅如此，霍光的夫人霍显和他们家的女眷都在长信宫有名籍，可以自由出入，有的夜里从禁门出入，骄横奢侈，放纵不羁，恐怕将来无法驾驭控制。陛下应该想办法削弱他们的权势，打消他们的阴谋，以强固大汉万世的基业，保全霍光的功臣名声。

按照一般的流程，官员向皇帝上书，都会写两份，副本先给领尚书事的官员审阅。如果没问题再上正本；如果有问题，正本就不上了。

为了避开霍家人的眼线，这回魏相没留副本，只写了一份正本交给皇帝。

刘病已看过之后，很是赞同，封魏相为给事中，采纳了魏相的全部意见。

刘病已是个擅长温水煮青蛙的皇帝，在霍光死后不到一年的时间里，他一方面给霍家的青蛙们送钱送地送爵位，一方面提拔张安世为大司马，魏相兼给事中，然后把尚书看本的权力牢牢掌握在自己手中。

然而，魏相被刘病已加官给事中，参与国家大事决策，还是引起了霍氏集团的领头人——霍光老婆霍显的警觉。

霍显为何察觉不妙？这就要从霍家与魏相此前的一次纠纷说起。

魏相还是御史大夫时，有一次，仆人驾车赶路，遇到了霍家的仆人。道路狭窄，双方互不相让，魏家的人说我们是直行，你们是拐弯，按照规则，你们应该让我们；霍家的人马上跳起来了，说天底下的人都要让我们，凭什么？

双方打了一架，霍家仆人夜闯魏府，几乎踢坏了大门，魏相亲自出来劝阻，仍是无济于事，最后逼得魏相磕头道歉才作罢。

堂堂御史大夫，三公之一，居然向一个家奴磕头，这是何等的侮辱！

经此一事，这梁子算是结下了。

可魏相呢？一脸云淡风轻，仿佛从来没发生过一样。

平静，可怕的平静。

霍显的心头涌起了不祥的念头。

她的预感是准确的。不久，刘病已又做了一件大事，做这事时，刘病已出手很果断，完全超出霍家人的想象。

霍光去世第二年，刘病已突然宣布，立七岁的刘奭为太子，而这刘奭，是已故皇后许平君的儿子。

霍显听闻这个消息时，当即气炸了，饭都吃不下，还吐了血。她怒道：刘奭是皇帝在民间生的贱种，竟然能当太子？如果我女儿生下皇子，岂不是只能当个王爷？

她咽不下这口气！

她不惜毒死许皇后，让自己的女儿当皇后，为的就是让自己将来的外孙当太子，这样霍氏家族的地位才能稳固。现在外孙还没生出来，皇帝就立了太子，这还了得？

霍显怒从心头起，恶向胆边生，通知霍皇后，准备故技重施，除掉太子！

不杀，就没有机会，过去是毒杀皇后，霍成君才能当上皇后；现在只有杀了太子，霍成君将来的儿子才有机会当太子，这是霍显的逻辑。

霍显行动了。

刘病已没能保护好自己心爱的女人，断然不会再让悲剧发生在自己儿子的身上。他给太子刘奭安排了两个保姆，最重要的工作就是无论什么食物，都要她俩先吃，再让太子吃，霍家的人一直没有找到下手的机会。

有魏相做幕后推手，刘病已才大胆做了几件大事。他先是立了太子，接着又提拔自己的老丈人许广汉，封为平恩侯。

至此，魏相认为，事情已经成功大半。刘病已更加相信，他已胜券在握。

就在这一年，刘病已突然下达了多条诏令：

霍光的女婿，度辽将军、未央卫尉、平陵侯范明友，调任为光禄勋，后又将其度辽将军的印信和绶带收回，只担任光禄勋一职；

大司马张安世改任卫将军，以及未央宫、长乐宫两宫的卫尉；

霍光的儿子霍禹任大司马，却不让他戴大官帽，而是戴小官帽，且不颁给他印信、绶带，同时撤销了霍禹以前统领的屯戍部队和官署；

霍光的大女婿，长乐卫尉邓广汉，调任少府；

霍光的二女婿，诸吏、中郎将、羽林监任胜调出京师，任为安定太守；

霍光另一女婿，散骑、骑都尉、光禄大夫赵平，其骑都尉的印信和绶带也被收回；

霍光的孙女婿之一，中郎将王汉调任武威太守；

霍光的姐夫，光禄大夫兼任给事中的张塑，调出京师，任蜀郡太守。

在经过长期周密的准备后，刘病已架空了霍氏家族掌控朝政的权力。紧接着，他将所有未央宫、长乐宫，包括长安城的守卫将士，都换成许家（就是许皇后的娘家）、史家（祖母的娘家）的子弟担任，然后由张安世统率。

这则消息犹如一颗重磅炸弹，在霍家子弟们头顶上炸开了花，炸得晕头转向，霍山等人如遭五雷轰顶。怎么突然就变天了呢？死神真的要来了？

霍禹索性请了病假，不去上朝了，其余人也是满肚子牢骚。

霍禹的老部下任宣来探望：听说您病了？

霍禹说：我得的是心病，谁的药都不管用。

任宣笑道：霍兄啊，我劝你还是放宽心。

霍禹气鼓鼓地说：要不是我家老爷子，皇帝哪里会有今天？如今老爷子的坟墓还没干，他皇帝就疏远排斥我霍家，没收了我的官印，反而任用许、史两家的人，我不服！

任宣见霍禹怨恨很深，劝他：老霍啊，别怨了。三十年河东，三十年河西，现在这形势，你还看不明白吗？大将军一手遮天、生杀予夺的时代一去不复返了！那么多人都因冒犯大将军而被下狱处死，反倒一些普通人因被将军赏识，官至九卿，爵为列侯，你让别人怎么想？如今许、史两家是皇上的姻亲，受到尊宠是理所当然的。你如果因此而心怀怨恨，我认为不应该。

霍禹听后沉默不语。过了几天，脑筋转过弯儿来的霍禹又老老实实去上朝了。

形势对于霍氏一族越来越不利，霍禹、霍山和霍云哥仨还委屈得不行。

霍氏覆灭

霍山说：现在丞相执政，受到皇帝信赖，将老爷子制定的法令全部推倒重来，将公田授给贫民，公然宣扬老爷子的过失。又有儒生远道而来，衣食不保，却喜欢口出狂言，不避忌讳。老爷子当初最讨厌这些满口仁义道德的人了，如今皇上却喜欢跟这些儒生打交道，又让他们自行上书答对政事，这些腐儒没事儿就向皇帝吐槽我们，不胜其烦。

曾有人上书说老爷子在时，主弱臣强，揽权独裁，如今他的子孙当权，兄弟们更加骄横恣肆，恐怕将要危及宗庙社稷，灾异怪事频繁出现，都是因为这个缘故。这话说得太狠了，我把奏折压了下来，没给皇帝看。后来上书的人变聪明了，全都使用密封奏事，皇上直接让中书令取走，不通过尚书，皇上越来越不信任我了。

霍老太太问：丞相老挑我家的毛病，你们几个难道就没办法抓到他的把柄，将他治罪吗？

霍山说：全长安人都知道，丞相廉洁正直是出了名的，哪能让一般人挑出毛病来？反倒是我们家这些兄弟行事过于张狂，目中无人。民间一直在盛传，说我们霍家毒杀了许皇后，真有此事吗？

重压之下，老太太不得不告知霍禹等人一个事实：外面传的“霍家谋害许皇后”一事，不是冤枉，确有此事。

霍禹等人彻底傻眼了！

像这等事情，为什么不早对我们说？皇上排斥我们家的几个女婿，原来是因为这个缘故啊！毒杀皇后，这可是大罪，死都不知道怎么死的，您怎么这么糊涂啊？

完了，全完了！

就在霍禹等人焦虑难安时，有人提了个建议：

谋反！

皇帝是不会放过霍家的，既然如此，何不将这个皇帝推翻，就像曾经废黜刘贺一样？

然而，这次霍氏谋逆的商议，被人告发了。

让所有人意外的是，刘病已却很冷静，下令逮捕了两个外围参与者，然后宣布，此案到此为止！

所有人都看不懂了，皇帝这是打算放霍家一马吗？

至少霍家不会这么想。

霍家子弟慌了手脚，他们并没有理解皇帝的一番苦心，反而认为这是自己最后的机会。他们抓紧一切机会，紧锣密鼓筹备造反。

不料这时候，又出了意外。

霍云的舅父李竟被审问，牵扯出了霍家，皇帝下令：霍山、霍云二人不适合在宫中供职，免职回家。

霍禹坐不住了，他每日惶惶不可终日，而宫中的刘病已却坐如泰山，继续处理着日常事务。

黑云压城城欲摧。皇家和霍家这场权力战，连长安扫大街的都认为冲突爆发已经为时不远了。是的，火拼就要来了，大家等着看戏就是了。可问题是，皇帝什么时候才会彻底撕破脸皮，清算霍家？

没有人知道。

这天，刘病已读到一封上书，陷入了沉思。

上书者为山阳郡太守张敞。这个人我之前提到过，刘贺当皇帝期间，他向皇帝上谏，批评刘贺不能选贤用能，告诫他不可一味任用昌邑国旧臣，应当适当亲近朝中大臣。后来张敞因为性格耿直，得罪了霍光，被调离京城，发配到了函谷关当了个都尉。

刘病已登基后，张敞被提拔为山阳郡太守。眼看霍家覆亡在即，张敞送了一波助攻：

我听闻春秋时期，公子季友有功于鲁国，赵衰有功于晋国，田完有功于齐国，都受到本国的优待，并惠及子孙。后来田氏篡夺了齐国政权，赵氏瓜分了晋国，季氏则专权于鲁国。因此，孔子作《春秋》，考察各国的兴衰存亡，严厉批判卿大夫世袭制度。当年，大将军霍光作出废立皇帝的重大决策，使宗庙平安、国家稳定，功劳不算小。

周朝时，周公辅政不过七年；霍光辅政却有二十年，霍光的功劳是很大，可其危险性也更大。如果让霍氏家族继续执政，势必危及君权，最好的办法是打发霍禹、霍云、霍山这三人回家，让他们安享晚年，不要过问政事。

当然，仅打发霍氏是不够的，张安世也必须挪个地方，最好给他安排个皇帝老师的职务，让他有事可做。如果按此做法，可以保持权力平衡，汉朝也不会有那么多事了。可惜的是，我远在他乡，而长安也没人给陛下提出这些意见，所以才造成眼下乱哄哄的景象。

最后，张敞又总结道：综上所述，陛下解除霍云和霍山二人职务，这一做法必定会引起霍家恐惧，导致恶性循环。如果不及时制止，想出一个两全其美的办法，后果不堪设想。

然而，刘病已看过这封上书之后，仅表示了对他的赞赏，并未采纳他的意见。不仅没有采纳，刘病已还将被罢职的霍云重新起用，任为玄菟太守。

不只张敞蒙了，大伙儿也蒙了：皇帝这是几个意思啊？

霍氏子弟也受不了了，自从知道毒害许皇后一事乃是确凿事实后，他们就知道，自己与皇帝已经结下了血海深仇，和好已无可能，最后的结果只有决裂。可问题是，皇帝迟迟不表态，没有人知道那把悬在他们头顶的达摩克利斯之剑何时落下来。

这种感觉太压抑了，将他们逼得几欲发狂！

与此同时，霍家也出现了一系列怪事儿。

霍家府邸凭空出现了许多老鼠，那些老鼠与人相撞，用尾巴在地上画线。猫头鹰也来凑热闹，赖在霍家大院的树上，彻夜邪叫不止，叫得人心里发毛。

紧接着，更奇怪的事冒出来了，霍家的大门莫名其妙塌了，霍云住宅的大门也突然崩了。霍家的人怪梦连连，先是霍显梦见家里的灶长到了树上，井里的水漫到了地上，还梦见霍光对她说，你知道我们的儿子要被捕了吗？霍禹则梦见车骑喧闹的声音，说是来逮捕他的，吓得他神经高度紧张。

种种怪象，扰得霍家人彻夜难安。

这种日子何时是个头？

霍禹受不了了，在万般焦虑和崩溃的情绪下，废黜皇帝的方案终于定了下来：

由上官太后设宴，召魏相、许光汉等人前来，在酒宴上杀死二人，随后再由上官太后出场，随便寻个由头废了皇帝。

方案经霍家举手表决，全票通过，就等付诸实践了。

然而，让霍家绝望的是，计划还未实施，又一次被人泄露了。

霍家阴谋是怎么泄露的，到底是有人告密，还是刘病已在霍家安排了眼线？没有人知道。

总之，他们失败了。

七月，霍家造反事败，霍显、霍禹、邓广汉等人接连被捕，霍禹被判腰斩，霍显及霍氏家族中人悉数被绑到长安街头斩首，因与霍氏有牵连而被诛杀的有数千家，霍云、霍山、范明友皆自杀。太仆杜延年因是霍家旧友，也被罢免官职。

八月，皇后霍成君被废，囚禁于昭台宫；十二年后，霍成君自杀。

这一年，距离霍光去世刚刚过去三年。

不是梦幻，仿若梦幻。

其实纵观整个过程，自从霍光死后，刘病已就已经有了铲除霍氏集团的计划，他要一步步削弱霍家的势力，看霍家子弟各种花样作死，为自己制造有利舆论。然后，他念动紧箍咒，看着他们头上的箍越来越紧，看着他们在惊恐绝望中挣扎。

在此过程中，他对霍家的态度有打击，有安抚，但从始至终，他要将霍家斩草除根的态度从未改变。

从霍光去世至霍氏灭族，这中间过了三年，霍氏集团原本是有机会重新调整与皇帝关系的，可惜这些后辈们没一个成器的。父亲死后，儿子霍禹就成了霍家的继承人，可他的能力和水平到底如何呢？

我们来听听霍光对他的评价。

当初，张安世之子张千秋与霍禹皆以中郎将的身份，随度辽将军范明友击乌桓。回来后，霍光问二人战斗方略和山川地形，张千秋张口就来，还画地成图，连细节都记得一清二楚。再问霍禹，他却支支吾吾了半天，最后说了一句：都有文书记载。

霍光大失所望，觉得儿子不成器，叹道：霍氏世衰，张氏兴矣。

但是，为了保证霍氏权力的延续性，霍光在弥留之际还是决定为儿子霍禹求官。

从结局来看，霍禹显然辜负了老父亲的一番苦心。

其实，早在很多年前，就有人预见了霍家灭亡的结局，当时霍家权势正盛，茂陵人徐福上书皇帝，说：

霍氏一定会灭亡，奢侈无度必然导致傲慢无礼，傲慢无礼必然会冒犯主上，最终生出大逆不道之心。霍氏掌权日久，权势太盛，忌恨的人太多了。天下人都忌恨他们，而他们又倒行逆施，不灭亡还等什么呢？陛下即使厚爱他们，也应该时时加以抑制，不要让他们走上毁灭的道路。

徐福接连上了三次书，可刘病已的回复就和雍正皇帝的奏折批复一样简单：

知道了。

霍氏灭亡后，凡告发霍氏的人都得到了封赏，唯独漏了徐福。

于是，有人为徐福抱不平，特意向刘病已上书，说道：

臣听闻，有人去别人家做客，看到主人家炉灶的烟囱是直的，旁边还堆着柴薪，便告诉主人说，要把烟囱改成弯的，柴薪也要搬到远一些的地方。

主人不听，后来果然发生了火灾。当时，很多邻里朋友出手帮忙灭火，幸而火被扑灭。主人杀牛设宴，酬谢他的邻居，被烧伤的人安排在上座，其他的人按出力大小依次入座，唯独没有宴请那位劝他改烟囱的人。

有人对这家主人说，你当初若能早些听了那位客人的劝告，今日也就用不着破费杀牛置酒，而且始终不会有火灾。现在论功请客，建议您防患于未然的人没有被感谢，而在救火时被烧得焦头烂额的人才是上客吗？主人这才省悟而去请那位客人。

茂陵人徐福，多次上书说霍氏将会有谋逆行为，应该预先防范，结果一切如徐福所言。但那些告发了霍家谋逆的人皆被陛下赏赐，唯独徐福这位早早劝诫防微杜渐的人没有被奖赏。希望陛下明察，嘉许徐福“弯曲烟囱、移走柴薪”的远见，使他居于“焦头烂额”者之上。

刘病已这才赏赐徐福绸缎十匹，并任其为郎官。

第五章 汉宣名臣

王道仁政

霍家覆亡后，跟霍家关系密切的人多多少少都受到了牵连，眼看着其他人纷纷遭了殃，张安世也是心慌。

他是霍光的左右手，在废昌邑王、立汉宣帝两件大事上，霍光都是和张安世商议定策。可以说，张安世曾一度是仅次于霍光的大臣，算得上是二把手。

如今霍家完蛋了，自己能独善其身吗？

更何况，张安世有一孙女嫁给了霍家的外亲，霍家谋反案被定罪后，孙女按律要连坐。为这个事情，张安世多次想向皇帝求情，可始终没有足够的勇气。他自己尚且危如累卵，弄不好，非但救不了孙女，连自己也得脑袋搬家。

细心的刘病已观察到张安世最近消瘦了许多，无精打采的，觉得蹊跷，问了左右才知缘由，最后赦免了张安世的孙女。

不仅孙女没事儿，张安世此后还得到了比从前更多的优待。

这又是为何？

事实上，张安世之所以能躲过这一劫，还得感谢他的哥哥张贺。

前面说过，张贺曾任掖庭令，对刘病已很是照顾，不仅自掏腰包供给他日用，还亲自教他识字学习，俨然成了亦师亦父的角色。

刘病已登基之时，张贺早已去世，为报养育之恩，刘病已想追封张贺为恩德侯，设两百户人家为张贺守墓。而且，张贺儿子去世很早，弟弟把自己的一个儿子张彭祖给他做养子。张彭祖幼年时又与刘病已一起同过窗、一起翻过墙，所以刘病已即位后，有意赐张彭祖关内侯。

然而，张安世却再三推辞这些封赏，又请求减少为哥哥张贺守墓之户，减至三十户。

刘病已被他磨得不耐烦了，脸一板，说：朕是赏给掖庭令的，不是给你的！

张安世这才把话咽了回去。

张安世这个人做事极其谨慎，滴水不漏，每次与皇帝商议大事，商量完总是称病提前退出。等到皇帝颁布诏令后，再假装大吃一惊，派人到丞相府去询问。所以即使是朝中大臣，也无人知道他曾参与过很多重大决策。

张安世曾推荐过一个人入仕，那人上门表示感谢，张安世却说：我看中你的本事才举荐了你，这是公事，岂能私谢?

自此，张安世竟与此人绝交。

有一位郎官仕途不顺，对张安世发牢骚。张安世批评他：你劳苦功高，皇上自然一清二楚，升迁与否，由皇上做主。作为人臣，你怎么好意思自卖自夸?

表面上看，张安世拒绝为郎官说话，可通过私下运作，他却成功给郎官升了职。他之所以明里拒绝郎官，就是不想让人抓住接受请托的把柄。

他手下人曾对他说：将军辅佐明主，却不怎么引荐士人，大家都在讥笑您呢。

张安世答：明主在上，群臣贤能与否自然是黑白分明。臣下做好自己就行了，没必要也没资格向朝廷荐士。

隐藏自己的锋芒，而把老板置于绝对第一的位置，这是张安世求得安全的关键一招。

霍家覆亡后，张安世和儿子张延寿都在朝中身居要职。张安世总觉得他们父子长期位高权重不是什么好事，主动去找皇帝，交了两份请示：

一是外调儿子张延寿，别让他待在京城，二是降低他们父子的俸禄。

对普通人而言，升职加薪是梦寐以求的事，可张安世不这么看，他太清楚官场的凶险了。

刘病已看完后，准了张安世的要求，将他的儿子张延寿调出京师，任为北地太守。至于俸禄问题，刘病已则想了个办法，让人将他的俸禄单独存放起来，暂时不给他就是了。

凭借着这份谨慎与小心，张安世与皇帝君臣相得，配合十分默契。

张安世不仅自我要求颇高，还对家人严格约束。他的儿子张延寿、曾孙张临，在行事风格上都很像张安世。张临有句口头禅：桑、霍为我戒，岂不厚哉！指的就是曾经的风云人物桑弘羊和霍光，都在为人处世上有致命缺陷，或身遭刑戮，或身后族灭。

四年后，年老多病的张安世请求告老还乡，归还侯爵之位，刘病已再三挽留，说：将军老成持重，又是三朝老臣，朕甚为依赖。究竟是什么原因让你产生了告老还乡的念头呢？朕若准了，让天下人都讥讽朕遗弃老臣，朕情何以堪？希望将军注意饮食，好好养病，多辅佐朕几年。

于是，张安世又强撑着身子骨继续辅佐皇帝，直至去世。

在竞争激烈而又残酷的官场中，张安世用自己的忠心与谨慎赢得了皇帝的信任，避免了重蹈霍氏因骄奢而败亡的旧辙。张安世一门三侯，其后人也是八代高官未失侯位，足足一百八十年，即便在王莽篡权时也没有中断。

在坐稳了皇位后，刘病已着手做了两件事。

第一件事是立皇后。

霍氏家族被铲除后，皇后霍成君也被废，后宫亟须确立一个新的主人。可是，皇后的位置至关重要，该交给谁呢？

刘病已纠结了很久，最后选中了在后宫默默无闻的王夫人。

王夫人是刘病已好友王奉光的女儿，嫁了许多次都嫁不出去，刘病已当了皇帝后，索性将她娶进宫，封为婕妤。

当然，刘病已之所以将她立为皇后，更重要的是因为她没有孩子，可以一心一意照顾太子刘奭。她的角色，与其说是刘病已的妻子，不如说是太子的养母。

第二件事是改名。

众所周知，刘病已的名字，是丙吉看他小时候体弱多病，为他特意取的，希望他无病无灾，健康成长。可如今，他当了皇帝，如果继续用这个名字，会给百姓带来不少麻烦。

这又怎么说？

说起这事儿，不得不提到古代的一个习俗，简单来说就两个字：避讳。

何为避讳？古人在提到君主和长辈时，不能直接说出或写出对方的名字，以示尊重。还记得楚汉战争时，韩信身边有个谋士叫蒯通吗？他本来叫蒯彻，刘彻继位后，这“彻”字常人就不能用了，所以在史书中改为蒯通。

“彻”字还好，“病已”这两个字，实在是太常见了，谁没生过病？老百姓根本绕不过去，而且已经有不少人因为冲撞了皇帝的名字而被判刑。

刘病已得知此事后，改名刘询，并正式公告天下。

改名字，也意味着他的人生迈入了崭新的阶段。从登上皇位到正式亲政，乃是一段荆棘密布、危机四伏的旅程。多少人未能走完这段旅程，就已经提前挂了，刘询很幸运，他终于安全地渡过来了。

一种强烈的激情和感动，充斥着刘询的心胸。在那高高的龙椅上，他体会到伟大、崇高、时间和遥远，天地的尽头，使命的无限。

祖辈当年的金戈铁马早已成为过去，留下的，只有无尽遐想。从乌龙闯情关走出来的刘询，能开创另一个盛世吗？

我们拭目以待。

作为一位成长于民间的皇帝，刘询深知百姓生活之疾苦，所以他掌权后，大力发展生产，轻徭薄赋。翻开《汉书》，刘询体恤民意、休养生息的举措俯拾皆是：

本始元年（公元前 73 年），他即位不久，就免除了当年租税，后又对遭灾地区免除三年的租赋；

地节三年（公元前 67 年），他下令降低盐价，减轻百姓的负担；

五凤三年（公元前 55 年），他下令减少人头税；

甘露二年（公元前 52 年），他下令减收全国百姓算赋钱，一算减三十钱；

甘露三年（公元前 51 年），免除当年田租。

在徭役方面，刘询也是能省则省。当时，漕运所消耗的人力极大，仅从关东向京师运四百万斛谷，每年就需用六万劳力。刘询亲政后，采纳大司农中丞的建议，在三辅、弘农、河东、上党、太原等郡买粮，供给京师所用，一下就减省了关东多半的漕卒。

为了鼓励农耕，刘询制定并出台了一系列支农惠农政策，还派农业专家蔡葵为“劝农使”，巡视全国，指导农业生产工作。

武帝时一顿操作猛如虎，结果使得民生凋敝，经济萧条，经历霍光辅政时期的恢复，帝国在刘询在位期间再次迎来了中兴，几乎可以与文景之治相媲美。在他登基十二年后，国家农业连年丰收，一石谷物的价格降到了五钱左右。

五钱是个什么概念？要知道，文景之治时，一石谷物的价格大概是十数钱到数十钱，宣帝时的富庶可见一斑。

在真正掌权后，刘询改变了原先的工作模式，制订了周例会制度，要求每隔五天，群臣向自己汇报一次工作。有了这个制度，大臣们再也不敢抱着敷衍苟且的态度来办事了，原本暮气沉沉的大汉官场风气顿时焕然一新。

刘询作出的另一项变革是地方官的任期。他认为，像郡太守、封国丞相这样的官员是维系一方稳定的关键因素，如果频繁更换，容易引发当地政局民生动荡。为了地方的长远发展，保障政策的持续性，他宣布无限期延长地方官的任期。

除此之外，他还给基层官吏涨俸禄，加薪百分之五十。他认为，提高俸禄是为了高薪养廉，让官僚不用担心生计问题，从而减少官员鱼肉百姓的情况。

为了改变武帝以来内朝一家独大的政治格局，刘询有意扶持外朝势力，使内外朝势力达到某种程度的平衡，比如丞相。

宣帝之前，丞相是个不折不扣的高危行业。尤其是武帝一朝，他在位五十四年，换了十三个丞相，平均四年换一个丞相，绝大多数都死于非命。刘询即位以来，一共任用过五任丞相，每任丞相都是牛人，随便拉出一个都能秒杀历史上百分之九十以上的丞相，不能不说是一个奇迹。

前面说过，霍光权势正盛时，丞相都是一些六七十岁的老头。霍光去世后，丞相韦贤主动申请病退，刘询爽快答应，让魏相接任。

作为刘询铲除霍氏集团的重要帮手，魏相如今的地位今非昔比。不料，还是有人站了出来，想要挑战他的权威。

比如，西汉第一神探，赵广汉。

京都神探

我们先来看一下他的简历：

姓名：赵广汉

籍贯：河北博野县

职位：京兆尹

专长：打黑、除恶、抓贼……

绝技：钩距法

道具：举报箱

外号：京都神探

赵广汉从一名基层官员做起，因廉洁、机敏和果断而小有名气，后因能力出众，一路升至代理京兆尹，相当于京城长安的代理市长。

赵广汉上任不久，就碰上了一块硬骨头。他手下有个叫杜建的中层官员，是长安城一霸，为人一向霸道，根基颇深，上通宫中权宦，下结宗族宾客，黑白两道皆有他的人脉，很少有人敢轻易得罪他。

杜建在参与修建昭帝平陵时，凭借关系大肆贪污，影响极坏。赵广汉掌握证据后，警告杜建悬崖勒马，但杜建认为自己关系硬，根本听不进上司的话。

赵广汉怒了，把杜建逮捕归案。自从他入狱后，说情的、利诱的、威慑的几乎踏破了门槛，总之就是一个意思：杜建动不得。

赵广汉偏不信这个邪。

杜建背后的宗族党羽仍不死心，他们甚至打算去劫狱。

这一切，都没有逃过赵广汉的眼线，他派人去警告想搞事情的人，别以为我不知道你们的那些猫腻，敢轻举妄动，就等着你们全家来陪葬吧！

大伙儿面面相觑：他是怎么这么快知道的？

最终，赵广汉将杜建斩首弃市。行刑那天，谋划劫狱的人一个也没出现。

从此以后，赵广汉的名字传遍了长安城。

处置杜建一案，可以看出赵广汉不畏权势，一身正气。刘询登基后，听闻了赵广汉的能力，将其调到了颍川郡当太守，想让他治一治当地的歪风邪气。

这颍川郡是出了名的难治理，当地的豪门大族上与政府官员结为朋党，下与土匪盗贼暗中勾搭。他们内部还通过联姻结盟，势力盘根错节，几任地方官都拿他们没办法。

赵广汉上任后，经过几个月的明察暗访，基本摸清了当地的豪门大族。他将最猖狂的原氏、褚氏两大家族的主事者抓起来，公布其罪状后，立即斩首。

对于赵广汉，有人赞之为清廉循吏，有人毁之为狭私酷吏，虽然毁誉参半，但他一直是百姓心中的“青天”，是公平和正义的化身。

赵广汉不仅敢作敢为，而且工作效率奇高，是有什么秘诀吗？

还真有。

史书记载，赵广汉善于“钩距”，从杂乱的信息中梳理出有效信息，用现在的话来说就是大数据分析。可见，赵广汉还是一位不折不扣的“大数据”牛人。

但是，要想掌握大数据，首先要有数据来源，在这方面他确实有两把刷子。

第一把刷子是接待上访。

无论是属下还是上访百姓，老赵都会热情接待，一个接着一个，甚至通宵都不休息。在这种交流中，他总能从中获取有用的信息，完善自己的数据库。

第二把刷子是举报箱。

初到颍川当一把手时，老赵为了获取线索，按照存钱罐的样式发明了缿（xiàng）筒，也就是今天的举报箱。他将举报箱放在衙门口，告诉大伙儿，你们有啥想说又不方便说的，统统扔进来吧，我照单全收。从此，民众不再担心被打击报复，积极踊跃地举报投诉。通过这种方式，赵广汉掌握了大量信息，很快打开了工作局面。

赵广汉在工作中很讲究方式方法，善于发挥集体力量，调动员工的积极性。他对待员工多以鼓励为主，每当行动成功，或是得了奖赏，他总是归功于部下，说：

这是某某的功劳，不是我的功劳。

在他的人格魅力感召下，员工也都尽心竭力，甘愿为其所用，即使赴汤蹈火也在所不辞。他还十分关心员工的待遇，长安城里负责巡查盗贼和管理监狱的原本都是编外人员，薪金低不说，生活也没有保障。在他的申请下，这些编外人员全部涨了薪金，个个心怀感念，勤于职守。

赵广汉当了六年的京兆尹，深得民心。百姓赞叹说：自汉朝建国以来，长安城从来没有像现在这样太平安宁，所有主政的官员没有一个能比得上赵广汉。

赵广汉还有一件颇为出名的事情，那就是“问牛知马”。比如，他要了解马的价格，先问狗的价格，再问羊的，再问牛的，再问到马，然后参照彼此的价格，比较验算，便可知道马的价格贵贱了。

经过赵广汉大刀阔斧的整治，颍川的不良风气发生了彻底改观。在他担任颍川太守的第二年，朝廷令他带兵去前线，归赵充国指挥。战事结束后，赵广汉随军返回，刘询重新任命赵广汉为守京兆尹，一年后转正为京兆尹。

重回长安，赵广汉遍布长安地区的情报网又被重新启用。他在长安任职期间，有几个游手好闲的少年聚在一处偏僻的地方，暗中策划抢劫。结果，一伙人还没商量好具体方案，赵广汉已经得到了举报，派人将他们一举拿获。嫌疑人心服口服，对于犯罪未遂供认不讳。

有一次，长安城发生了一起绑架案：有个叫苏回的皇宫侍卫在下班回家的路上被两个劫匪劫持了。接到报案后，赵广汉立即让全城的眼线密切追踪，最终发现了劫匪的住处。

为了稳住劫匪，他站在院子中间，让手下敲门，大声告诉劫匪：京兆尹赵君让我向二位好汉传个话，你们手上的人质是皇上身边的宿卫，千万不要伤害他，否则你们也不会有好下场。如果你们悬崖勒马，立即释放人质，尚可从轻发落，如果有幸遇到大赦，还可获得赦免，请二位三思！

两人一听是赵神探，吓坏了，久闻赵广汉大名，没想到今天被瓮中捉鳖，于是举手投降。

赵广汉说：感谢二位保证了人质的安全。把犯人送到监狱后，他嘱咐狱吏善待劫匪，还给他们酒肉吃。

遗憾的是，这哥俩最后也没等到大赦的机会。眼看临刑在即，赵广汉为他们预先安排好了棺材及安葬用品，并派人告诉他们后事已安排妥当。两劫匪大为感动，叹道：能遇赵神探，死无所恨！

还有一次，赵广汉发文召见湖县的都亭长。都亭长路过界上，当地亭长开玩笑说：老兄见了京兆尹，替我问个好啊！

都亭长拍着胸脯，保证把话带到——然后就把这事忘了。

到了京兆府后，都亭长办完事，准备返程。赵广汉就问他：界上的亭长托你向我问好，你怎么不问候我啊？都亭长一听，吓出了一身冷汗。

赵广汉拍拍他的肩膀，安慰他：你回去时，替我感谢界上的亭长。只要他好好干工作，我是不会亏待他的。

这么一个不畏强权、精明强干的能臣，怎么会和丞相魏相发生矛盾呢？

原因其实也很简单，这个世界上，有才者常败于傲，赵广汉也不例外。

霍光去世后不久，赵广汉准备向霍家发难，他查到霍家有非法酿酒、非法屠宰的嫌疑，于是亲自带人到霍家搜查，将搜出来的酿酒器具砸了个稀巴烂，还用刀砍坏了霍家的大门。

眼看娘家人被欺负，霍皇后不干了，她向刘询哭诉，要求皇帝为自己的娘家人做主。刘询把赵广汉叫过来批评了一顿，却并未对他进行实质性的处罚。

如果只是这样，赵广汉反倒还能留个不畏强权的美名，可后来的事实证明，光明之下必有阴暗，他自己也不那么干净。都知道酒是官营的，私酿、私售都是违法的，是重点打击对象，可他自己却纵容门客私自在长安街卖酒，还被丞相府的官吏给查了。

门客来找赵广汉，说这事儿准是那个苏贤捣的鬼，肯定是他告到丞相府的。

这时候赵广汉开始护短了，他派人去追查苏贤的底细，有没有什么违法乱纪的事。有个叫禹的御史大概是为了讨好上级领导，弹劾苏贤身为骑士屯驻灞上却不到屯所，按律当斩。

可没想到，那苏贤的老爹是有门路的，他上诉要求重查此事，最后查明，御史禹言过其实，弹劾有误。

赵广汉这才发现自己一脚踢到了铁板上，结果是禹被处斩，赵广汉也被判逮捕审讯。正好朝廷大赦天下，赵广汉运气好，只是被降了一级俸禄。

赵广汉不甘心，开始反击。很快他就查出，苏家背后是靠一个叫荣畜的豪强在支持着，于是乎，他罗织罪名把荣畜给砍了。

苏家和荣家当然不服，再次联手状告赵广汉。

刘询看过诉状后，将此案交由丞相和御史大夫查办。赵广汉又被动了，他认为自己接二连三地被控告，一定是丞相魏相在盯他，抓住他不放。

怎么办？

他决定把丞相也拉下马。

前面说过，赵广汉有很多眼线，其中一个眼线就安插在丞相府。一天，丞相的一个婢女犯了错，自缢而死。

赵广汉得知消息后，怀疑是丞相夫人因为妒忌而杀人，于是派人去劝告魏相，不料魏相软硬不吃，赵广汉索性揭发了魏相。

案子报上去，刘询的批示是交给赵广汉自己处理。

赵广汉很激动，他带人直闯丞相府，让丞相夫人跪在庭下交代前因后果，还带走了丞相府的十多位奴婢，准备大审特审。

魏相见赵广汉不依不饶，也火了，递了一道折子给皇帝，说：杀害婢女一事绝对是无中生有，希望陛下重新派人彻查此案，看看赵广汉指控罪名是否属实！

刘询又把皮球踢给了廷尉。

廷尉最后查明，婢女是被赶出丞相府后才死的，赵广汉的指控并不成立。

随后，萧望之也站出来帮魏相说话：赵广汉侮辱大臣，想胁持丞相，违逆节律，伤害风化，是不道之罪。

什么是不道之罪？灭绝人道，这是大罪。

查来查去，原来是你赵广汉徇私枉法，还反咬别人一口！刘询勃然大怒，将其判处腰斩。

据史料记载，临刑时，长安城无数百姓和官员自发聚集在宫门前号泣，为赵广汉求情。他们有的低声抽泣，有的号啕大哭，甚至有人说，我等活着对国家无益，情愿替京兆尹去死，让他继续治理京兆，保护百姓吧！

赵广汉死了。他精于吏治，颇有廉名，但最终在权力中迷失了自己。他是清官，也是小人；他是神探，也是罪犯。很多时候，善与恶，其实就在那一念之间。

话题扯回到颍川郡上。

赵广汉任颍川太守后，采用法家手段，鼓励人们互相告发、检举，效果确实很显著，可带来的负面影响也是极坏的，当地民风恶化，打小报告成风，人人自危。

德治楷模

刘询很头疼，拿着一堆简历挑了半天，最后选中了韩延寿，让他去扭转这种风气。

韩延寿是燕地人，是被霍光一手提拔起来的，先任谏大夫，后调任颍川太守。

那么韩延寿是怎么做的呢？

他上任后，将当地被人信任和敬重的数十位长者依次请来，设酒宴，亲自奉陪，开诚布公，告诉他们自己推广礼仪的一些想法，劝导他们改变风俗。当老人们都被他说服后，韩延寿与他们共同商定乡里婚丧嫁娶的礼仪，并逐步推行，教化百姓。

在韩延寿的引导下，颍川风俗由是一变。可以说，韩延寿的治理风格是渐进的、和缓的，而效果也最为明显。

几年后，韩延寿被调任为东郡太守。

韩延寿为官，以礼义为第一要务，一切皆依古制，推行教化，每到一地，必定聘请当地贤士，以礼相待，广泛征集建议，虚心听取他们的批评意见。

每年春秋两季，他都要积极举办古代的“乡射”之礼，用比赛射箭的办法选拔人才。届时，赛场上陈列钟鼓、管弦，举行隆重的仪式，人们出入赛场时，也都相互作揖礼让，客气一番。

每年八月，政府检阅民兵，设置刀斧旌旗，演练骑马射箭；整修城池，收取赋税，都于事前公告日期，约定集合时间。小吏和百姓对此极为敬畏，积极参与，准时集合。

不仅如此，韩延寿还善于用仁义教化来管理下属。他的下属背着他干了坏事，如何惩治呢？他不是愤怒地拍桌子点名批评，而是当着大伙的面深刻反省自己：难道是我哪方面做得还不够好，对不住他们吗？要不然他们怎么会干出这种事呢？

结果下属听闻后，羞愧得无地自容。老韩所辖某县的县尉甚至因此而自杀，还有官吏自刎，幸亏及时解救，但伤及喉管，再也说不了话了。

韩太守听说后，马上跑去看望，他抱持着这个官吏痛哭不止，又是找医生，又是派人看护，还破格免除了他家的徭役负担。

后来，韩延寿调入京师任左冯翊，相当于北长安市长。

一次，他出外巡视各县。高陵县有两兄弟，因争夺田产而相互控告，在韩延寿面前吵得不可开交。韩延寿觉得这是对自己推行礼义教化的嘲弄，但同时，他马上又想到，这也正好是教化本郡官民的大好良机，于是以一副无比悲伤的神情说：

我有幸成为京城一郡的长官，本以为可以作一郡表率，宣明教化，但如今百姓中有骨肉互相诉讼，为了一点土地吵红了眼，既有伤风化，又让所有长吏、三老蒙羞。我这左冯翊当得不称职，这便回去引咎辞职，闭门思过，听候朝廷处分吧！

当日，他便称身体抱恙，不再处理公务，闭门自省。

高陵县的官员哪见过这种上司，一个个大眼瞪小眼。最后大伙一商量，上司都给自己关禁闭了，还等啥呢，自己也主动点吧！于是纷纷自认处罚，给自己关了禁闭。那两亲兄弟也懊悔羞愧不已，剃了头发前去认罪，都说愿意把地让给对方，终生不敢再争。

韩延寿这才多云转晴，开门请他们入内，取来酒肉招待哥俩，有意让乡里知道，百姓们只要悔过从善，都可以得到勉励。

韩延寿的声誉很快就传遍了周边二十四县。百姓想起这位楷模，总不忍心负了他的一番好意和至诚之心，不愿再生争端和诉讼。

按理说，韩延寿在工作中挑不出毛病，仕途应该顺遂才对，可没过多久，他就遭到了御史大夫萧望之的弹劾。

这又是怎么回事儿？

原来，是有人向萧望之举报，韩延寿在东郡任太守时，挥霍公款千余万。

一千多万可不是小数目，萧望之去和丞相丙吉商量此事。丙吉宅心仁厚，轻易不修理人，他对萧望之说：马上要大赦了，就不要追查此事了。

正好有御史在东郡查办公事，萧望之让他顺便查一查。原本这事在秘密进行，不巧的是，韩延寿知道了。

韩延寿听说萧望之要调查自己，极为恼怒，他决定硬碰硬，也派人去调查萧望之在左冯翊任期内挪用一百多万公款的事。

为了将这个案子办成铁案，拿到萧望之的犯罪证据，韩延寿抓了萧望之过去的一个小弟，严加审讯。那人不堪拷打询问，不得不承认自己曾与萧望之狼狈为奸，贪污了公款。

紧接着，韩延寿抢在萧望之弹劾他之前，把“证词”交给了皇帝。

萧望之哭笑不得，向刘询上奏以示清白：臣身为御史大夫，承担总领天下监察事务的职责，有人检举，臣不敢不闻不问。如今臣按照正常程序调查案情，却受到韩延寿的要挟。请陛下公允判处，将两桩案子一查到底，以证臣的清白。

刘询于是命人分别调查两件案子，结果查出，萧望之挪用公款一事纯属污蔑；而韩延寿那边查出了很多问题——他在东郡时，曾用官府的铜制器物铸成刀剑，还用公款私自雇小吏为其服务，在“乡射”等礼仪过程中又被发现多有僭越之处。

韩延寿因此被指控，大伙儿纷纷弹劾他构陷大臣为自己脱身。刘询审议之后，决定判韩延寿死刑。

历史再次重演。他当年在东郡做官时，爱民如子，赢得了百姓的一致好评。行刑之时，东郡官吏、百姓足有数千人来为他送别，人们扶老携幼，攀住韩延寿的囚车车轮不放，争相送上酒肉。

韩延寿不忍拒绝，一一饮用，共计喝酒一石有余，并让原来的属下向来送他的百姓致谢，慨然说道：辛苦各位父老乡亲远程相送，我韩延寿死而无恨！

送行百姓无不痛哭流涕。

仔细审视赵广汉与韩延寿的故事会发现，这两人其实都败在一个人的手中。

这个人，正是萧望之。下面，我们隆重请萧望之出场！

腐儒帝师

萧望之是萧何七世孙，东海兰陵人。受父辈的熏陶，萧望之从小就刻苦好学，向多位老师求学，成了儒生中的佼佼者。当初汉昭帝刘弗陵在位时，萧望之被丙吉推荐给了霍光。

要知道，当时的霍光可是大司马、大将军，地位无比尊崇。为加强防备，凡是要见霍光的人，都得脱光衣服，摘去兵器搜身，由两个侍卫挟持进入。

萧望之和王仲翁一同去见霍光，面对如此羞辱人的做派，王仲翁相当配合，乖乖让人搜了身便顺利入内，偏偏到萧望之这里时却出了意外。

老萧是个耿直的人，说什么也不愿意被剥光衣服搜身，甚至和那两个侍卫扭打在一起。

霍光听闻后，特意召见萧望之。萧望之说：将军您凭借功勋和功德辅佐幼主，推行教化，天下之士皆伸长脖子踮起脚，争愿亲身效力来帮您。但现在拜见您的士人都要先剥光衣服被搜身，还要被挟持着才能见到您，这恐怕不合周公辅成王时一沐三握发、一饭三吐哺以招揽寒士的礼节和诚意吧？

萧望之这一番话，那是相当不客气，最后没得到一官半职，和他一起来的王仲翁倒是混了个大将军史。

三年后，王仲翁已官至光禄大夫、给事中，萧望之因考了射策第一名，被分配看守小苑东门。所谓射策，是汉代考试选拔人才的一种方法，主要考经学。

王仲翁出入，每次总是前呼后拥，趾高气扬，经过萧望之身旁时，对他说：你不肯遵循常规，怎么反而做了个守门官？哈哈哈！

面对王仲翁调侃和嘲讽的态度，萧望之淡淡地说：人各有志。

在王仲翁看来，不就是被剥光了搜身、被挟持吗，有什么大不了的？你只要稍微低个头，功名富贵立马到手，你怎么就这么死脑筋呢？

是，我是死脑筋，因为我有我的傲骨和尊严。为了所谓的前途而抛弃尊严，这种事我做不出来。所以我宁愿去当个看门的，也不愿意向权贵低头，你永远也不会理解我的志向！

兰陵青年萧望之，京师数一数二的儒学才俊，就这样被埋没在尘埃里。

都说是金子总会发光的，很快，他就等来了属于自己的机会。

几年后，霍光去世，萧望之向皇帝上书一封，陈述自己关于治国理政的主张，他说：

《春秋》中记载，昭公三年，鲁国曾下了一场大冰雹，当时季氏专权，以下犯上将鲁昭公赶走，逼至他乡，这便是上天对季氏专权一事发出的警告。

陛下勤于政务、广求人才，贤能堪比尧舜，前不久长安却下了一场大雨雹，上天竟没给一点好兆头，是因为朝政由权臣把持，一姓专权，阴阳失调，上天才会发出警告。枝叶过盛就会折损主干，希望陛下能亲自治理政务，选拔任用贤才，同他参政谋划，让公卿大臣朝见禀奏事情，清楚地陈述他们的职责，用来考核其功绩与能力。只有诸事治理好了，至公至正之公道就树立起来了，奸邪就被堵住了，私权也就被废除了。

萧望之所说的一姓专权，其实就是指霍氏。

虽然他的这番言论并不见得多高明，但刘询还是给予了热切回应，将其任用为谒者，当了朝廷接待宾客的近侍。

事实证明，萧望之在谒者的岗位上工作相当出色。彼时，刘询才刚刚亲政，求贤若渴，萧望之帮皇帝处理官民上书，让刘询很满意。

没过多久，萧望之被接连提拔为谏大夫、丞相司直，短短一年之内连升三次，做到了两千石级别的高官。

然而，此后的两次职务调动，却让萧望之有点不乐意。

有一年，萧望之接到一纸调令，要他去平原郡当太守。

萧望之一心想在中央当官，不愿意到地方工作，他给皇帝上书说：

陛下哀怜百姓，唯恐不能惠及天下，所以将朝中的谏官都派往地方。但陛下身边也不可缺少谏臣，否则陛下如何得知朝政中的弊端和缺陷呢？

刘询一看，既然你不想去，那就当个少府吧，帮我管理皇室私财和生活事务。

然而，短短一年后，刘询再次下令，调任萧望之为长安左冯翊。

萧望之得知消息，都快哭了，难道是自己哪里做得不够好，皇帝要将我发配到地方？他又给皇帝上了一封书，直言身体不好，准备辞职。

刘询很无奈，这傻货怎么就不懂朕的良苦用心呢？他派人给萧望之传话：任你为左冯翊是想通过治民来考察你的政绩，不是因为听到你有什么过失。

萧望之这才放下心来，一心扑到工作上。三年后，京师人人称颂其治理有方，他又被调任为大鸿胪。

上一任丞相魏相去世后，丙吉继任为丞相，萧望之便接过丙吉的担子，成为新一任的御史大夫。

萧望之位列三公，显赫一时，如果再加把劲，将来丙吉退休后，丞相之位也非他莫属。可偏偏，事情被他搞砸了。

也许是与生俱来的傲气，也许是仕途过于顺利，萧望之性格上的一些缺陷也逐渐暴露了出来。

在对待各少数民族政权上，萧望之奉行双重标准。比如乌孙请求跟汉朝和亲，萧望之就坚决反对，认为乌孙首鼠两端，无信义，硬生生把这事搞黄了。

又过了些时候，匈奴内乱，大家都主张乘这个机会灭了匈奴，结果萧望之却站出来反对：

春秋时，晋国的范宣子带领军队侵齐，听说齐国国君死了，他就带领军队回了国。君子崇尚不讨伐有丧事的国家，前单于向往并接受汉朝教化，称臣顺服，派使者请求和亲，四海无人不知。现在盟约还在有效期内，单于不幸被贼臣所杀，如果出兵攻打，这是乘其乱而幸其灾，他们一定奔走远逃，不趁义动兵，恐怕劳而无功。陛下最好派使者去吊丧慰问，辅佐其新一任首领，援救其灾患，以尊重中国之仁义为贵。如果能帮他们的首领坐稳单于的位子，对方必定会称臣服从，这是最好的结果。

汉朝边境处的羌人发生动乱，朝廷派兵征讨，财政吃紧，军粮不足。京兆尹张敞想了个办法，对于那些罪行较轻的犯人，允许他们用粮食来为自己赎罪。

萧望之坚决反对，他从儒家纲纪伦常的大道理出发谈了一通，说这是纵容犯罪，无益教化，且必会造成贫富差距拉大，有失公允。

礼乐教化向来是儒家最推崇的东西，萧望之的批判的确是义正词严、正义凛然，然而并没有什么用。粮食问题怎么解决？他有办法弄来粮食吗？这就不是萧望之关心的了。反正战争的胜负也不是他的责任，他只要安心做好他的圣人就行了。

又有一次，西域莎车人杀死大汉任命的莎车王及汉朝使者，依附匈奴，幸存的大汉使者冯奉世当机立断，调兵平乱。捷报传来，刘询相当高兴，打算好好嘉奖一下冯奉世等人，结果萧望之又横插了一杠子。

他认为，冯奉世没有汇报便擅自发兵，若皇帝当着天下人嘉奖他，以后奉命出使的人将会以他为榜样，征调各国军队，以图建功于万里之外，多生事端，此风不可渐长。因此，冯奉世不宜受封。

在萧望之的坚持下，刘询只得任命冯奉世为光禄大夫，没有封侯。

如果萧望之对一般人瞧不上眼也就罢了，关键是，他对丞相丙吉也是一肚子怨气。

丙吉是什么人？这是皇帝刘询的救命恩人，不过一开始，刘询并不知道这事儿。

想当年，刘询受巫蛊冤案的牵连，被武帝下狱，廷尉监丙吉义无反顾地将他从鬼门关救回，还安排了两个乳娘哺育，后来稍大一点，又把他送到了其祖母的娘家。多年以后，刘询重回朝堂，成为九五之尊，丙吉也绝口不提以前对皇帝的恩德，所以很少有人知道这段往事。他只是安安分分地做着御史大夫，对他来说，看着刘询日渐长大，于愿已足。

如果不是一个女仆站出来，刘询恐怕永远也不会知道这段往事。

霍家完蛋后，有个女仆生了歪心思，让她的丈夫上书说，当年她在监狱内曾抚养过刘询。

上书传至刘询处，刘询让掖庭令去核查此事。女仆说，这事情丙吉可以作证。

掖庭令带着女仆去见丙吉，哪知丙吉勃然大怒，指着女仆骂道：当年你做事不细致，差点害了皇曾孙，还挨了板子，你有个锤子的功劳！就算是有，那也是胡组和郭征卿的功劳！

随后，丙吉不得不向刘询上奏，说明了当年胡组、郭征卿抚养刘询的事实。

直到此时，刘询才得知丙吉当年对他的养育之恩，于是封丙吉为博阳侯，食邑一千三百户。

皇帝如此信任丙吉，可萧望之却对丙吉甚是不满。

丞相生病，按照官场规矩，御史大夫要主动探望，但丙吉每次生病，萧望之却从没去探望过。

上班时，御史大夫应当跟在丞相后面迈入宫殿，萧望之却每每与丞相丙吉并排进入，一点都不礼让。

有一次，丙吉与萧望之意见不合，萧望之不愿妥协，当众对丙吉说：您年纪大，但也当不了我的父亲吧？意思是即使丙吉年龄大，也休想让他唯命是从。

对于萧望之的无礼，丙吉只是一笑而过，并没有追究。然而，萧望之却一次又一次抬杠，他又找了个由头，上书说：百姓困乏，盗贼未止，朝中两千石级别的官员多没什么才能，不能胜任其职。三公人选不合适，所以三光（日、月、星）不明，今年岁首日月少光，是臣的责任。

三公不称职，难道不是丞相之罪？跟你一个二把手有什么关系？就算要承担责任，也轮得到你萧望之站出来？

萧望之揪着丙吉不放，刘询也有些恼火，当即派人去诘问萧望之。面对皇帝派来的使者，萧望之只是摘下帽子，拜了两拜，使者问他话，他故意伏地不起，一点都不配合。

刘询是真火了，下诏说：

有官员说你苛责朕派去的使者礼节不周到，对丞相无礼，傲慢不逊，无法做百官的表率。你应该好好反思自己，何以陷入这样的境地。朕不忍用律令来处罚你，只降职为太子太傅，光禄勋杨恽随后会送去印绶，你顺便把御史大夫的印绶也交予他。你也不用进宫了，直接去太子那里报到吧！

刘询是动了真怒，以至于连他的面都懒得见了。萧望之只能灰溜溜回去，踏踏实实做了太子太傅。

天下良吏

让我们再一次将目光聚焦到丙吉身上。

在得知丙吉为自己所做的一切后，刘询大为感动，要给丙吉封侯，不巧丙吉生了重病。刘询生怕爵还没封人先死了，很是着急。太子太傅夏侯胜安慰说，丙吉不会死的，我听说有阴德的人，能够享受他的福报，并且惠及子孙，现在丙吉还没有得到报答，他的病肯定能好。

巧的是，此后丙吉果然痊愈了。病刚好，丙吉就立即上书，坚决谢绝封侯，表示不应凭空名受赏。刘询说，我封你，并非空名，而你上书归还侯印，是要彰显我这个皇帝不道德啊。啥也别说了，赶紧把身体搞好，帮我治理国家。

魏相死后，丙吉继为丞相。

丙吉虽然是监狱小吏出身，但也学过诗书，通大义。他身居相位之时，崇尚宽厚礼让之风。下属犯了错，他就给对方休长假，令其自行离职，不再追究。

对于下属，他总是尽力掩其过而褒其功。丙吉的车夫嗜酒成性，平日里也常常喝得七荤八素，有一次出门，更是直接吐在了丙吉的车上。

身边的人看不下去了，想辞退车夫，丙吉却说：如果只是因为这件小事将其辞退，日后他将在何处容身？你就忍一忍吧，不过是车垫沾了些污秽之物而已，不妨事。

丙吉的宽厚可见一斑。

恰好，这个车夫是边郡人，熟悉边塞警戒事务。有一次外出，看到负责递送加急文书的驿骑，知道边郡有急事，于是过去打听情况。一打听才得知，有外敌侵入云中郡和代郡，急忙回相府向丙吉报告，并提出了自己的建议：边关告急，朝中老臣多不习战事，您应当早做准备。

丙吉觉得有理，于是提前了解边郡及官员的情况，做足了准备。

不久之后，刘询召见丞相丙吉和御史大夫萧望之，询问边郡战事，丙吉侃侃而谈，而萧望之仓促之下一问三不知，被皇帝训了一顿。

刘询称赞他：丞相忧虑边事不忘职守。

出来后，丙吉向众人说明情况：如果不是车夫提前报告，我怎么会被皇上褒奖呢？

有一次，丙吉外出体察民情，碰上一帮市井之徒在打架斗殴，死伤之人横七竖八躺了一地。丙吉像压根儿没看见似的，继续前行。而后看到一个人赶着一头牛，那牛看上去气喘吁吁，直吐舌头，丙吉却派人去询问这牛赶了多远的路。

下属很奇怪，身为一国之相，不关心前面的人命案件，却只关心这些琐碎之事，岂不是本末倒置？

听完身边人的疑问，丙吉只是淡淡道：百姓斗殴死人，有长安令、京兆尹管，我只负责一年一次检查他们的政绩优劣，上报皇上或赏或罚而已，丞相不必亲自过问小事。如今春日未热，牛却喘气吐舌，这恐怕是季节失调，对民生不利，所以要问一下，这才是丞相的职责。

此言一出，丙吉声望大涨。

晚年时，丙吉病重，刘询亲自前往问候：先生百年之后，谁可以代替您执政呢？

丙吉推辞说：群臣的德行才能，明主尽知，愚臣不能辨别。

刘询见他不答，反复追问，丙吉无奈，只得推荐了三个人：

西河郡太守杜延年精通法度，了解国家旧日的典章制度，以前做九卿十余年，现在郡里治理得很好；

廷尉于定国执行法令严谨公正，有他在，天下人认为自己不会受到冤屈；

太仆陈万年对后母很孝顺，敦厚纯朴。

这三个人的才能都在我之上，陛下可以考察。

事后证明，丙吉确有识人之能，他推荐的三个人，除了杜延年因年老多病，辞谢了御史大夫外，于定国和陈万年都得到了重用。

丙吉一死，丞相之位再次空了出来，御史大夫黄霸顺利接班，成了百官之首。

黄霸这个人在前面露过面，他在狱中跟夏侯胜学过《尚书》，出狱后得到重用。为了讲清楚他的故事，我们还得从头说起。

黄霸是河南太康人，学的是法律专业，最初在老家县城里当个治安巡防员。这天午后，他和一位相士出门逛街，瞧见路边站着个女子。相士神经兮兮地对他说，这女子日后必定大富大贵，否则，我把家里那些相书全扔茅厕去！

黄霸将信将疑，上前与女子搭讪，一问才知道，她母亲是这一带装神弄鬼“跳大神”的巫婆。一般人谁愿和装神弄鬼的人家结亲？黄霸却不嫌弃她的出身，当即向女子表白，不久娶之为妻，两人相守终生。

武帝晚年，黄霸靠捐钱混了个侍郎谒者，相当于朝廷的接待人员。可惜没过多久，因兄弟犯罪，黄霸被牵连免官。

黄霸不抛弃不放弃，没过多久，他爹妈通过捐献稻谷，又给他找了份工作，左冯翊属下的小官，负责钱粮事宜。

这个工作油水多多，偌大的北长安市，一年有多少钱要从黄霸手里过去，只要他伸伸手，随便都能沾点油水。可黄霸却公正廉洁，从不拿公家一分一厘，全无一点为自己谋利的心思。

朝廷很快便留意到他，黄霸因清正廉洁，调任河南郡太守的副职——太守丞。

黄霸在河南一待就是二十年，见证了武帝驾崩、昭帝登基、霍光辅政、刘贺被废、刘病已称帝等一系列波折，直到刘询坐稳了江山后，听闻黄霸勤政爱民，将其调入京师，任命为廷尉正，后又转任丞相长史，即丞相府秘书长。

就在黄霸以为自己已经踏上康庄大道时，一个偶然事件，将他从丞相长史变成了阶下囚。

事情的起因还得从刘询为武帝立庙乐说起。

想当初，刘询为了给自己正名，减弱霍光对自己的掣肘，下诏让大伙儿商议为武帝立庙乐一事。不料，大儒夏侯胜却认为刘彻虽有开疆拓土之功，却把民众也折腾得半死，海内户口减半，国库亏空，百姓流离失所，坚决反对为武帝立庙乐。

黄霸力挺夏侯胜，所以当大伙儿弹劾夏侯胜时，黄霸拒绝在联名的弹劾书上签字。最终，他受到牵连，被皇帝丢进了监狱，成了阶下囚。

好在刘询也没有追究夏侯胜和黄霸的意思。两年后，二人出狱，黄霸被任命为扬州刺史，后又调任颍川太守。

颍川郡有一家富户，兄弟俩在一起生活，媳妇都怀孕了。兄长的媳妇生了个死胎，但是一直瞒着，眼看弟媳妇儿生了男孩，兄长媳妇心生恶念，将孩子夺过来说是自己生的。双方各执一词，一直争论了三年都未能断决。

黄霸听闻此事后，派人把孩子抱到法庭上，让二人去争夺，谁能抢到孩子，孩子便归谁。兄长媳妇抢孩子时使出了洪荒之力，反倒是弟媳妇儿怕伤着孩子，不敢使劲用力。

一看这情况，黄霸顿时明白了，斥责兄长媳妇说：你只顾着抢孩子，根本不管用力争夺是否会伤到孩子。孩子不是你生的，你不要再争了！

兄长媳妇羞愧不已，只得认罪。

黄霸喜欢深入基层调研。他督办丧事时，嘱咐下属哪个乡的大树可以砍了作为棺木，哪个驿站养的猪可以用来祭祀。下属依言前去，证实他所说丝毫不差。

除了自己下基层外，黄霸还常派官员深入民间。有一次，他安排一名属吏出差，属吏一路风餐露宿，不敢在驿亭进餐，饿了就在路边吃自带的食物。不巧一只乌鸦飞来，叼走了他手里的肉，这一幕恰好被人看到，告知黄霸。

属吏回来后，黄霸慰问他：你出差太辛苦了，在路上吃饭还被乌鸦抢了肉。

属吏大惊，以为黄霸对他的行踪了如指掌，故而如实汇报情况，不敢有丝毫隐瞒。

黄霸不仅体恤民众，而且还关爱老人。许县县丞年纪大了，耳朵不好使，督邮想辞退他。黄霸说：这县丞做事廉洁，虽然上了年纪，还能应付官场送迎之事，即使聋了，又有何妨？还是要给他一些关照，不要让贤德之人失意。

黄霸还有一条原则，就是干部不能换得太勤。有人对此不解，他解释说，官员频繁更换，送旧迎新又要多花钱，会助长投机钻营之风。所有这些费用，最后都得老百姓买单，换上的新官未必是好官，或许还不如他的前任。所以，还不如不换人呢！

在颍川郡，黄霸一待就是八年，他治理有方，政绩突出，在年度绩效考核中排名第一，天下知名。

因在地方上表现突出，此后黄霸被调回长安，任为太子太傅，时年七十四岁。几个月后，因前任御史大夫萧望之被贬为太子太傅，黄霸紧接着被提拔为御史大夫。

又过一年，丞相丙吉去世，黄霸顺利接过了丞相的担子。这一年，他七十五岁。

黄霸熬了这么多年，终于登上了权力的巅峰。在新的工作岗位上，黄霸还能继续创造奇迹吗？

恐怕要让大家失望了。自从当了丞相，黄霸就蒙了，动辄得咎，干啥啥不对，整日闷闷不乐，陷入了深度的自我怀疑中。

这又是怎么回事儿？我来举两个例子。

有一次，黄霸召集九卿、博士一起接见各郡来长安汇报政绩的官吏，黄霸想按照治理情况，对各地官吏划分等级。正当大伙儿聊得热火朝天时，有几只样貌稀奇的鸟飞到了庭院中。

黄霸没见过这种鸟，以为是神雀，便商议着上书说“天降祥瑞”，不料后来才得知，这是隔壁的京兆尹张敞养的。这些鸟名叫鹖（hé）雀，出产于羌中，长安很少见。

得知黄霸想要借此上书称祥瑞，张敞立刻上书一封：

臣家中养的鹖雀飞到了丞相府，丞相却想将它们当成祥瑞向皇上邀功，在场的人都认得这种鸟，丞相问及，却都说不认识，可见众人都惧怕丞相的权势。如今朝廷制定的各项法令已经很完备了，没必要再修改，应该让大臣训示各地官吏，回去禀告郡守，推举人才一定要名副其实，郡中公务应依法而行，不可擅自制定法令。

刘询采纳了张敞的建议，还将张敞的建议转给所有来京汇报工作的官员，搞得黄霸相当羞愧。

乐陵侯史高以外戚身份任侍中一职，名望很高。黄霸想给皇上的近侍贵戚再弄个有实权的位子，举荐史高担任太尉，不料却被刘询骂了个狗血淋头：

太尉一职废除已久，其职责由丞相兼管，这是为了息武兴文。如果国家动乱，边境吃紧，左右大臣都可领兵打仗。丞相的任务是宣明教化，评判冤案，任命将相是朕的职责，用得着丞相您越职举荐他吗？况且史高是朕的近臣，朕深知他的才能底细，何需你来越职举荐？

黄霸脸都吓白了，连忙摘下官帽，一个劲地向皇帝谢罪。

其实，黄霸的特长是管理地方，他当个太守是没问题的，如果当丞相，就无法胜任了。

为何会这样？

因为太守和丞相有天壤之别，两者的层次和视野也完全不一样。丞相是皇帝的副手，最考验一个人的统筹协调能力。人各有所长，黄霸擅长治民，处理地方事务绝对是一把好手。然而一进京城，一入中枢就蒙了，风采不如前任，口碑也大不如以前。

硬着头皮艰难撑了三四年，黄霸在郁闷中去世。

事实证明，大汉的政治舞台上从来不缺主角，继黄霸之后，又一个猛人冒了出来，逐渐赢得了刘询的信赖。

画眉深浅入时无

这个人是张敞。

张敞这个人，前面已经露过面，他从基层做起，由于为官清廉、能力突出，一步步升任太仆丞，也就是管理皇帝车马的副手。当初刘贺上位后，仍旧放浪形骸，偏爱昌邑国的旧臣。张敞便向刘贺提了个建议，要适当任用霍光等朝中大佬，不能只亲近昌邑旧臣。

刘贺没听进去，结果二十七天后就被废了，张敞则因直言进谏被提拔为豫州刺史。不过很快，他因得罪了霍光，被发配到函谷关。

霍光去世后，刘询重新掌权，又把张敞调回了中央。

张敞盼星星盼月亮，好不容易回到了长安，行李都没打开呢，结果皇帝给了他一个特殊任务——监视刘贺。

接到任务，张敞二话不说，带着自己的行李前往山阳郡，时时刻刻监督废帝刘贺的一言一行，隔三岔五给皇帝写报告。不止如此，他还时刻关注朝中动态，霍光去世后不久，他上书皇帝，建议撤掉霍家三个子弟的侯爵之位，以免他们酿成大错，也可保全功臣霍光的血脉。

奏疏最后，他还加了一句话：对待霍家的一应事务，臣愿尽心辅佐陛下，请将臣调回长安吧！

刘询看完，不置可否。

不久胶东、渤海一带盗贼横行，张敞上书说：山阳有十几万人，现在只有七十七名盗贼没被抓获，我闲着也是闲着。听说胶东、渤海那儿盗贼多，我想去那儿干点事业。

刘询准奏，赐了他三十斤黄金，任他为胶东相。

一到胶东，张敞立刻下发通知，盗贼只要捕杀到同伙，就可以免罪，同时他还重赏缉捕有功的官吏，给表现突出的下属请功升官。在他的治理下，胶东地区的盗贼很快瓦解。

而此时，长安城却是地痞流氓、混混土匪横行，治安日渐混乱。朝廷换了好几任京兆尹，可依然不见起色，商贾不胜其苦。虽然是天子脚下，但京兆尹是最难干的，公卿多如狗，权贵遍地走。这些人已形成了盘根错节的利益网络，而长安城则是各个网络盘根错节的中心所在。

刘询思来想去，决定把远在胶东的张敞调回来任京兆尹。

不过，长安城可不是偏远的胶东，这儿的关系错综复杂，那些地痞流氓多多少少都有些背景，刘询对他也没有十足的把握，就问他：你可有什么良策？

张敞说：陛下不用担心，臣一定能办好！

那么张敞在京兆尹的位置上干得如何呢？

明代戏曲家汤显祖在读到张敞的故事后，提笔写下了一首诗，而这首诗写的正是张敞的治京奇招：

长安多偷儿，数辈老为酋。
居家皆温厚，出从僮仆游。
遂有长者名，闾里咸见优。
小偷时转轮，酋长日优游。
安知画眉人，一朝来见收。

张敞到任后，第一件事就是秘密查访。经过一番摸查，他了解到这些盗窃团伙的上线都是京城里颇有身份的大佬，这些大佬家境富足，居有高宅，出有乘骑，有仆童牵引，对外则是一副温厚长者模样。

在掌握确凿证据后，张敞找了个由头，摆了一桌“鸿门宴”，请他们赴宴。人到齐后，张敞当面直斥他们的罪行，要他们立功赎罪。

大佬们纷纷表示愿意配合，说：配合没问题，只是今天我们被叫到官府，同伙窃贼必然都有所怀疑，如果能给我们一官半职，他们就不会怀疑了。

果然是老江湖！

张敞也是豪爽之人，一口应承下来，给每人封了官，并且予以奖赏。

大佬们回家后，向小弟们宣布自己做了官，要摆一桌，小弟们自是一个不差前来道贺。这场酒一直喝到半夜，小弟们喝得酩酊大醉，一个个互相搀扶着出了门。结果一出门，大伙儿傻眼了——

一队官兵手持刀枪，高举火把，正在门外等着他们。

啥也不说了，全带走吧！

有人要问了：这么多人，怎么才能分辨哪些是盗贼，哪些是好人呢？

大佬们早有准备，早在喝酒时，就让手下偷偷在盗贼的背上做了记号，守在门外的官兵一拿一个准，一天就抓到好几百号人。被抓的盗贼又继续揭发，拔出萝卜带出泥，没过多久，长安城的盗贼很快就被肃清了。

除了打黑，张敞还有一项绝活：画眉。

他在处理公务之余，练就了一手画眉神技。每天早上都给媳妇点妆绣眉，而且是时尚圈中最流行的画风。张敞出门在外是一堂堂的官员，回到家里就是一平凡好丈夫。从他画眉的举动中可见，此人绝非大男子主义者，还是个会心疼老婆的好男人。

张敞的媳妇眉梢有点疤痕，他自学成才练就了画眉神技，只是为了给媳妇掩盖疤痕。哪知道张敞这点小嗜好，却被朝中那些“假道学”们视为异端，让同僚八卦到了最高统治者那里。

刘询觉得张敞作为首都的行政长官，画眉秀恩爱大大的不妥，于是亲自过问，想敲打一下他。不料张敞撇了撇嘴，不屑地说：闺房之中，还有比画眉更腻歪的玩乐事，陛下不关心我治理社会的进度，却来抢娱记工作，有意思吗？

刘询有点尴尬，笑了笑，不再追问此事。

事情虽然过去了，但刘询总觉得张敞此举有失官员的威仪，故而张敞在京兆尹上混了九年，此后再也没有升职。

张敞有个好朋友叫杨恽，是司马迁的外孙，担任皇宫总管的职务，与皇帝关系不错。他一生最大的功劳，就是将司马迁的《史记》呈递给了皇帝，让其代代流传下去。

杨恽生性爽直仗义，在朝廷中交结了许多朋友。大司马霍禹密谋谋反时，杨恽事先得了消息，他找到侍中报告了这个紧急情况，侍中马上密报给刘询。刘询立即动手，将这场叛乱消灭于萌芽中。事后，杨恽等五个人都被封侯，杨恽被封为平通侯，升为中郎将。

中郎将是个极为重要、极有实权的官职，手下管着许多郎官，这些郎官都是朝廷的人才储备库。为了往上爬，不少人贿赂上司，贪污贿赂横行。

杨恽当了中郎将后，对这种风气十分反感，标本兼治，杜绝了贿赂弊端。郎官们也收了手，不再靠钱打通关节，官场的作风也比以前好了很多。由于官声好，杨恽再一次得到了提拔，一步步成为刘询的亲信。

杨恽为人爽直，轻财好义，父亲杨敞去世后，给他留下了五百万钱的遗产，待他自己封了侯后，便把这些钱都分给了宗族中人；杨恽继母去世后，又给他留下了大笔遗产，但是杨恽不仅一分钱没拿，还将所有的钱都让给了杨恽后母的兄弟。

然而，虽然杨恽廉洁无私，为人仗义，但他性格中的弱点也是明显的。他刚愎自用，而又好发人阴私，在朝中树敌无数。

而他后来倒霉，也是因为与戴长乐的矛盾扩大。

戴长乐本是刘询在民间时的好友，刘询当皇帝后将其提拔为太仆。不料，这戴长乐受到刘询恩宠后有些得意忘形，口无遮拦，到处显摆，炫耀自己与皇帝的关系。有一次，他到皇家宗庙参加祭典，回来对别人吹嘘：那天我跟皇上坐一辆车，秺（dù）侯亲自驾车，那感觉甭提多爽了！

结果就被杨恽给举报了。

戴长乐也不是好惹的，他立即收集了杨恽平素的一些不当言论，反将了杨恽一军，具体事实如下。

高昌侯的车马惊了，奔入北掖门，杨恽对富平侯张延寿说：听说以前也有惊车奔抵殿门，门关折，车坏马死，而昭帝崩。今天又发生这种事，此乃天意也。

韩延寿下狱，杨恽上书相救。郎中丘常对杨恽说：听说君侯上书想救韩延寿，能救得了吗？杨恽叹道，此事谈何容易！我尚且难以自保，救别人就更难说了。

杨恽观西阁上的画像，画像中有尧、舜、桀、纣等人。杨恽指着桀、纣的画像对乐昌侯王武说：皇帝经过此地时，如果能把他们的过错一一指明，就知道该怎样做一名合格的皇帝了。

杨恽听匈奴降者说他们的单于被杀，私底下议论说：君主不肖，大臣为之参赞好计而不用，自己死无葬身之地。像秦朝时那样，任用小人，诛杀忠良，竟至灭亡；如能任用贤能大臣，秦朝国祚延续至今是不成问题的。古今之事如一丘之貉啊！

戴长乐揪住杨恽的这些言论，告他妄议朝政，诽谤当世，无人臣之礼，悖逆绝伦！

廷尉于定国受理此案，查明事实后上报皇帝，申请对杨恽严加惩处。

刘询对大臣互相检举的行为很是反感，但又不忍心严惩，只是免去了戴长乐和杨恽的官职爵位，把两人贬为平民。

杨恽家有钱，被免职后他广造宅第，过起了富家翁的生活。没有了朝廷规章的约束，杨恽愈发放浪形骸，他广交宾客，经常大摆宴席，款待朋友。醉酒之后，又常常当着友人的面大发牢骚，对朝廷多有不满之辞。

杨恽有个朋友叫孙会宗，时任安定郡太守。听说杨恽如此肆无忌惮，孙会宗不禁大为担忧，写信劝他：

身为一名臣子，若是被罢黜贬谪，应当惶恐不安，闭门思过。你却相反，大肆购置产业，结交狐朋狗友，行沽名钓誉之事。若是传到皇上耳朵里，你觉得自己还能被起用吗？不但没戏，反而还会获罪，请三思！

杨恽看完信很不爽，给孙会宗回了一封信：

我自从被贬谪之后，便常常思考自己的未来。想来想去，我觉得自己的过错实在是太大了，恐怕就算诚心思过，也无法重回朝廷，只能当一个普通人度过余生。可我又不能让妻子儿女跟我受穷，所以才致力于农桑之事，挣点儿钱，好让家人过上好日子，这是人之常情啊！你怎么能因此对我妄加讥评？

人情所不能克制的事，就连圣人都不加禁止，即使是至尊无上的君王和至亲无比的父亲，他们若是哪天去世了，我为他们送终还有一定的时限呢！

仔细算算，我得罪皇上已有三年了，何必还要为了他劳心费力、闭门思过？你难道不知劳作的辛苦？我每年到了伏日和腊月，都要煮羊炖羔、畅饮美酒一斗以犒劳自己。喝得畅快了，我便仰面朝天，敲缶吟唱。诗中写道：田彼南山，芜秽不治；种一顷豆，落而为萁。人生行乐耳，须富贵何时！

就算这样做是荒淫无度，我难道不可以如此吗？孔圣人说，道不同，不相为谋！我已经不是原来的杨恽了，你是卿大夫，我是低端百姓，你就别管我啦，好好给朝廷做事吧！

这封回信，便是有名的《报孙会宗书》，文中尽是对朝廷的怨恨和对孙会宗的挖苦。如果是现在，一条微信足以概括：老孙，你了解事情前后的真相吗？我算是把你看透了，不跟你废话，拉黑取关，拜拜！

杨恽还在其他场合发泄怨愤之意。一次，侄儿杨谭来看望他，安慰说：西河太守建平侯杜延年，先前因罪被贬，现在又征为御史大夫，先贬后升。叔父您罪过不大，又有功于朝廷，早晚会被朝廷起用的。

杨恽愤愤然地说：有功又有什么用？这种朝廷不值得为它卖力！

结果，杨恽又被人告发，逮捕入狱，最后以讥讽朝政妄议中央的罪名被腰斩。

张敞是杨恽的好友，眼看着杨恽倒了霉，大臣们纷纷给皇帝上书，说张敞是杨恽的同党，应该赶他下台。

张敞很清楚，这些人是眼红自己的位子，此次不过是个由头而已。好在刘询知道张敞是不可多得的人才，无论是在中央还是在地方，打黑除恶很有一套，把事情给压下来了。

张敞有一个叫絮舜的手下，他不知道上面的意思，只知道跟杨恽关系不错的官员全都被免了，张敞被撸是迟早的事情，所以对这位上司就不那么恭敬了。

一次，京城出了个案子，惊动了京兆尹张敞，张敞派絮舜查办，不料絮舜压根儿就没理张敞，扭头回家睡觉去了。

有人问絮舜：上司交代的事，你怎么不听呢？

絮舜说：我替他尽力很多年了，现在他也只能再做五天的京兆尹了，哪里还能再办案？

张敞得知后，火冒三丈，立即派人将絮舜逮捕下狱，并判处其死罪。临刑前，张敞特意让人给絮舜递了一句话：我这五天的京兆尹怎么样？不照样搞死你？

絮舜死后，刘询按例派了官员到民间巡视，絮舜的家人拉着他的尸首，写了一个大大的“冤”字。

负责巡视的官员不敢怠慢，立即上报。刘询在查明原委后，觉得这算不了什么大事，只是将他削职为民。张敞是个机灵人，他知道皇帝这样处置自己已是法外开恩，于是交还了京兆尹的印绶，然后带着妻儿老小匆匆逃离京师。

见此情形，絮舜的家人也只能徒呼奈何。

事实证明，长安城没了张敞镇着，还真玩不转。没过几个月，长安城的治安又开始恶化，地痞流氓横行，民怨沸腾。冀州也出现了大盗，无数奏章雪片一般飞往长安，搅得刘询头痛不已。

没办法，刘询只好派人去找张敞。

张敞的家人见使者来了，还以为是来抓他的，顿时就吓哭了。张敞却镇静自若，笑着对家人说：我现在只是个逃亡的平民，如果皇帝真要杀我，本地的官府就能逮捕我了。可如今是朝廷使臣到来，所以只有一个可能，皇帝要重新起用我啦！

随后，张敞整理行装，跟使者去了长安，路上还给皇帝写了一封奏书：

我先前担任京兆尹，被指控杀死絮舜。絮舜本是我的下属，平时我对他不薄，有好几次都宽恕了他的过失。这家伙认为我受人弹劾定会免官，所以我派他去办事，他竟然回家睡大觉去了，说我只能再当五天京兆尹，实在是忘恩负义的败俗小人。我因此借法令以泄私愤，将他诛杀。这件事，我是故意判案不公，滥用法律，即使因此而伏法，我死而无恨！

刘询说：我懂，我懂，我都懂。

随后，张敞被任命为冀州刺史。

很多人说，宣帝时期是一个群星璀璨的时代，涌现出了众多名噪一时的名臣循吏。是他们，在汉武盛世的万丈光芒消散后，用自己的光芒点亮了汉朝的星空。如果没有他们，大汉的天空会暗淡无光。

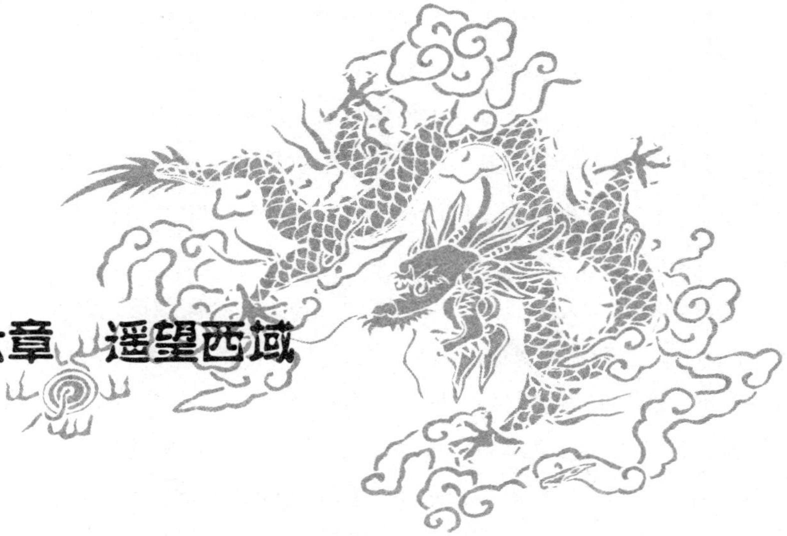

第六章　遥望西域

乌孙风云

一般来讲，治国无非两点：对内和对外。汉朝内部，在刘询和一众臣子的不懈努力下，国民经济开始逐渐恢复，几乎可以与文景之治相比肩。而汉朝之外，眼看汉帝国换了主人，匈奴人磨刀霍霍，又开始了新一轮的挑衅。

汉帝国不敢惹，但欺负一下西域的那些国家，对余威尚在的匈奴来说绰绰有余。

匈奴人观察了半天，决定挑乌孙下手。

乌孙是西域大国，户数十二万，人口六十三万，部队十八万，国王被称为昆弥。但匈奴毕竟控弦三十余万，强于乌孙，右贤王的王庭离乌孙也不算远。如果能降服乌孙，那西域其他小国也必定会臣服于匈奴。

刘询继位不久，就收到了乌孙发来的求救信：匈奴派出骑兵部队到车师国驻扎屯田，两国勾结在一起，合兵侵犯乌孙，形势危急，盼皇帝派兵援助！

敌军压境，乌孙告急！

早在昭帝末年时，匈奴人就联合车师，将乌孙各种狂虐，接连攻占了乌孙东部的一些领地，直逼伊犁河谷。匈奴还三番五次勒令乌孙王交出汉朝的解忧公主，与汉朝划清界限。

乌孙王和解忧公主几次上书汉廷求救，只因当时昭帝病危，汉朝无暇顾及，出兵之事一拖再拖。刚继位的刘询不想贸然出兵，他决定先派使者了解西域的军情再定夺，于是这趟出使的任务就落在了常惠身上。

常惠是太原人，家境贫寒。苏武出使匈奴时，常惠志愿应征，跟随苏武一起出使。后来发生副团长张胜密谋暴乱案，代表团中有人被杀，有人投降，常惠立场坚定地与苏武站在一起，拒不投降，被流放北海。汉朝使节出使匈奴时，他还曾协助解救苏武回国。

回到汉朝后，敌营十九年坚贞不屈的表现让常惠的档案履历又红又专。红，对国家忠贞不贰；专，熟知匈奴及西域事务。

这样的人才，当然是出使乌孙的最佳人选。

常惠手持大汉节杖，踏上了前往乌孙的路程，一路上风餐露宿，昼驰夜行。之后，他与乌孙使者一起返回汉朝，带来了乌孙王昆弥和解忧公主的求救信：匈奴大军即将抵达战场，恳请汉朝皇帝火速派兵以救公主与国王。乌孙国已经动员了五万骑兵，准备竭尽全力，抗击匈奴。

年轻的刘询当机立断，迅速动员部队，他要完成当年武帝未完成的“断匈奴右臂”计划，将匈奴人打到服为止！

为了这次出征，汉朝动员了十六万人，分五路大军，分别为：

祁连将军田广明，率四万骑兵，由西河出兵；

度辽将军范明友，率三万骑兵，由张掖出兵；

前将军韩增，率三万骑兵，由云中出兵；

蒲类将军赵充国，率三万骑兵，由酒泉出兵；

虎牙将军田顺，率三万骑兵，由五原出兵。

除此之外，常惠以汉朝校尉兼监军的身份先期到达乌孙，协助乌孙军队迎战匈奴。

这一次出征，汉朝可谓是下了血本，刘询也对汉军期望值很高。十六万人，这是两汉四百年最大规模的一次对外骑兵出征，由此也可以看出当时汉朝的动员能力。

五万乌孙骑兵与十六万汉军东西并进，形成一个巨大的钳形攻势，夹击匈奴，不过这场历时近五个月的战争，结果却大失所望。得知汉军全面出击，匈奴立马怂了，以最快的速度脚底抹油，往西边跑了！

十六万的汉军几乎是空手而归。

汉军无功而返，乌孙那边却恰好遇上了西逃的匈奴人，一路势如破竹，五万大军直扑向右谷蠡王的王庭，一场激战，斩杀与俘获的匈奴人近四万人，其中包括匈奴单于长辈及中高层官员。除此之外，还俘获了牛、羊、马、驴、骆驼共计七十万头。

常惠在这次战役中协调指挥有功，表现优异，回国后被封为长罗侯。他和苏武在匈奴过了十九年的囚徒生涯，如今终于以一场极辉煌的胜利彻底碾压对手，将心中的怨气一清而空！

吃了败仗的匈奴不甘心失败，第二年又去找乌孙国报仇。乌孙国打不过，主动后撤，只给匈奴人留了一批老弱伤残。

没占到便宜的匈奴人此后接连走背运，寒冷与饥饿吞噬了不少人的生命，周边的三个小国也站出来挑战大哥的权威，匈奴人疲于应战，连战连败，损失了数万名骑兵，牛羊牲畜也被洗劫一空。紧接着，一场饥荒席卷了整个北方大地，十分之三的人口被饿死，牲畜数量锐减一半。

另一边，战争结束后，常惠受命第二次出使西域，代表天子犒赏乌孙。临行前，常惠向刘询请示，准备赏赐乌孙之后顺便去趟龟兹，为无辜被杀的屯田校尉赖丹复仇。

这又是怎么回事？

故事还要从李广利伐大宛说起。当初李广利率大军返回时，路过龟兹国，得知龟兹将邻近小国扜弥的太子赖丹留作人质，一股正义感油然而生，责问龟兹王：现在西域诸国都臣服于汉朝，你们有什么资格将扜弥太子留在这里做人质？

骂完后，李广利将赖丹带回了长安。

昭帝即位后，重新启用桑弘羊的屯田之策，派赖丹为校尉，带领军士到龟兹控制的轮台屯田。

昔日龟兹的属国人质赖丹，如今成了大汉的使者，再一次莅临龟兹，颇有种地主家的长工多年后抱了大腿，上门打脸的感觉。

赖丹居高临下的姿态让龟兹人很不爽，龟兹贵族姑翼趁机对国王煽风点火：这个赖丹本来是我们的一个人质，现在领汉朝印绶，侵占我国土地屯田，长此以往，我们肯定会被他蚕食掉，不如趁机干掉他！

龟兹王有些犹豫：万一汉朝发兵来攻怎么办？

姑翼拍着胸脯道：汉朝离我们有数千里之遥，还要跨越三垄沙和白龙堆天险，就算玉门关的汉军打过来，也是两个月以后的事了。而且匈奴人离我们更近，不如投靠匈奴！

龟兹王觉得有道理，于是派人干掉了汉朝使者赖丹。事后，龟兹王又装模作样地上书汉朝认罪，汉朝一直没顾上算账。

这一次，常惠主动提出要为赖丹报仇，刘询觉得有些仓促，不想节外生枝，没有准许。

不过，大将军霍光却暗示常惠可以相机行事。

有了霍光的撑腰，常惠心里有了主意。

这年秋天，常惠手持大汉节杖，带领五百人马，第二次出使西域。

常惠到达乌孙完成任务后，专门去找解忧公主，寻求她的帮助。解忧公主坚决支持他的主张，联合周边西域国家给予增援，召集了几万人的军队，兵临龟兹城下。

龟兹王见势不妙，当场认错，惩处了杀害赖丹的凶手姑翼。

元康二年（公元前 64 年），常惠第三次前往西域，负责解救被匈奴围困在车师的汉朝屯田士兵。大军从张掖、酒泉出发，来到车师以北一千余里的地方，亮出了自己的肌肉，截断了匈奴军队的退路。匈奴人一看，自知不是对手，最终从车师撤兵。

此次常惠回国时，还带回来一封翁归靡写给刘询的书信。信中说，他准备立解忧公主的儿子元贵靡为王储，想为其再迎娶一位汉家公主，以求汉乌两家亲上加亲。

接到乌孙求婚信后，刘询组织公卿大臣讨论。大鸿胪萧望之持反对意见，他认为乌孙路途遥远，不可控因素太多，很难保证其承诺。

刘询却对乌孙颇有好感，答应了求亲，随即封解忧公主的侄女刘相夫为公主，准备和亲事宜。

神爵二年（公元前 60 年），常惠第四次出使西域，护送相夫公主出嫁乌孙，不料送亲的队伍走到半路，就传来了乌孙王翁归靡病逝的消息。

乌孙贵族拥立昆弥与匈奴夫人所生之子泥靡为新主，号称狂王。为了遵从乌孙习俗，更为了维护大汉在乌孙的势力，解忧公主毅然作出决定，嫁给了泥靡。

形势变得有点快，常惠立刻上书朝廷，建议让相夫公主暂留敦煌，自己先去乌孙交涉，待局面稳定后，再接公主前往乌孙。

泥靡虽然娶了解忧公主为妻，还生了个儿子叫鸱靡，但他与解忧公主的关系特别差。即便是用倍数最高的放大镜，也无法在这桩婚姻中发现一丝丝爱的痕迹。而泥靡脾气暴躁、性格残忍，他上位后乌孙国民不聊生，怨声载道，与汉朝的关系也大不如前。

解忧公主自然不会坐以待毙，她胸中奔涌的已经不是汉族女子的闺中愁绪，而是草原勇士的高亢情怀。她决定反击，除掉泥靡！

她利用另一位王子乌就屠对泥靡的不满，联合出使乌孙的汉朝使者，为泥靡摆了一桌“鸿门宴”，可惜席间刺杀未成。

至此，双方终于兵戎相见。

恼羞成怒的泥靡将解忧公主和汉朝使臣在赤谷城包了饺子，幸亏郑吉得知消息后，带着西域各国联军前来，解了赤谷城之围。

泥靡惊魂初定，他刚想喘口气，就得知了另一个重磅消息：翁归靡与其匈奴夫人生的儿子乌就屠，带着一帮乌孙贵族突然杀到。一番冲杀，泥靡死于乱军之中。

随后，乌就屠自立为新一任乌孙王。

这件事让汉朝很不爽，因为乌就屠母亲是匈奴人，他必然会向着匈奴。于是，汉朝派人通知乌就屠，让他将王位让给解忧公主的儿子元贵靡。

乌就屠自然不肯答应，老子辛辛苦苦打下来的王座，凭什么要让出来？就因为他老娘是你们大汉的公主？

做梦！

乌就屠不同意让位，刘询火了，立刻派大将率领一万五千精兵进入敦煌，陈兵边境，向乌就屠施压：不让位就洗干净脖子等死吧！

战争一触即发！

郑吉考虑到汉军长途奔波，还是希望能通过外交解决问题，他知道冯嫽很出色，推荐她担当重任。

冯嫽是解忧公主的侍女，当初跟着一起去了乌孙国。她生性聪慧，知书达理，善写隶书，到了西域后经常深入民间，很快就通晓了西域的语言文字及风俗习惯。

朝廷知道冯嫽的所作所为以后，任命她为大使，游历西域各国，宣扬汉朝文化。西域各国看到汉朝的女大使，落落大方，和人交流时连翻译都不用，说一口地道的本地方言，都对她非常尊敬，尊称她为冯夫人。

乌孙国右大将看到冯嫽如此聪慧漂亮，求娶为妻。冯嫽从大局考虑，欣然答应，自此，汉朝与乌孙友情日增。

这一次，冯嫽欣然受任，面见乌就屠，开门见山地说：将军夺了王位，似是可喜，然喜中不可无忧。如今汉朝大军已至敦煌，将军区区兵力，岂不是以羊群搏猛虎？

乌就屠沉默不语。

冯嫽继续晓之以理：汉与乌孙亲如一家，若两国开战，百姓遭殃，将军也必身败名裂，望三思而行。

乌就屠自知远不是汉军对手，最终作出了让步：愿听夫人劝告，让位于元贵靡，但求汉朝给个封号就行。

冯嫽爽快答应，又劝慰一番。

远在长安的刘询得悉冯嫽出色完成了任务，十分高兴，他对冯嫽也只闻其名未见其人，诏令回国。

朝堂之上，冯嫽侃侃而谈，思路清晰，语语中的。刘询大为赞赏，破天荒地委任冯嫽为汉朝使节，持汉朝节杖，竺次、甘延寿为副使，再次出使乌孙。以女子持节杖出访，不仅在当时是绝无仅有的，在数千年重男轻女的古代社会中也难得一见。

冯嫽驷马锦车，手持大汉节杖，召乌就屠至赤谷城中，宣读诏书，封解忧公主长子元贵靡为乌孙大昆弥，统六万户；乌就屠为小昆弥，统四万户。

至此，这场风波终于平息，乌孙国相安无事，汉与乌孙的边境再次迎来了平静安宁。

时光如逝水，不舍昼夜，转眼间，解忧公主的如瀑长发已变成了满头白发，她已经七十岁了。

为了大汉的江山，民族的友好，她奉献了自己的全部人生，先后嫁给乌孙父子两代三位国王，身历四朝变迁，经过了无数惊涛骇浪，血雨腥风。

每当午夜梦回时，枕畔的思乡泪，只有自己才知道。

离家千万里，和亲五十年，纵然曾经风光无限，纵然曾经柔情似水，也从来没有一日不思念故土。

该回家了。

解忧公主上书刘询，恳请回到故土，叶落归根。

刘询答应了。

甘露三年（公元前 51 年），年逾七十的解忧公主带着三个孙子，终于回到了阔别半个世纪的长安城。

红颜离家，皓首归来，长安繁华依旧，却已物是人非。不独公主自己，连刘询都感慨万千，以极高的规格接待和安置了大汉的这位功臣。

两年后，解忧公主的传奇人生落幕，而汉朝与西域的故事还在继续。元贵靡病故后，其子星靡继位，哪知这小子生性懦弱，治国无方，局势又起动荡。

已经回归长安养老的冯嫽心挂乌孙，为了巩固两国关系，她不顾年逾古稀的高龄，毅然上书皇帝，再次持节，不远万里第三次出使乌孙，堪为千古楷模。当然，这是后话了。

尖峰时刻

暂别乌孙，再来看下一个小国：车师。

车师位于今天的库木塔格沙漠，南通楼兰，西通焉耆、龟兹，西北通乌孙，东北通匈奴，地处丝绸之路南北道和匈奴之间的缓冲地带。匈奴人征服西域诸国后，车师和其他城邦一样接受匈奴的僮仆都尉管理。由于这个位置相当重要，汉朝与匈奴没少在这儿死磕。

汉匈对于车师之争夺，始于武帝时期。公元前 99 年，武帝派兵攻打车师，匈奴以数万大军来救，最终汉军因寡不敌众，被迫撤离，第一次争车师以汉朝的失败告终。

公元前 89 年和公元前 72 年，汉朝发起了两次争夺车师的战争，车师臣服于汉朝。然而汉朝退兵之后，车师又重新被匈奴控制。

公元前 68 年，昭帝派郑吉带着一千五百名戍卒和减刑犯人前往渠犁，大致位置就在今天新疆的库尔勒，主要任务是屯田。

在西域漫长而险恶的丝路沿线，与其一次次耗费巨资劳师远征，还不如长期驻守，就地取粮。汉军将士们亦兵亦农，他们一手紧握剑戟，一手栽培稼穑，不但减轻了中央政府和西域邦国的转运负担，而且有效解决了驻扎部队的后勤补给问题。

在解决粮食补给问题后，郑吉带着一千五百名汉军和一万名西域联军，一举夺下了车师王城交河城。

车师王乌贵出逃，率领残部逃到了交河城北的石城。为了讨好汉朝，他率兵击破了归属匈奴的小蒲类国，杀死其国王，作为给汉朝的见面礼。

小弟被人劫了，匈奴人自然不答应，派了援军杀向车师。

为了防止乌贵倒向匈奴，郑吉领兵北上，匈奴人一看不是对手，转身就跑路了。郑吉在交河城留下一支二十人的卫队，专门负责保护乌贵，然后带着大部队撤了。

乌贵很郁闷，这点人顶啥用啊？只要匈奴人一个反击，自己就完了。他索性丢下王位，带了几名亲信，逃到乌孙国寻求政治避难去了。

郑吉一走，匈奴军队又来了，将乌贵的弟弟兜莫立为国王。

新国王如坐针毡，夹在两个大国之间，甭提多憋屈了，索性举国迁移，搬到了东边，把原来的地盘空了出来。

郑吉随后派了士兵入驻交河城屯田。至此，隔着天山山脉，车师分裂成了两块：车师前国与车师后国，成了汉匈角力下的牺牲品。

一开始，郑吉派了三百名士卒到车师屯田，被强行割肉的匈奴自然心有不甘，没事儿就过来骚扰一下，而汉军的屯田主力部队在渠犁，从车师到渠犁，就是今天吐鲁番到库尔勒，在地图上大致量一下，直线距离二百八十公里，中间关山阻碍，路途遥远。碰到战事，远在渠犁的汉军鞭长莫及。

经过几轮试探性进攻后，匈奴人改变了围城攻坚的战法，以袭扰交河城外屯田、劫掠汉军补给运输为主。就在汉军苦苦坚持的当儿，莎车国传来反叛的消息，再一次让汉军陷入了孤立无援的境地。

这又是怎么回事儿？

莎车处于西域最大的绿洲——叶尔羌绿洲上，是西域地区成立最早的国家之一。刘解忧嫁到乌孙后，和乌孙王生了三个儿子，老二叫万年。莎车王没有儿子，有一次看上了来出差的万年，把他当作自己的亲儿子来看待。

几年后，莎车王去世，莎车国给汉朝打报告，申请让万年来继承莎车王位。

接到报告后，刘询一看，这是送上门来的好事呀，正好当时万年就在长安，于是派奚充国护送万年回了莎车。

谁知，万年是个扶不上墙的富二代，并不适合当国王，他的表现很糟糕，残忍好杀，莎车国臣民大失所望。

来了这么一个瘟神，莎车人后悔不迭，可是请神容易送神难，这可咋办？

见此情景，原莎车国王的弟弟呼屠征觉得机会来了，他与邻国达成秘密协议，发动政变，杀了万年和汉使奚充国，自立为王。由于担心遭到汉帝国的报复，他勾结了匈奴人，准备一起对抗汉军。

而此时，汉朝的屯田部队正在车师国跟匈奴人死磕。汉军人少，只能在城内固守，又是远在万里之外，呼屠征觉得汉军迟早要完，干脆一反到底。他召集其他国家一起背叛汉朝，投降匈奴。

局势急转直下，就在郑吉快要顶不住了的时候，又一位帝国英雄挺身而出，给他送来了一波助攻。

这个人是冯奉世。

冯奉世是文景时名臣冯唐的玄孙，汉武末年，他以良家子身份被选为郎官，刘弗陵继位后补任武安县长。后来失业在家，直到三十岁时，冯奉世忽然醒悟了。

他开始沉下心来读书，一门心思钻研兵法和《春秋》。

眼看着快要奔四十的人了，要是再这样下去，这辈子怕是没有出头之日了。当时傅介子以斩楼兰王之功封义阳侯，激励了不少汉家儿郎踊跃入伍。冯奉世一咬牙，找到了老领导韩增，想去西域闯荡一番。

韩增向皇帝刘询推荐了冯奉世，作为汉朝使节出使西域，任务是护送大宛使者回国。

冯奉世携带皇帝符节，率领使团踏上了西行之路。谁都没有预料到，原本很平常的一次出差，却成了冯奉世扬名立万的征途。

一行人风尘仆仆，风餐露宿。途经伊循城，也就是今天的新疆若羌县米兰镇时，冯奉世听说莎车国发生了军事政变，莎车王弟弟勾结匈奴反叛汉朝，杀了国王和大汉使节奚充国。

当时，主管西域事务的西域都护郑吉和校尉司马熹都在北疆，和匈奴争夺车师，对南疆事变鞭长莫及。如果派人回长安禀报，以当时的交通条件，一来二去，大半年就过去了。届时，汉军将士在西域抛头颅洒热血、牺牲性命换来的一座座关城早已落入匈奴人之手，后果不堪设想。

怎么办？

冯奉世对副使严昌说，如果不立即制止莎车反叛之风，这股风潮将迅速蔓延整个南疆，进而危及西域。自己身为汉朝使者，遇上这样的事，哪能袖手旁观？必须给莎车一点颜色瞧瞧。

严昌苦笑：咱们区区一个外交使团，全部人马也就几十人，拿什么跟匈奴人死磕？

冯奉世说：我有办法。

接下来，冯奉世高举大汉节杖，一一走访西域各国，告诉他们，汉朝大军即将收拾莎车国，要求各国出兵一同平叛。

鼓动西域各国出兵，这显然不是冯奉世此行的任务，换句话说，这是矫制行为，后果很严重，最重的会判弃市。

可是冯奉世不怕。

规矩是死的，人是活的，按照汉朝的规矩，如果你能给国家带来巨大利益，那么你的矫制行为不仅不会被追究，反而会成为帝国的功臣。

冯奉世也有一颗躁动的心，他也想在异域立功，成为帝国臣民们的偶像。而如今，机会终于降临，他岂能错过？

可问题在于，仅凭着一张嘴，再加上一杆大汉节杖，西域能借兵吗？

答案是：能！

冯奉世在西域各国转了一圈儿，一共借到了一万五千人。

仅凭一张嘴，到西域小国忽悠一通，就能拉起一支队伍，是不是觉得不可思议？

这也可以从侧面反映出汉朝在西域各国的影响力。大汉的英雄们到了某个国家，就是一句话“老子是汉朝人，把你们的兵给我，我要收拾某某国”，于是西域诸国便忙不迭地把自己的军队交给对方。靠着“汉朝”这个国号，最铁骨的汉家男儿闯荡西域，汉军铁骑无往不胜，建功立业，彪炳史册。

大汉在西域的威望，可见一斑。

冯奉世带着这一万五千人的混编队伍浩浩荡荡杀向莎车国，一战击败莎车国主力，攻占了王城。呼屠征见大势已去，自杀身亡。冯奉世斩下呼屠征的人头送回长安，给皇帝报捷，而他自己轻装上阵，继续踏上了去大宛的路。

大宛王听说冯奉世平定了莎车之乱，佩服得不得了，将他奉为上宾，还给他送了大宛名马象龙，表示愿与汉朝交好。

远在长安的刘询得到捷报，大喜，不费国内一兵一卒，便解决了莎车叛乱，在西域大扬国威，准备给冯奉世授予侯爵。不料，萧望之站出来阻拦：

冯奉世矫诏征发西域诸国军队，虽然功劳显赫，但不能成为后人效法的对象。如果此例一开，便是鼓励后世的使节，争先恐后以冯奉世为榜样，邀功于万里之外，将会在夷狄之地无事生非，所以不可助长这种风气！

迂腐的萧望之认为，战争是导致天下乱象的罪魁祸首。

在他的坚持下，刘询最后没有给冯奉世封侯，只提拔他为光禄大夫。

莎车国的叛变被平定后，郑吉没了后顾之忧，但他的屯田部队在交河城被匈奴人围困，形势十分不利。不得已，他只得上书皇帝，请求增派援军，以加强车师的守备力量。

刘询看完后，紧急召见后将军赵充国，想要乘着匈奴国力衰弱，出兵袭击其西部地区，让其以后再不敢骚扰西域。

但是，这一想法很快被魏相否决了，他递了一道折子，说：

我听闻，救乱诛暴的叫义兵，把仁义当作使命的军队是王者之师；敌人侵犯我，不得已抵抗的叫应兵，应兵当胜；为了一口气咽不下去就对阵疆场的，叫忿兵，忿兵容易受到挫败；以夺取别人土地财物为目的叫贪兵，贪兵必败；倚仗国家强大、人口众多，想向敌人显威风的，叫骄兵，兵骄必然灭亡。这五种兵，不仅仅是人事，更反映了天道。

近来，匈奴曾向我朝表露善意，被掳走的百姓也被他们陆续送回，未曾侵袭我朝边境。虽然眼下匈奴人和我们在车师陷入胶着，但我认为还没到需要出兵讨伐的地步。

现在听说各位将军打算动员大军，深入匈奴腹地，恕我愚昧，不知此兵名义何在？如今汉朝边境各郡仍旧贫困，缺吃少穿，父子共穿一件羊皮或狗皮，靠吞食草根、草籽活命，又怎么忍心征调他们去打仗？

《老子》中说，战事之后，必有灾年。一旦兴兵，容易引起人心惶惶，后患无穷。现在的太守和封国宰相，很多人无法胜任工作，水旱灾害，时有发生。就在今年，子杀父、弟杀兄、妻杀夫的就有二百二十二人，不要以为这是家长里短的小事，民风恶化，绝对不可忽视！陛下身边的人不担心这些，竟要发兵到遥远的匈奴以泄小忿，恐怕会应了孔子说的“吾恐季孙之忧，不在颛臾，而在萧墙之内也”！

刘询被说服了，最后决定只派骑兵前往车师国，将汉朝屯田部队以及车师国百姓全部迁徙到了渠犁。交河城空了出来，很快又被匈奴人所占领。

“五争车师”的结局是，大汉放弃了车师之地，而民众皆附汉迁乌孙。

虽然匈奴人夺回了车师，但其在西域势力的衰微已成定局，至于原因，是他们内部闹分裂了。

与此同时，已被晋升为卫司马的郑吉接到了一封书信，日逐王由于失掉车师，在匈奴内部的地位有所动摇，在匈奴内乱中落了下风。为了避免日后被清算，毅然决定归顺汉朝。

掩卷闭目，郑吉心潮澎湃。如果日逐王真心归降，则意味着匈奴势力彻底退出了西域，天山南北再无强敌，这片广袤的土地将极大地扩展大汉西方战略纵深，大汉威德当震撼天下！

但如果这是诈降，趁汉军懈怠夺了屯田，汉朝将遭受重大损失，乃至丢掉西域。到时候，再想重返西域，不知要到何年何月了。

毕竟，当初惨烈的战斗景象还历历在目，匈奴人的狡诈凶残也令人心悸，不得不防。郑吉一边立发千里加急特使，向长安禀报，同时为防不测，多路信使疾驰而出，向西域各国征集兵马，组成了一支五万人的联军，迎接日逐王。

当日逐王带着自己的上万部众，拜倒在郑吉跟前时，郑吉终于放下心来。由武帝和张骞开创的西域攻略，终于在自己手中达成了。

安顿完匈奴部族，郑吉陪日逐王前往长安，拜谒汉朝天子。刘询大悦，盛隆待遇，敕封日逐王为大汉归德侯，一行小王亦受封赏。

日逐王归降汉朝，是汉朝历史上的一件大事，此后，匈奴势力淡出西域，大汉威震天山南北，在西域已无对手。刘询下诏，封郑吉为安远侯，在今天的新疆轮台县设置了西域都护府，将西域首次纳入了中国的版图。

郑吉为第一任西域都护使，成为汉朝派驻西域的最高军政长官，统辖域内汉屯田与列国全部军队，镇抚边境安宁，护佑丝路商贸。

这一年为神爵二年，公元前 60 年。

班固在写《汉书》时发了一句感慨：汉之号令班西域矣，始自张骞而成于郑吉。张骞开通西域，建立起了中原王朝与西域的联系，可是直到西域都护府设立，中原王朝才正式统治西域。

自公元前 138 年张骞出使西域，到公元前 60 年成立西域都护府，时间已过去了七十八年。今天，当我们路过新疆轮台县西域都护宾馆，还能看到大门处有一座郑吉的雕像。

对日薄西山的匈奴来说，日逐王归降汉朝，无异于釜底抽薪。很快，一场“五单于争位”之乱席卷了整个草原，死者数以万计，畜产损耗十之八九，匈奴的势力大大削减。

紧接着，又演变为郅支单于与呼韩邪单于的对立。实力较强的郅支单于击败了呼韩邪单于，呼韩邪单于率部投奔了汉朝。郅支单于自知实力不敌汉朝，掉头开始向西方扩张。

这是匈奴人第一次大分裂。

呼韩邪单于归汉，是继日逐王归汉后的又一件大事。要知道，呼韩邪是第一个到长安来朝见汉朝天子的单于。刘询大为振奋，开始与朝臣商量接待事宜。

有人说，依古代圣王的制度，先京师而后诸侯，先诸侯而后夷狄。匈奴单于前来朝贺，其礼仪应与诸侯王相同，但位次应排在诸侯王之后。

萧望之站出来反对，他说，匈奴本不是我国臣属，不应用臣属之礼对待，其位次应在诸侯王之上。外夷向我国低头，自愿居于藩属地位，我国谦让，不以臣属之礼对待他，为的是笼络于他，显示大汉的谦虚大度。外夷归附反复无常，如果将来匈奴的后代子孙突然像飞鸟远窜、老鼠潜伏一般，不再前来朝见进贡，也不算我国的背叛之臣，这才是长远策略。

刘询采纳了萧望之的意见，正式下诏，匈奴单于自称我国北方藩属，将于明年正月前来朝见。朕的恩德不够，不能受此隆重大礼，应以国宾之礼相待，使单于的位次在诸侯王之上，拜谒时只称臣，不称名字。

皇帝要求以最高规格接待，下面的人自然照章执行。为了显示出汉朝的胸襟和气度，朝廷派专使至五原郡迎接，并在长安经河套的朔方、西河、上郡等地沿途陈兵，以示宠卫。

甘露三年（公元前 51 年），长安城内盛极一时，呼韩邪单于正式朝见宣帝刘询，刘询给予呼韩邪单于最高级别的待遇，给他的赏赐可谓丰厚：汉朝的冠带、官服，黄金印玺、绿色绶带，玉石装饰的宝剑、佩刀，一张弓、四十八支箭，十支配有套子的长戟，安车一辆，马鞍马辔一套，马十五匹，黄金二十斤，钱二十万，汉服七十七套，锦绣、绸缎、各种细绢八千匹，丝绵六千斤。

朝会典礼结束后，刘询在长平阪与呼韩邪单于正式会面，左右大臣列队观瞻，各国使节夹道迎接。当刘询与匈奴呼韩邪单于一起走到渭河大桥时，早已等候多时的围观百姓齐呼万岁！

这是刘询的高光时刻！

这是汉民族的高光时刻！

随后，刘询在建章宫为呼韩邪单于举行了盛大的宴会。

一个月后，呼韩邪单于提出要求，希望将自己安置在光禄塞，遇有紧急情况，可退入汉受降城自保。

刘询同意，派高昌侯董忠和车骑都尉韩昌，率领骑兵一万六千人，征发边疆各郡数千士兵、马匹，送单于出朔方郡，又让高昌侯董忠进驻匈奴王庭协防，专治各种不服。匈奴人缺少粮食，汉朝还送去三万四千斛粮食，以解燃眉之急。

平西羌

汉朝收服匈奴、威震西域之际，遥远的西羌也传来了好消息，老将赵充国平定了西羌的反叛，取得了一次伟大的胜利。

羌族位于汉帝国的西部，相当于今天的青藏高原一带，又称为“西羌”。这是一个松散的部落，其中最强大的是先零羌。早在汉匈战争前期，羌人就认匈奴做了大哥，跟汉朝不对付。武帝时，羌人发动十万军队，向汉朝驻地发起了攻击。刘彻派将军李息与郎中令徐自为率十万大军迎战，将其逼退，逐出了湟水流域，并迁移了一部分百姓，到此地开垦种田。

元康四年（公元前 62 年），刘询派光禄大夫义渠安国出使西羌。先零羌首领对义渠安国说：自从我们被你们逐出河湟谷地后，日子过得苦哈哈的。你看这样行不行，你们在湟水的耕地只是一小部分，能不能让我们到你们耕地外的区域放牧？

义渠安国没有拒绝，只是把这一要求转奏皇帝。刘询也没有正面答复，把义渠安国召回了朝廷。

不拒绝就是默认了。随后，先零羌与各羌人部落达成了和解约定，渡过了湟水。

消息传回长安，赵充国坐不住了，凭借数十年边疆工作经验，他敏锐察觉出羌人的目的绝不是回到故地这么简单！

想到这里，赵充国立即找到刘询，说出了自己的担忧：羌人之所以容易被控制，就是因为他们各部落都有自己的首领，他们经常互相攻击，犹如一盘散沙，势力不能统一。

然而就在三十多年前，羌人曾发动过一次叛乱，侵袭汉境，汉朝花了五六年的时间才平定。在此之前，羌人部落事先解开了各部落的仇怨，团结起来，齐心对抗汉朝！

刘询听完，感觉事态有点严重。就在这时，边境传来消息，羌人派人到匈奴求援，准备攻打鄯善和敦煌，断绝汉朝与西域各国来往的通道。

狼子野心，昭然若揭！

面对这种境况，赵充国认为，羌人最大的弱点仍旧是他们各部落之间的关系，只要瓦解他们的联盟，便不足为患。

刘询安排义渠安国率两千骑兵出发，巡视边防。结果这哥们儿脾气比较爆，到达羌人地区后，召集羌人三十多个部落的首领，把这些头头脑脑全都给杀了，还纵容部下袭击羌人各个部落，共杀戮一千多人。

这一举动激起了羌人的反抗，先零羌首领杨玉联合各部，袭击汉朝边塞，杀伤汉人无数，大败义渠安国，逼得他只能撤退到金城令居（今甘肃永登），向刘询告急。

刘询也很为难，这次平叛与以往不同，不仅要打败羌人，还要防止其与匈奴联合，所以必须要选一个不能像义渠安国那样乱砍乱杀，又要了解羌人的情况和特点的人。可问题是，谁能当统帅，被委以重任呢？

刘询连忙派丙吉去征求老将军赵充国的意见，结果赵老将军一拍胸脯，平定羌人叛乱，没有人比老臣更合适了。

这就让刘询很为难了。

赵充国确实长期在边疆工作，熟悉当地情形。可问题是，赵充国今年已经是七十多岁的高龄了啊！

早在武帝的时候，赵充国就跟着李广利打匈奴。有一次，李广利被匈奴大军围困，眼看着出不去了，赵充国组织一支敢死队，为大军杀出了一条血路，浑身上下受了二十多处伤，血流不止。

赵充国的英勇表现获得了武帝的亲自嘉奖接见，授官为中郎，后又升为车骑将军长史。昭帝时，赵充国出击匈奴，擒获西祁王，升为后将军，兼任水衡都尉。

后来，他与霍光一同迎立了汉宣帝，被封为营平侯。

匈奴发兵十余万，欲南下入侵，汉朝得到消息后，派赵充国率四万大军驻守在边境九郡。匈奴单于得知此事后，带兵离开，可见赵充国在匈奴的影响力。

而如今，四十年过去，当年驰骋沙场的猛将早已满头华发，如今的赵充国还能打吗？

刘询又派人去问，将军对敌情怎么看？需要多少兵力？

赵充国微微一笑：百闻不如一见，军事瞬息万变，不好预测，臣愿立刻去金城查看地形，把作战计划呈奏陛下，陛下把此事交给我办好了。

刘询只得同意让赵充国出征。

这一年，七十多岁的老将赵充国再一次披挂上阵，马不停蹄赶赴金城。在那里，一万名骑兵已集结完毕，等着他来指挥。

先零羌的势力已达黄河西岸，赵充国趁夜渡河，等羌人的骑兵发现时，汉军已经在黄河西岸站稳了脚跟。

汉军人数众多，羌人骑兵不敢上前。部将请求出击，赵充国说：我们远道而来，兵疲马困，不宜出击。这些人骑的是好马，都是好骑手，恐怕是他们的诱敌之兵。行军作战，务必全歼敌军，不能贪图小利。

大军穿越四望峡谷，挺进到落都，也就是今天的西宁。穿越峡谷后，赵充国对大伙儿说：四望峡谷是通往落都的咽喉之地，而羌人居然无人防守，由是可知羌人不懂兵略。倘若羌人会用兵，在峡谷驻守数千人，我们怎么可能这么顺利穿过？

众人听完，一个个心悦诚服。

大军一路西进，抵达了西部都尉府，也就是今天的湟源县。羌人发动试探性进攻，赵充国下令坚壁清野，就是不出兵。时间一长，羌人内部各个部落开始相互责怪对方了：早就告诉你们不要造反嘛，现在好了，汉朝派了赵充国将军来，赵将军都八九十岁了（其实只有七十多岁），用兵如神，现在就是想决一死战，也没机会了！

由此不难看出，羌人对赵充国是何等畏惧。

坚守不出只是赵充国的一时之计，他真正的策略是分化瓦解，收服羌人。羌族中分先零、罕开等部，他们之间也有矛盾和斗争，赵充国认为，对他们不应该一味打压，要团结一切可以团结的力量，先礼后兵，分别对待。

当初先零羌准备反叛时，罕开羌的首领派弟弟雕库向汉都尉报告情况，结果反而被扣起来了。赵充国到都尉府后，马上放了雕库，要他回去转告各部落首领，这次汉军只杀叛逆者，希望他们与先零羌划清界限，不要自取灭亡。

赵充国不急于用兵，等着羌人内部分化瓦解，这一策略却引发了很多人的不满。

酒泉太守辛武贤上书皇帝，汉军在边界集结了六万大军，基本上在祁连山以南，而祁连山以北兵力空虚，这对边防很不利。高原地带严寒来得早，如果拖到秋冬再发动进攻，天寒地冻，帝国的马匹无法忍受如此严寒。因此，他建议兵分两路，从张掖、酒泉同时出兵，合击羌人部落，即使不能全歼，也可以夺取对方的牲畜，俘虏他们的妻儿。

刘询看了辛武贤的奏章后，转给了赵充国。

赵充国上书朝廷，指出辛武贤之计不切实际。他想从张掖、酒泉出发，让骑兵带着粮草千里迂回跟羌人作战，这样不但行军速度跟不上，还容易在深山密林被敌人牵着鼻子走。如果我军深入，容易被切断运粮通道，使部队陷入危险境地。

最好的方法是分化瓦解羌各部落，特别是罕开部落，让他们脱离先零羌的胁迫，朝廷再派出使者恩威并施。这样一来，先零羌内部必定会大为震动。

这个建议堪称完美，可当刘询把这封信给大臣们看时，却是反对声一片。他们认为，先零部落之所以敢造反，就是因为有其他部落的支持，不解决其他部落，就无法解决先零羌。

刘询也觉得大伙儿说得有理，于是任命许延寿为强弩将军、辛武贤为破羌将军，各率一支军队，迎战罕开部落的骑兵。

此外，刘询还写信批评赵充国，说你这样在前线坚守不出，不仅让将士们在外受苦，还让朝廷开支大大增加。我已经任命了一些将军，他们准备分路向羌人开战，你也配合一下他们。

一般来说，皇帝都发话了，底下的人就算再没眼色，也该知道自己该闭嘴了，可赵充国不。

因为他知道，这样做只会适得其反，他虽然受到了皇帝的指责，但并不放弃己见，坚持不肯发兵。将在外，君命有所不受，他再一次上书，向刘询陈述发兵攻打羌族的利害关系。

这一次，刘询被说服了，停止了这次军事行动，集中力量收拾先零部落。

赵充国不打无准备之仗，他先坚守不出，等先零羌斗志松懈，然后乘其不备突然掩杀过去。先零羌被打了个措手不及，仓皇逃窜，慌忙向湟水对岸撤退。这时，赵充国反而让士兵不要着急，要慢慢地追。

果然，不出赵充国所料，那些先零羌逃兵争先恐后地逃跑，结果在渡河时乱成一团，数百人被挤下水淹死。

这一战，汉军俘获马、牛、羊等牲畜十万多头，车子四千多辆；先零兵投降和被斩杀五百多人。

紧接着，大军渡河西进，进入罕开羌部落的地盘，命令将士不准抢劫，更不准在田里放牧。罕开羌人看到汉军军纪严明，非常高兴，他们奔走相告，齐声赞道：汉军果然不打我们了！首领靡忘更是亲自到军营见赵充国，得到了热情接待。

许多汉军官兵不理解，认为应该把靡忘抓起来杀掉，以绝后患。赵充国耐心向他们解释，说对靡忘的处理，关系到汉朝对归降羌人的招抚政策，不抓不杀，正是按立功受奖的政策来处理的。

大军继续进逼，先零羌被迫退到贫瘠的山区，缺衣少食，非常窘迫，不少人开始投降。

局势已经很明朗了，先零羌就是秋后的蚂蚱，蹦跶不了几天了。为了给朝廷减轻负担，七十五岁的赵充国强忍着病痛，给皇帝写了一封奏章，请朝廷把骑兵撤走，只留下一万士兵留在当地屯田，坐等先零羌崩溃。

刘询却等不了那么久，他告诉赵充国，许延寿和辛武贤的两个兵团已经在路上了，即将与他会合，共同对先零羌发起总攻。

接到诏书，所有人都劝他不要和朝廷的精神背道而驰，反正剿灭先零羌的叛乱也是早晚的事。

老将军却轻轻叹了一口气，你们说的这些，都不是为国家利益着想啊！要是当时听我的，与羌人谈判，早就和平解决了，可惜那个机会已经没了。后来我提议储备三百万斛粮食，这样羌人绝不敢发动叛乱，也没落实，第二次机会错过了。边疆问题很复杂，也很微妙，失之毫厘，谬以千里。先零羌固然不足为虑，但如果不妥善处理，反叛的火苗蔓延到其他地方，到时候就无能为力了。

他第三次上书皇帝，冷静地分析了羌人的情况，认为如果用武力全歼先零，要消耗大量人力物力；如果班师，先零仍会卷土重来，边境又不得安宁。唯一的办法就是在边境实行屯田制，撤走骑兵，留一万军队在边境屯田，把生产与军事结合起来，平时生产，战时打仗，且耕且守，一举两得。

这一次，刘询没有轻易否决，而是继续问他，依照将军之计，什么时候才能平西羌，什么时候才能得胜班师回朝？

赵充国回答：羌人虽然在风俗习惯上与汉人不同，但是趋利避害是人的本能。现在羌人已经丢了地盘，逃遁到贫瘠荒寒之地，人心涣散。截至目前，前来投降的羌人已有一万零七百人，羌人内部崩溃指日可待，战事将在几个月内结束。

与此同时，赵充国还详细解释了屯田的十二条好处，希望朝廷能够采纳其策。他深知，战争是政治的延续，外交是战争的延续，一味以武力逞强，绝非智者所为。

刘询说：屯田不一定能解决羌患，其他部落还可能与先零联合，希望赵老将军认真考虑，然后再作决定。

赵充国说：先零经过之前的打击，现在就剩七八千人了，还要防备其他部落偷袭，处境极其悲惨。我们这里有屯田士兵一万人，可以通过烽火传递信号，就算有情况也不会吃亏。

刘询觉得赵充国说的有道理，然而辛武贤等主战派却力主出击。

为了保险起见，刘询决定做两手准备，赵充国的部队留守河湟谷地屯垦，强弩将军许延寿、破羌将军辛武贤、中郎将赵印兵分三路，对先零羌发起进攻。

结果，辛武贤斩首二千人，赵印斩首及招降二千余人，许延寿招降四千余人。

赵充国呢？

战报上说，赵充国的屯田部队总共招降了五千余人。

结果报上去，大伙儿都震惊了。

一兵未出，光种田没打仗的赵充国，竟然战功最高，这怎么可能？

事实上，这正是赵充国的高明之处。搞点基础建设，做做思想教育工作，种点粮食，不费一刀一枪，谈笑间，羌人望风归附。

没办法，谁叫老赵军纪好、讲信用、爱百姓，这叫人心所向。

赵充国的报告每次送到长安，刘询都交给大臣们议论。一开始，赵充国的支持率很低，只有三成左右，随着赵充国的战略构想越来越明晰，他的支持率也不断上涨，最后占到了八成左右。丞相魏相也从一开始的反对转为支持：臣愚钝，不懂兵事，赵老将军每一次报上来的战略构想堪称完美，他的计划必定可行。

事实证明，赵充国以守代攻的策略很有效，比单纯的军事打击效果更好。刘询于是下诏，召回了许延寿、辛武贤和赵卬，只留下赵充国的屯垦兵团驻守。

第二年，赵充国估计羌众伤亡及投降者甚多，力量已被严重削弱，请罢屯田部队，班师回金城。

在得到刘询的同意后，赵充国振旅还朝。至此，西羌叛乱终于平息。

同样是名将，赵充国和卫青、霍去病截然相反。他深知，战争是政治的延续，不战而屈人之兵才是最高级的打法。西羌远在千里之外，汉军长途奔袭，必然师老兵疲，因此能避免的战争尽量不打，没有必胜把握的战争，坚决不打。他善于分化瓦解对手，利用屯田作长期准备，用最小的损失获取最大的利益，于国于民也更有利。

曹操评注《孙子兵法》时说：善战者无赫赫之功！这应该就是对这个天水老汉一生最好的注脚。

回程的路上，赵充国的老友浩星赐前来相迎，善意提醒他：

现在朝廷里大多数人都认为，破羌、强弩两位将军主动率兵出击，多有斩获招降，才使羌人最终败亡，只有将军心中明白，先零羌早已是穷途末路。强弩将军许延寿乃许皇后叔父，深受皇上信任；破羌将军辛武贤亦是骁勇宿将，父兄子侄皆为军中将校。将军面见皇上时，不如把功劳推给辛武贤和许延寿，这样一来，对将军的声誉也没有多少损失。二人也必将感激将军，朝堂皆大欢喜，岂不更好？

不料，赵充国听后很不高兴。

他说：我已垂垂老矣，爵位也到头了，争不争这个功对我都无所谓。但是，如果我不实事求是进言，虽然显得自己很谦虚，却是在欺骗皇上。兵者，国之大事，应当让后人可以效法。我如果不向皇上说清楚这些兵略机谋，等我死了，还有谁能对皇上说这些？我不是要贪功，只是不能欺瞒皇上！

赵充国终究按自己的想法奏明了刘询，刘询虚心接受了他的意见，遂罢去许、辛二人将军之位，不给官爵封赏。

第七章　帝国伟业

王道还是霸道

时光如箭，日月如梭，转眼间，刘询四十岁了。

这一年，呼韩邪单于来朝，将汉朝的威望推向了顶点。刘询看天下大定，海内富庶，边境无忧，回忆起自己的一生，心生感慨，命人画了十一名于汉朝社稷有功的功臣画像，悬挂于麒麟阁以示纪念和表扬。麒麟阁位于未央宫中，因武帝打猎获得麒麟而命名。

这十一位功臣，名单如下，排名分先后：

大司马、大将军、博陆侯——霍光；

大司马——张安世；

大司马、车骑将军、领尚书事——韩增；

后将军——赵充国；

大司农、御史大夫、丞相——魏相；

太子太傅、御史大夫、丞相——丙吉；

太仆、右曹、给事中、御史大夫——杜延年；

阳城侯——刘德；

太中大夫、给事中、少府——梁丘贺；

大鸿胪、太子太傅、前将军、光禄勋——萧望之；

中郎将——苏武。

后世往往将他们和云台二十八将、凌烟阁二十四功臣并提，有“功成画麟阁”“谁家麟阁上”等诗句流传，以为人臣荣耀之最。

十一人中，霍光排第一。可奇怪的是，所有功臣的画像下面都写了官职、爵位和姓名，唯独霍光的画像下只写了官职、爵位和姓氏，没有名字。

这又是为何？

历史没有给出答案，我们也只能猜测。毫无疑问，霍光对刘询是有恩的，如果没有他，刘询或许一辈子都是一介平民；但也正是因为他权势太盛，让刘询很是忌惮，不得不避其锋芒，很多事情都受到钳制。

想来，刘询对霍光的感情也是很复杂的吧！

刘奭在做太子的时候，曾与父亲围绕治国方针发生过一场争论。他长于深宫，熟读经籍，老师都是一些饱学儒生。受其影响，刘奭柔仁好儒，而当时刘询任用的官员大多精通法令，用刑过重，因此刘奭心中有些不满。

一次，刘奭在侍奉刘询用膳时，抱怨道：父皇刑罚太过于深重，应该多用儒生治国。

不料，刘询勃然变色：我汉家自有制度，本就是王道与霸道并用，怎能像周朝那样纯用所谓的礼义教化呢？况且俗儒不识时务，喜欢厚古薄今，使人分不清何为名，何为实，不知所守，怎能委以重任？

在这里，刘询说出了一句大实话。帝王治理天下，既要用儒家，也要用法家，儒家是面子，法家是里子，从来没有只靠道德说教就能治理好天下的。

事后，刘询叹息道：乱我家者，太子也！

政治经验丰富的刘询已经意识到，如果让偏好儒家的太子即位，必将导致汉王朝的衰败。武帝以后，帝国虽然表面上独尊儒术，但其实是外儒内法，霸王道杂之。真正信奉儒学者并未掌握权力居于朝堂之上，只有那些缘饰儒术、内行法术者才真正得势。

那么王道与霸道到底有什么区别呢？

王道是儒家的主张，强调仁和礼。

在治理国家时，讲究以德服人，以礼让人，大家都守规矩了，社会当然安定有序，皇权自然可保千秋万代。

霸道是法家的主张，强调法和刑。

在治理国家时，讲究依法办事，对于守法之人不吝重赏，对于反抗之人不惜重罚。它推崇强权、谋略、功利，为达目的不择手段，久而久之，国家自然强大无敌。

《淮南子》中记载了一段周公和姜太公的对话，可以很好地诠释王道和霸道。

周武王灭商后大赏功臣，周公被封在鲁国，姜太公被封在齐国，二人曾在一起探讨如何治国。

姜子牙问周公：何以治鲁？

周公道：尊尊而亲亲。意思是尊重地位高的人，亲近关系近的人，重视社会等级和宗族血缘。

姜子牙道：鲁国从此弱矣。

教条、刻板、盲从权威，死水一潭的社会关系，整体缺乏灵活性，制度缺乏创新，怎么能不弱？

周公沉默，而后问姜子牙：何以治齐？

姜子牙答：举贤而尚功。意思是任用有才能的人，奖励有功劳的人。

周公道：后世必有劫杀之君。

采用这样功利的办法，一代代传下去，总会出现大权独揽的臣子，到那时候君主就离下台不远了。

智者都是见微知著，知其大意即可看到后续的事情发展。果不其然，齐国传到三十二代，国主昏庸，被田氏大臣篡取；鲁国传到三十四代，国家弱小，被强敌楚国灭亡。

鲁国和齐国，一个是纯粹的王道，一个是极端的霸道，两个国家最后都走向衰亡，说明单一的治国理念是绝对行不通的。后来秦国走的法家路线，结果失控覆亡。

有了齐国、鲁国、秦国这些小白鼠，汉朝皇帝学聪明了，他们总结出了一个道理：

王道是用来御民的，用王道给臣民洗脑，臣民既愚且痴，内部的稳定性强；

霸道是用来强国的，用霸道来统御国家，民穷而国富，国家外部的威胁小。

刘询虽然不像他的曾祖父武帝那般暴虐，却也不是温良恭俭让的谦谦君子。虽然他一贯以爱民如子的形象示人，但他的骨子里有一种猜忌和阴狠，这从他对海昏侯刘贺的防范可见一斑。

一开始，刘询表现出了一个明君应有的素质：善纳谏言，择善而从。步入执政晚期，他的态度开始发生变化，他开始信方术，讲奢华，越来越像他的曾祖父汉武帝。他对臣下也是越来越苛察，盖宽饶与杨恽只是在言语上冒犯了他，当即被诛。

在政治实践中，刘询“霸王道杂之”路线的载体是“循吏政治”。在他与魏相、黄霸、张敞等循吏的共同努力下，酷吏逐渐被清退，政府与民间的关系恢复正常，政治秩序正常化，武帝以来崩溃、瓦解的颓势得到扭转，西汉中兴。所以宣帝时代政治清明，吏治循良，史称“汉世良吏，于是为盛”。

太子刘奭自幼受儒生的影响，他的“儒”，明摆着是一种书呆子的“儒”。提倡仁德，与王霸之道的实用主义相差甚远，不仅刘询不喜欢，放在任何一个朝代都不可能成功。刘询看到儿子如此迂腐，心中的郁闷可想而知。

刘询有六个儿子，他最喜欢次子淮阳王刘钦。一方面是因为刘钦的母亲张婕妤深受刘询的宠爱，另一方面是淮阳王刘钦本人确实很优秀，政治主张与自己相近。他常对人说：淮阳王明于察断，又肯钻研法律，应该继承我的事业！

此时的刘询已经有了易储的想法，但是每当他看到太子时，脑海中总会浮现出一个女人——自己的发妻、太子的母亲许平君。

作为患难夫妻，刘询与许平君的感情很深。刘询虽然出身皇室，但幼年时因“巫蛊之乱”被拘禁在牢狱里，五岁才放出来，入宗室籍，和仆役宦者一起住在掖庭。许广汉还将自己的宝贝女儿嫁给了他，给了他一个完整的家。这份恩情比天高，比海深，他无以为报。

此后，许平君虽然成了皇后，却被霍氏毒死，太子小小年纪就没了母亲，他实在不忍心废掉太子。

数十年后，他的预言变成了现实。

知子莫若父！

甘露三年（公元前 51 年），刘询组织了一次关于儒学的学术会议，史称“石渠阁五经大会”。

石渠阁位于未央宫北，由萧何建造，用于存放入关所得秦之图书典籍，因阁下凿石为渠以导水，故名石渠阁。

这次大会由萧望之担任裁判，公羊派和谷梁派的掌门人及弟子同台竞技，争夺对《春秋》的最终解释权。

《公羊》和《谷梁》是解释《春秋》的两大主流学派。《春秋》自带“圣人”光环，这本书在汉朝有着举足轻重的地位，我们今天把《春秋》当作史书来看待，但它在汉朝的地位其实是“经”，是最重要的法律指导书，几乎等同于后世的宪法。

一部史书，怎么能成为治国理政的依据？

可别以为这是后人信口胡诌的，当初孔老夫子编《春秋》就是这么想的，“孔子作春秋，乱臣贼子惧”。董仲舒这么评价《春秋》:《春秋》贬抑无道天子，斥责为非诸侯，声讨作乱大夫，使国家政事通达。

一开始，《春秋》的研究者分为五大派，这五家当中，实力最强的是公羊派和谷梁派。当初汉武帝搞“罢黜百家，独尊儒术”时，邀请了公羊派第一高手董仲舒和谷梁派第一高手瑕丘江公对决，结果瑕丘江公吃了嘴笨的亏，董仲舒胜出。自此，公羊学派垄断了《春秋》解释权。

既然如此，那么刘询为何要发起这样一场会议？

很简单，因为时代变了。

公羊派着重阐释《春秋》的微言大义，强调尊王攘夷、大一统的思想，风格偏狠辣，正好对武帝的胃口；相比之下，谷梁派就没那么狠厉了，这一派强调礼乐教化，尊王而不限王，力主仁德之治，可以说是部分回归了儒家传统，将官方政治思想从“更重法家”转变为“更重儒家”，更符合刘询的性格。

更何况，刘询继位时，帝国江山早已稳固，随着儒学成为主流思想，已经没有人质疑王朝的正统性。而此时，公羊派的一些主张开始变得不合时宜。它虽然强调大一统，但加入了董仲舒的天人合一，还强调谶纬，容易被人当枪使。而谷梁派就平实多了，它强调仁义和礼仪，更有利于皇帝对社会的控制。

这次大会上，刘询和萧望之等人一起出面，联手抬高谷梁的地位，并正式设置谷梁春秋的博士，将其纳入正统。

只有政治学说的权威确立后，皇帝才可以根据自己的需要，对权威经典进行解读，建立起明确的政治指向。换句话说，这实际上是一种非常高效的执政手段。

与曾祖父汉武帝的手段不同，宣帝春风化雨，润物无声，再一次将西汉推向了巅峰。

可是为什么，宣帝在历史上的名气远不如曾祖父武帝呢？

史书记载的丰功伟业总是激动人心，每一个中国人在读到卫青大破龙城、霍去病封狼居胥的时候，都会热血上涌。毫无疑问，他们是历史舞台上耀眼的明星，是千万人景仰的英雄。

可是，还有一种英雄，他们也有万丈雄心，想要恢复大汉的荣耀，可他们绝不会好大喜功、消耗民力。他们脚踏实地，心怀万民，不追求勒石颂功德，对内不折腾，对外有谋略，依然给汉朝带来了强盛和富庶。

比如，文帝、景帝、宣帝。

在史书中，我们往往对金戈铁马、丰功伟业竖大拇指，却对埋头做事、默默耕耘的人不屑一顾，甚至连他们的身影都会被掩盖。看他们的故事，我们会觉得枯燥乏味，不够燃，昏昏欲睡。

这是不对的。

金戈铁马、丰功伟业的背后，是白骨露于野、千里无鸡鸣，是海内虚耗、户口减半，又有几个家庭能够幸免于难？父战死在前，子战死于后，老母寡妻，昼思夜哭，战场千里外，不得收骨肉。

相比之下，后一种人才是帝国伟业的幕后英雄。

刘询，他本是长在民间的没落皇族子弟，当命运的轮盘终于为他转动时，他勇敢地抓住这改变命运的唯一机会，隐忍含垢，韬光养晦。他一直关注民生问题，一次次免税，只为让民众的日子可以宽松一点，让百姓的日子好过一点。

不负高祖，不输汉武，这就是我对汉宣帝刘询的评价。

黄龙元年（公元前 49 年）冬，刘询走完了自己四十三岁的人生，崩于未央宫。

威权旁落

西汉王朝迎来第八位皇帝，太子刘奭登基，史称汉元帝。

如果把大汉王朝的国运反映在坐标轴上，那么汉宣帝就是抛物线的顶点，自刘奭接班后，王朝的气数开始走下坡路，帝国命运也由盛转衰。

刘询临终前，为儿子安排了“三驾马车”辅政，以乐陵侯史高领衔，太子太傅萧望之、少傅周堪为副。

萧望之和周堪都是刘奭的老师，一代大儒；史高是宣帝祖母史良娣的侄孙，宣帝是在史家长大的，二人关系密切。

仔细分析一下这个班子成员，不难发现，这三个人中两个是儒臣，一个是外戚。可见，刘询立遗嘱的时候，宦官是靠边站的，没有进入权力的核心层。

这一年，刘奭二十六岁。

早在做太子时，刘奭便倾心于儒教，如今终于有机会实践自己的政治理想。他相信，汉帝国将在自己的手上开启一个崭新的时代。然而后来的事实证明，随着汉宣帝一同远去的，竟然是属于整个西汉王朝的黄金时代。

刘奭踌躇满志，立志要有一番作为。他刚即位，便礼贤下士，下令征召两个牛人——王吉和贡禹进京。

贡禹是琅琊人，是董仲舒的再传弟子，精通《春秋》《论语》等儒家经典，是西汉的著名经学家；王吉这个人，前面已经出过场，他和贡禹是老乡，当初在长安城当京漂时，还流传着一个故事。

当年，王吉携妻子来长安，就像今天很多年轻人在大学旁边租房考研一样，王吉在长安也是租房学习，他租的院子与邻居隔着一道墙。

邻居家有一棵枣树，枝繁叶茂，有些枝丫伸到了隔壁院子。正是收获的时节，枝丫上面挂满了红枣，看着很是诱人。王吉的妻子摘了几颗枣，拿给王吉尝。王吉吃完才知道这枣是妻子偷偷摘的，当场就发飙了，不告而取就是贼啊，他决定，休妻！

这样的老婆，不要也罢！

休妻的事传到邻居耳朵里，邻居都不好意思了：不就几个枣嘛，你至于吗？可王吉是个二愣子，非要休妻不可。

邻居也干脆，觉得是自己家的枣树惹了祸，提了一把斧头准备把枣树砍了。附近的人围了过来，他们一边劝邻居不要砍树，一边劝王吉不要休妻。好在王吉听人劝，最后和妻子重归于好。

此后，流传开来一句顺口溜：东家有树，王阳妇去；东家枣完，去妇复还。

这之后，王吉因品行贤良被推举做了昌邑中尉。

昌邑王刘贺贪酒好色，喜欢游猎，王吉上疏力谏，可刘贺根本不理他。刘贺当了皇帝后，王吉再次上疏规劝他要重用朝中大臣，仍被拒绝。二十七天后，刘贺被废，大多数昌邑旧臣都受到了株连，唯有王吉与郎中令龚遂因屡次进谏，幸得免死，被罚去服兵役。

刘贺走后，又来了个刘询，王吉被重新起用，先任益州刺史，后来又升为博士谏大夫。他几次给刘询提建议，结果都被否了，怀才不遇的他只能告老还乡。此后十余年间，王吉一直在家乡教学，求学者络绎不绝。

刘奭刚上位，这位推崇儒学的新皇帝立马派人去请王吉。

当王吉接到朝廷的聘书时，一个叫贡禹的人也拿出尘封已久的官帽，掸掉了上面的灰尘。家人问他要干什么，贡禹答：王阳（王吉）要去做官了，我也准备一下，跟他同去。

这就是“王阳在位，贡公弹冠”的来历。可惜的是，上了年纪的王吉经不起折腾，因病死在了上任的路上。

贡禹曾在河南任过职，有一次被上司责备，贡禹脱帽谢罪，回家就写了一封辞职报告。家人问他缘由，他说：官帽一旦脱下来，怎能再戴上呢？

显然，这只是他的一时气话。刘奭登基后，一招手，他就立马赶到长安，混了个谏大夫，专门负责给皇帝提意见。

刘奭向贡禹请教如何治理国家。贡禹说：古时君王都很节约，用度也有限，除了征收十分之一的赋税外，没有其他赋税徭役，所以老百姓家家户户都可以过自给自足的生活。高祖、孝文、孝景皇帝在位时，宫女不过十多人，御马不过百余匹；但是到孝武、孝宣皇帝在位时，却迫不及待地追求奢靡享乐。正所谓上行下效，皇帝奢侈，臣子们也跟着奢侈，必然会对百姓的生活造成恶劣影响。

刘奭又问：怎么改？

贡禹说：臣以为，如果完全效仿古制很困难，但效仿其中一部分则不难。如今宫室已经修缮完毕，无可奈何了，其余的开支都可以削减。过去为天子做衣服的不过十人，如今却达数千人，一年花费数万钱。马厩里的马上万匹，吃掉粮草无数。武帝时，又海选美女数千人，以充实后宫；到其逝世，随葬的金钱、财物、鸟兽、鱼鳖多达一百九十种，后宫女子多守陵园，与礼不合。先皇驾崩，陛下没有留意此事，群臣也无人提及，真是太令人痛心了！

希望陛下深察古圣人之道，弘扬节俭之风，车辇服饰减掉三分之二；后宫女子择选有贤德的，留下二十人，其余全部遣散回家；陪陵的女子中没有生育过的，全部遣返；马厩中饲养的御马不超过数十匹，只留出长安城南一片园区作为田园狩猎场。

如今正处饥荒之年，若不大力削减开支用度，怎能迎合天意？天降圣人，是为了让他照顾黎民百姓，并非为了自己享乐，愿陛下深察！

刘奭刚上位，对于贡禹的意见自然是照单全收。

史高、萧望之、周堪组成了辅政三人组，既然是一个团队，那就是有事好商量。问题是，商量后谁来拍板呢？从理论上讲，当然是大司马史高了。以前，霍光不也这么干吗？

然而，史高不是霍光，如果说霍光是王者，那史高连个青铜都算不上，他的学识及政治能力的确值得商榷。在宣帝驾崩前，谁都没有听说过史高这号人物。就冲这个，萧望之不服，他决定联合周堪架空史高。

为了壮大实力，萧望之决定给自己找个帮手，他想到了一个人。

这个人，就是西汉历史上著名的学术兼文艺大咖刘向。

刘向原名刘更生，世居长安，祖籍沛郡，成帝初年改名为刘向。他是刘邦之弟楚元王刘交的四世孙，继承了爱好文艺的优秀传统，写得一手好文章。他和儿子刘歆的学术成就后面再讲，此处先按下不表。

萧望之选中刘向，那叫学术相投，大咖赏识大咖。在萧望之的推荐下，刘向被拜为散骑宗正给事中，又把金日磾的侄孙金敞拉进了圈子，辅助刘奭处理政务。就这样，萧望之、周堪、刘向和金敞四人在刘奭周围形成了一个政治小团体，左右着朝中的一应大小事务。

四人联手，问题就来了，史高也是顾命大臣，萧望之这么搞，岂不是把他挤出了权力中心？

史高很不爽，跟中书令弘恭、仆射石显、外戚许家组成了另一个政治小团体，在朝政议论时，经常与萧望之等人唱反调。

于是，在刘奭身边形成了两个政治集团，一个是以萧望之为首的儒家集团，一个是以石显、史高为首的宦官外戚集团。这两个集团彼此看不顺眼，水火不容，一场你死我活的政治斗争在所难免。

刚直的文人遇到巧佞的混蛋，注定要倒霉。

这是宿命。

萧望之首先发难：中书是皇帝发号施令的地方，是国家枢纽机关，应该由光明正大的人来担当。武帝时游赏设宴于后宫，故而任用宦官，这并非古制，陛下应罢免中书部门的宦官，以顺应古人不亲近阉人的做法。

不料，刘奭久议不决，反而把刘向的给事中给免了，让他做了宗正。

人一居高位，掌握了权力，各色各样的人都会围过来，希望能沾点光。萧望之和周堪推荐了许多儒士入朝为官，声名在外。有一个叫郑朋的，也想攀附萧望之，于是写了一封举报信，揭发了许史两家外戚的种种罪过。

郑朋，一个地地道道的政治投机客，他眼里没有国家社稷，没有道义理想，有的只是自己的前途。

眼下，儒家集团和宦官外戚集团已成水火之势，不久的将来，双方不可避免要爆发一场决战。在经过一番评估后，郑朋决定把赌注压在萧望之身上。

很快，他写了一封揭发检举信，爆料史家和许家的丑闻，说这两大外戚家族罪恶累累，数不胜数。

周堪看完那封爆料信，觉得此人可用，让他到金马门报到，等待召见。

萧望之接见了这个人，郑朋趁机猛拍萧望之的马屁：

将军如今身居高位，是读书人的最高成就了。现在，将军您是想做管仲、晏子呢，还是想做周公、召公？如果只是想做管仲和晏子，那我对将军就没有什么用场，回家种田算了。如果将军是想追求周公、召公一样的丰功伟绩，我愿竭尽全力效犬马之劳。

萧望之很激动，与郑朋聊得很投机。但渐渐地，他发现郑朋只是为了捞取官位，并无正义感和是非之心，且心术不正，为人奸诈，便断绝了与郑朋的来往。

郑朋原想通过萧望之青云直上，不料好梦刚开头，中途就醒了。他憋了一肚子怨气，改投宦官外戚集团。

为了证明自己的清白，郑朋说当初揭发史高的黑材料都是萧望之、周堪等人提供的，是他俩唆使自己干的。

怎么证明？

郑朋说：我是关东人，处江湖之远，如何知道朝廷秘事？我跟你们也没打过交道，哪能知道你们那么多黑材料？

许、史二人其实也很鄙视这家伙，但想到这是条恶狗，倒可以用来咬萧望之、周堪等人，所以便养起来了。侍中许章接见了郑朋，接着又安排他拜见刘奭。出来后，郑朋洋洋得意，扬言说：刚才皇上接见我，我向皇上检举了萧望之过失五条、大罪一桩，中书令弘恭就在旁边，听得一清二楚！

与此同时，有个叫华龙的待诏也投到了皇亲门下。华龙本来想投靠周堪，但因为行为不端，周堪没搭理他，于是他和郑朋一拍即合。弘恭、石显指示二人控告萧望之等人图谋罢黜史高，挑拨皇帝与许、史两家的感情。

趁萧望之休假的空当，石显把奏章直接呈给了刘奭。刘奭的政治头脑远不如他父亲，看完后，居然将此案交给了弘恭处理。

弘恭当日便把萧望之召来审问。萧望之说：许、史两姓凭借外戚的地位，多为不法，我整治他们是为了国家，并非为泄个人私愤，更非倒行逆施。

好嘛，这么说来，你是承认自己确实挑拨了皇上和外戚之间的关系了。

弘恭、石显立即向刘奭禀告：萧望之、周堪结为死党，互相吹捧，屡次诬陷控告大臣，诽谤离间内外亲属，妄想擅权，为臣不忠，欺骗皇上，请谒者召致廷尉！

当时刘奭即位不久，还不知道“谒者召致廷尉”的意思便是关进监牢，所以批了同意两个字。过了几日，刘奭有事找萧望之、周堪二人，身边的人回答说：两人已经被关到狱中了。

刘奭大惊，问：不是说只让廷尉问个话么，怎么就进了监狱？

得知皇帝发火了，弘恭、石显立即跑来叩头谢罪，说自己误解了陛下的意思。刘奭说：赶紧放他们出来上朝议事！

两人原以为刘奭批评他们一通也就完了，不料竟要重新起用这二人，一时慌了手脚。一旁的史高会意，站出来道：陛下金口玉言，岂能失信于天下？既然已将他们下狱，又重新启用，岂不是向天下表明陛下犯了错？

刘奭很囧，问史高该怎么做？

史高说：为今之计，不如索性将他们罢免，这样陛下的威望既不受损，又不给他们治罪，岂非两全其美？

刘奭是个没主见的人，一听关系到自己的声誉，只得同意。就这样，萧望之、周堪、刘向三人被一撸到底。

数月之后，刘奭后悔了，下诏给萧望之赐爵关内侯，想让他回朝做丞相，主持政务。

好不容易等来了出头之日，不料萧望之的儿子萧伋和他爹一样耿直，上书重提旧案，要求为父亲恢复名誉。

接到萧伋的申诉书后，刘奭按照程序将申诉书下发有关部门审议。有关部门回复道：萧望之当初的罪责清晰明了，并无诬陷控告之事。皇上加恩特赦，又赐爵复位，可是他心怀怨恨，教唆儿子上书，欲归罪于皇上。不敲打一下他，以后还怎么彰显朝廷恩典？

弘恭、石显等人也在旁边添油加醋：萧望之身为辅政大臣，不思报国，反而成天到晚想着排斥异己，专揽朝政，如今还不悔过服罪，反而心怀不满，教唆儿子上书，真是倚老卖老，可恶至极！

关键时刻，刘奭的智商再一次掉线了，居然真的下诏逮捕自己的老师萧望之。

石显拿到逮捕令后，急命执金吾发兵围住萧府。望着府邸外团团包围的官兵，萧望之不禁仰天长叹：我曾忝为大汉丞相，如今已然六十有余，再下狱受辱，为求活苟生，有何颜面？

随后，萧望之饮下毒酒，从容自尽。

听闻萧望之自杀，正要吃饭的刘奭悲痛欲绝，号啕大哭：我早就怀疑他不肯入狱受辱，现在果然害死了我的恩师！

他愤恨自己拿不定主意，断送了恩师性命。可让人无语的是，刘奭哭过之后，对弘恭、石显只是口头上谴责了一番，两人佯作惊慌，免冠叩头。然后就什么事也没有了。

恩师含冤身亡，让刘奭终生难以释怀，此后每年忌日，他都会派人去祭奠萧望之。

在这件事上，刘奭的性格缺点暴露无遗。他耳根子软，缺乏主见，容易被身边人左右，两次让萧望之下狱，都是听信小人谗言而草率下诏。第一次是他轻易被宦官忽悠，第二次是他明知道老师性情刚烈，仍被宦官牵着鼻子走，让老师再次下狱受辱。

再者，他明明知道萧望之是清白的，却对幕后推手弘恭和石显没有任何惩罚措施，只是口头责问二人，事后对他们宠信如故。如此宽仁，实是非不分，赏罚不明，只会让宦官有恃无恐，日后更为放纵。

萧望之死后不久，中书令弘恭病死，石显继任中书令。此后，中枢权力急剧失衡，向石显一方倾斜。在这场外戚、儒臣、宦官三种势力角逐中，儒臣一败涂地，外戚束手靠边站，宦官成了最后的大赢家。

自此，帝国进入了宦官当权的时代。

珠崖罢郡

石显能得到刘奭的完全信赖，自然有一套本事。他从宣帝时就长期执掌中枢机要，熟悉事务，精通法典，最能领会帝王心思。刘奭即位时身体不好，他天真地认为太监没有外党，只能依附于皇帝，可以放心让他们参与政治，于是给予了石显百分之百的信任。

然而，石显表面的乖巧聪慧之下却是一颗阴暗的心，他狡诈毒辣，报复性极强。掌权之后，他把精力都用于巩固权势，结党营私，排斥异己，其显贵宠幸程度为朝廷之最，朝廷百官都得让他三分。

石显威权日盛，他和见风使舵的匡衡、贡禹、五鹿充宗等儒臣结为死党，一时间炙手可热，权势熏天，众人纷纷依附。民间有歌谣称：牢邪！石邪！五鹿客邪！印何累累，绶若若邪！

意思是说：你是姓牢的人，还是姓石的人？是五鹿家的门客吗？官印何其多，绶带何其长！

有个成语“印累绶若”便出于此，用来形容官吏身兼数职，声势显赫。

萧望之死后，宦官当道，朝堂上下一片乌烟瘴气。庙堂之上，朽木为官，殿陛之间，禽兽食禄！

易学大师京房举孝廉入仕，仗着自己能掐会算，在刘奭身边很吃香。他看不惯石显等人的作风，有一次趁着刘奭身边无人时说，现在朝廷内有奸臣为非作乱，只是陛下没有察觉，将来必定后悔。

刘奭虽然没主意，但不笨，他问京房：你说的作乱者是指谁？

京房很谨慎：明主心里最清楚了。

刘奭装糊涂：朕哪知道？如果早知道了，朕还会重用他吗？

京房没法再绕圈子了，只得说：这个人就是您现在最信任的宫内辅政、朝外弄权的人！

京房说的这个人是谁，刘奭其实心里跟明镜似的，可他这时已经离不开石显了，京房反而被外放魏郡。

消息灵通的石显很快就得知了这事，你小子敢背着我向皇帝告刁状，这回让你看看我的厉害！

京房很清楚，一旦自己远离朝堂，估计就要被石显给玩死了，所以在接到外放的任命后，他给刘奭写了两封密奏，恳请皇帝务必要提防佞臣乱政，允许自己年底时到长安汇报工作。

刘奭大笔一挥：可。

就在京房收拾包袱的当儿，石显等人又去忽悠刘奭。结果刘奭改了主意，派人告知京房，到任后专心治理魏郡，不必回朝奏事。

京房心中惶恐不安，一路上连发了两封奏疏，却是石沉大海。一个月之后，京房终于等来了皇帝的诏书，不是他心心念念的调令，而是一张逮捕令。

不久，京房被斩首示众。

御史中丞陈咸也多次背后弹劾石显，石显知道后，将他打发去做了苦工。

石显很清楚，自己的权势与地位已经引发了很多人的嫉恨，他对所有人都不放心。为了建立自己绝对稳固的地位，他决定玩个把戏，让那些反对自己的人主动站出来，然后一网打尽。

有一次，石显提前向刘奭说明自己要出宫一趟，可能很晚回来，到那时宫门关闭，请皇帝下一道旨意，允许他私自开宫门回来。

刘奭认为这不算事儿，点头同意。

石显放心出了宫门，故意拖到深夜才回来。到城门口时，他说自己有皇帝的许可，开了城门。

清官直臣们果然很尽职，第二天，雪花般的弹劾奏书飞到了刘奭的桌案前，一个个义愤填膺，指责石显独断专行。

刘奭看完之后，笑着将奏书交给了石显。石显扑通一声跪倒在地，摆出一副受害者的表情，两行委屈的泪水适时流下，诉苦道：

我受陛下信任，办了一些事，下面的人就开始嫉妒我，多次想设计害我，这种奏书已经不是一次两次了。如果不是陛下圣明，我早就被他们骂死了。

刘奭告诉他：不要听信外面那些谣言，朕还是很信任你的。

石显一看皇帝这态度，继续卖惨：我出身低微，能力有限，这么干下去实在不能让所有官员满意。为了活命，我想去当个打扫宫廷的清洁工，这样不仅能继续为陛下尽忠，还能保全一条性命。

刘奭被彻底感动了。忠臣啊，这么忠心的下属，打着灯笼都难找，可不能让他受了委屈！

于是乎，刘奭重赏了石显，承诺以后所有对他的流言蜚语均无效。

石显略施小技，就把颟顸的皇帝给搞定了。

彼时，左将军冯奉世父子身为公卿，在朝中很有声望，冯奉世的女儿又是后宫的昭仪，颇受皇帝的宠爱。为了巩固自己的地位，石显打算投靠冯氏。

问题是，此时冯奉世已去世多年，怎么才能抱上冯家的大腿呢？

没关系，冯奉世没了，他儿子还在啊！

冯奉世的二儿子冯逡，时任谒者。石显想给冯家送个人情，于是向刘奭上奏，说冯逡人品不错，应当重用。

刘奭召见冯逡，准备考察一番后提拔他做侍中。结果，冯逡一见到刘奭，不管三七二十一，先把石显狠狠贬低了一顿。

刘奭很不爽：石显是我的贴心小棉袄，他所做的一切都是为了朕，你凭什么污蔑他？

升官的事就这么黄了。

后来御史大夫一职空缺，大伙儿都推荐冯奉世的大儿子，时任大鸿胪的冯野王接任御史大夫一职。刘奭问石显的意见，石显对冯逡的不识趣万分恼火，说：九卿之中没有谁能比冯野王更胜任此职了。不过，冯野王是冯昭仪的亲兄，若是提拔他做三公，岂不是让后人嘲讽陛下任人唯亲吗？

冯野王不幸躺枪，升官的事儿自然又黄了。

与父亲相比，刘奭的运气实在是差到了极点，且不说他上任后各地连年遭灾，就连边疆也不安稳。这不，远在海南岛的珠崖郡也反了。

想当初，汉武帝灭了南越后，捎带着拿下了海南岛，在海南岛上设置了珠崖、儋耳两郡，两郡治下共计十六个县。伴随着郡县的设置，大批汉人开始登陆海南岛，在此定居。可惜，海南这个地方天高皇帝远，地方官员腐败，压榨当地百姓，岛上的百姓三天两头造反。朝廷多次发兵镇压，二十多年间，有记载的反叛就有六次。

刘奭即位没多久，珠崖郡山南县又反了。

刘奭忧心忡忡，他也拿不定主意，于是召集群臣商议。围绕珠崖郡的存废问题，朝臣们爆发了一场激烈的争辩。

西汉著名政论家贾谊的曾孙、时任金马门待诏的贾捐之力主停止出兵征伐，放弃珠崖之地。

皇帝让王商问贾捐之：珠崖内属为郡已经很久了，现在背叛违抗朝廷命令，你却说不应该收拾。助长蛮夷的叛乱，有亏先帝的功德，在《六经》之内，应属哪一条？

贾捐之不愧是贾谊的后代，面对王商以儒家经典为据的诘问，贾捐之引经据典，洋洋洒洒写了一篇奏议，题目为《弃珠崖议》：

臣听闻尧、舜、禹时，以三主之盛德，国土不过几千里，西临沙漠，东至大海，声威教化广播于四海，服从教化的就纳入统治，不服从的也不强迫，人民歌功颂德，各得其所。

到武丁、成王时，以殷周的大仁，国土东不过长江黄河，西不过氐、羌，南不过蛮荆，北不过朔方、草原，颂歌响遍大地，人们幸福生活，越裳氏（住在越南、老挝一带的部族）献上白雉，这不是用军队征伐就能做到的。

到了秦朝，朝廷兴兵远攻，贪图外面的土地而使国内虚弱，导致天下大乱。孝文皇帝偃武修文，当时断狱数百，赋简役轻。孝武皇帝厉兵马攘夷，天下断狱数万，赋繁役重；军旅数发，父战死于前，子斗伤于后，女子守卫边塞堡垒，孤儿在道旁号哭，老母、寡妇在巷中流泪。这都是因为开疆拓土、征伐不休的缘故。

如今，函谷关以东民众长期遭受水灾，流离失所，人情没有比父母更亲的，没有比夫妻更爱的。百姓已经到了嫁妻卖子的地步，法不能禁，义不能止，国家堪忧啊！如今陛下还放不下旧怨，要驱赶士卒到大海之中，到幽冥之地，逞一时之快，这不是救助饥馑、保全众生的办法。

《诗经》里说，蠢尔蛮荆，大邦为仇，愚蠢无知的荆蛮，敢把周朝当作仇敌。意思是说：圣人出现，各族自然归服，中原衰落，各族首先背叛，自古以来就是祸患，何况是南方万里以外的蛮夷呢！珠崖人父子在一条河里洗澡，习惯用鼻饮，与禽兽无异，本不足以设置郡县。珠崖郡孤悬海外，那里雾露湿重，多毒草、虫蛇，士兵们还没见到敌人就已经病死了。珠崖虽有珠犀玳瑁之产，却并非是这里的独有特产，弃之不足惜，不击不损威。其人犹如鱼鳖，何必强求？

臣私下听攻打过羌人的士兵说，军队在外不满一年，行进不超过一千里，耗费的钱就有四十多亿；大司农的国库积累用光了，就用少府征收的山海池泽之税补充。一个小地方出事，就要耗费这么多钱粮，何况出师远征？古往今来没有这么干的。综上，臣认为，那些不懂礼义教化的地方索性不去管它，不如放弃珠崖，专心抚恤关东受灾饥民！

这个提议很是大胆，刘奭看后仍拿不定主意，又去问丞相和御史。

御史大夫陈万年是主战派，他认为朝廷不能放弃珠崖郡，应当派兵镇压；丞相于定国则不这么看，他说：先前朝廷派兵镇压，领兵的护军都尉、校尉及丞共十一人，只回来了两个人，士兵及转运粮草的民众死了一万多人，军事耗费三亿多钱，还没全部搞定。而今函谷关以东又遭灾荒，严重缺粮，民心动摇，我认为贾捐之说得对。

经过一番评估，朝廷最终决定放弃海南岛。

初元三年（公元前46年）春，朝廷正式下发诏书：

珠崖人杀害官吏和百姓，背叛朝廷，廷议时有人说打，有人说守，也有人提议放弃，朕日思夜想，如果为了维护朝廷的威严，只有诛杀；如果是为了长期相持，只有实行屯田。

现在的问题是，百姓饥馑，与讨伐远方蛮族的叛乱，哪一个危害更大？连朕祭祀祖先的祭品都因荒年不能齐备，何况边境上小小的挫败？现在函谷关以东的百姓正逢饥荒，仓库空虚，无法维持生计。如果再征集丁壮作战，不仅疲敝百姓，而且还会引发一系列严重后果。

朕思来想去，决定撤销珠崖郡。百姓有向往仁义，愿意迁到内地的，可以随处定居；不愿意迁移的，不必勉强。

该怎么评价这事呢？

汉元帝建昭三年（公元前36年），匡衡在《上元帝疏》中这样说：众人看见了罢珠崖郡的诏书，莫不欢欣鼓舞，都觉得要见到天下太平了。

西汉文学家扬雄也认为贾捐之做得对。他说：幸好当时放弃了珠崖，否则少数民族的习俗就侵染我汉民族的传统了。苏东坡也曾引用扬雄的话，对当时弃珠崖表示理解，但他主张以后不能再放弃海南岛。

不过，大伙儿也不用担心，六百年后，到南北朝梁武帝时，海南岛又回归中原。

击羌之战

刘奭即位，封王政君为皇后。

别看刘奭当了皇帝，但他本人并没有出色的能力，在舞台上的戏份远没有皇后王政君多。

王政君是中国历史上长寿的皇后之一，活了八十四岁。不仅如此，她还历任皇后、皇太后、太皇太后，在后宫超长待机长达六十一年，苦苦支撑着汉室江山。

只是没想到，她的努力反而葬送了西汉王朝。

王政君是魏郡元城人，也就是今天河北邯郸，她的祖上是春秋时齐国的田氏贵族，曾被项羽封为济北王。汉朝建立后，封国没有了，但大家仍然称他们为王家，于是他们索性真的姓了王。

王政君的母亲李氏是世家大族，当年生她时，李氏梦见一轮月亮扑入怀中，随后便生下一女儿，此女就是王政君。

王政君的父亲叫王禁，做过廷尉史，也就是法庭书记。这人嗜酒好色，娶了好几个小老婆，生有四女八子，母亲李氏实在受不了丈夫，选择了离婚，年幼的王政君自此失去了母爱。

长大后的政君婉顺贤惠，父亲给她许配了一户人家，结果人还没嫁过去，男方就死了。后来东平王看上了王政君，想把她纳回家当妾，结果也死了。

连续两次都没有嫁出去，这就是克夫的命啊！父亲感觉不对劲了，找人给自己的女儿看相。算命先生说，你的女儿有富贵命，将来所嫁之人必定是显贵之人。

听了这话，王禁特别开心，找人教王政君读书写字，弄琴鼓瑟，学习各种才艺技能。

十八岁那年，王政君被送入皇宫，成了太子妃的候选人。然而，后宫中有那么多美艳的女子，王政君怎样才能赢得皇太子的注意呢？

皇太子刘奭当时最宠爱的一个姬妾叫司马良娣，两人如胶似漆，正处在热恋之中。可惜的是，司马良娣没有当皇后的命，不久之后病重。临终前，她哭哭啼啼地告诉刘奭，自己不是病死的，而是因为其他姬妾嫉妒自己，自己是被她们活活咒死的。

刘奭伤心欲绝，此后对其他姑娘都没了兴趣，看谁都是大白菜。

这下，父亲刘询着急了，刘奭到现在还没生儿子呢，身为皇位继承人，没有儿子，这大好的江山将来还如何传承？

刘询于是让皇后出面，选了五名宫女，供刘奭挑选，这其中就有王政君。

看着面前的这五个女人，刘奭心里其实是拒绝的，但他又不敢违逆皇帝和皇后的好意，只得用手随意一指：这个就行。

此时，幸运女神关照了王政君。

王政君离刘奭最近，其他几个宫女都打扮得花枝招展，唯独王政君比较素雅，在人群中最突出。大家都以为刘奭选的是王政君，于是忙命人将她送到东宫。

一夜过后，王政君怀孕了，十个月后，她给刘奭生下了一个大胖小子。刘询特别喜欢这个孙子，给他取名刘骜，即骏马的意思。此外，刘询还给他取了字叫太孙，经常把刘骜带在身边，对他的期望值很高。

王政君也母凭子贵，后来顺利当了皇后。

可惜的是，刘奭对王政君并没有什么感情，那一夜后，刘奭再也没有临幸过她。当年之所以选中王政君，也只是因为自己胡乱一指，连眼缘都谈不上，其他的也就更不值一提了。

王政君不甘心！

她是那么年轻，面貌也颇为秀丽。然而，后宫中美丽的女子何其多，她就像森林中的一片树叶，根本得不到刘奭的注意。那唯一一次临幸，成了她一生中最为珍贵的记忆。当她在灯下独自神伤，为自己的命运垂泪时，可曾有人给这个可怜的女人轻微一瞥？

在她最美丽的年龄，她却从没有被爱过，在她最值得被爱的时候，她只能孤灯相伴，夜夜空眠。

不过，王政君也不用垂影自怜，她虽然没有得到爱情，但命运早已为她准备好了另外一份馈赠。

说回刘奭。

刘奭虽然对司马良娣念念不忘，但斯人已逝，何况他是皇帝，身边不可能只有一个女人。史书上留名的除了王政君，还有一个妃子叫冯媛，她父亲就是当时的名将冯奉世。

一次，刘奭带着自己的大小老婆到动物园观赏，突然一只大黑熊攀上围栏爬了出来，侍从、太监、嫔妃吓得屁滚尿流，四处逃命，只有冯媛勇敢地站出来，挡在了刘奭前面。

待到侍卫赶来杀死黑熊，惊魂未定的刘奭缓过神来问冯媛：情况危急，大家都惊慌逃命，你为什么挡在我的前面？

冯媛答：我听说猛兽凶性发作，只要抓着一个人，就不会再去攻击别人。如果那熊冲过来，抓住了我，就不会伤害陛下了，所以我想以身拦熊。

刘奭一听，大为感动，从此对她倍加敬重。

刘奭虽然在内政上搞得一团乱麻，但好在汉朝家大业大，又有宣帝时的数十年积累，在对外战争中依然可以碾压一切对手。这里我们重点说两场对外战争，其一是冯奉世平定西部羌乱，另一件便是陈汤万里远征，诛杀郅支单于。

永光二年（公元前 42 年），陇西郡彡（xiǎn）姐羌发动叛乱。

消息传来，朝廷震动，刘奭急召丞相韦玄成、御史大夫郑弘、大司马车骑将军王接、左将军许嘉、右将军冯奉世等人开会。

这一年，汉帝国也不好过，国内粮食收成不好，粮价飙升，长安城每石谷物卖到了二百多钱，而关东地区每石谷物竟然卖到了五百多钱，边郡地区的粮价可想而知。

这么说大家心里估计都没啥概念，我来作个比较。宣帝时，西部的羌人也发生过叛乱，当时粮食年年丰收，谷物每石售价只有五钱，边郡地区每石谷物也不过才八钱。而如今，光是长安城的粮价较以往就涨了四十倍。

内忧外患一起出现，大伙讨论了半天，也没讨论出个结果来。

到最后，大伙儿都把目光投向了冯奉世，这里只有他熟悉西域事务，有带兵打仗的经历。

面对众人热切的目光，冯奉世知道自己该表态了。他站起来说，这次彡姐羌的叛乱是在汉朝境内，如不及时平叛，恐怕无法威慑那些更远的蛮夷，我愿意带兵出征。

刘奭问：估计要用多少人马？

冯奉世答：根据情报，此次彡姐羌叛军共有三万多人。我听闻善于用兵的将领，不做第二次战争动员，粮食运输不超过三次，军队不宜长期在外，必须要速战速决。此次叛军有三万人，从兵法上讲，我方必须要有敌军的两倍即六万人，胜算才大。不过叛军武器粗劣，只有长矛与弓箭，所以我方的人数可以适当减少一些，但最少也得要有四万人，这样我可以在一个月内结束战事。

冯奉世胸有成竹，韦玄成、郑弘等人听了却不以为然。上次羌乱时，赵充国以一万军队收服了五万先零羌，你一开口居然就要四万人，到底行不行？

韦玄成对冯奉世说：眼下正是农忙季节，你也知道国家粮食紧缺，不宜在此时多发兵。这样吧，先调集一万人马给将军驻防。

冯奉世一听就急了，大声说：不可！你们就让我带一万人，这一万人分散驻扎，就如撒胡椒面一般，每处的兵力都不多。羌人见汉军少就不会畏惧，我们迎战就会遭挫败，防守则百姓不救援。一旦战事陷入胶着，汉军会被认为是脓包部队，羌人就会互相煽动，反叛之势愈演愈烈。恐怕到那时，朝廷动员四万人都不够，花费再多也是白搭。所以，少发军队就会拖延时日，多派部队就可快速平定，两者的利害关系可是相差万里。

这时，刘奭开口说话了：这样吧，一万人的基础上再加两千人，这样总够了吧？

冯奉世很无奈，这可是关系到国家命运前途的一场战争，一万两千人根本不够。可他也深知，眼下粮食紧张，朝廷也有自己的难处，只能这样了。

经过一系列准备，冯奉世率领一万两千人，打着“屯田部队”的名号出发了。

汉军兵分三路，右军由典属国任立率领，屯兵于白石（今甘肃临洮县东）；前军由护军都尉韩昌指挥，驻扎在临洮；冯奉世亲率中军，驻守首阳（今甘肃渭源县）。

韩昌接到情报，羌军正在广阳谷大肆屠杀百姓。他派出两名校尉，一人去广阳谷搭救被掠民众，一人与羌人争取有利地形。

经过一番血战，羌人凭借着压倒性的人数优势击败了汉军，前往广阳谷解救百姓的汉军也遭到羌人的围攻，校尉战败被杀。

首战不利，冯奉世不敢再轻易出动，他赶忙绘制了地图，写出作战方案，立即向长安汇报前线战况：羌人背靠深山老林，熟悉地形，易守难攻。汉军要分兵把守，兵力严重不足，恳请朝廷增兵三万六千人！

刘奭看完，心中倍感焦虑，还是自己想得太简单了啊，早知道就不该那么抠抠搜搜了。索性大笔一挥，将援军的人数加到六万人，这个数字远远超了冯奉世申请的三万六千人。同时，他还给冯奉世配备了一名裨将：奋武将军任千秋。

当年十月，六万援军到达陇西，此时冯奉世手上有七万人，掌握着战争的主动权。他不慌不忙，在军事要冲处派重兵驻守，挤压羌人的势力范围。十一月，冯奉世发动总攻，七万将士分进合击，可羌军凭借山林地势以寡抗众，汉军的进攻一度受挫，战事陷入了胶着状态。

刘奭很焦虑，他下诏再征一万人，以韩安国为建威将军，准备开赴前线。与此同时，前线大军终于打开局面，突破了羌军的防线，大破羌人。

这一战，汉军斩杀捕获叛军八千多人，缴获马牛羊数万头，其余羌人都逃到塞外，陇西叛乱得到平息。

次年二月，冯奉世班师回朝。刘奭重点表扬了冯奉世，改任其为左将军，封关内侯，食邑五百户。

至此，冯奉世终于完成了封侯的梦想。《汉书》对其评价很高：冯奉世是为国杀敌的老将，功勋卓著，仅次于赵充国。

宋朝黄庭坚给冯奉世写过一首诗，概括了冯奉世的壮举：

前世秦将相，先祖汉冯唐。
春秋涉大义，兵法参精详。
恭送大宛使，击毙莎车王。
不畏风寒苦，声威震西疆。

汉朝的侯爵分为列侯和关内侯，列侯的级别相当于后来的万户侯，高于关内侯。关内侯一般会有九十五公顷封地，霍去病被封的冠军侯就是列侯，而汉朝的关内侯却是一抓一大把，根本不值钱。在其他朝代，还有百户侯、千户侯、万户侯、十万户侯等级别。

冯奉世立了这么大的功劳，最后却只混了个普通的关内侯，有人看不下去了。

冯奉世死后两年，西域都护甘延寿与陈汤因诛灭匈奴郅支单于名震西域。在讨论封赏时，丞相匡衡认为甘延寿、陈汤的行为属于矫诏，假传圣旨，不能给予封赏。但是其他人坚持要奖励甘延寿，刘奭于是封他为义成侯。

这可是列侯，比关内侯要高一级。

杜钦上书为冯奉世鸣不平，甘延寿只是陈汤的副手，他都能混个列侯，凭什么冯奉世只能是关内侯?

在给皇帝的奏疏中，杜钦说了这样一段话：冯奉世解除危难，忘死征战，功绩显著，是世代出使者的表率。陛下唯独压抑而不表扬他，这不是圣明君主的作为。

话说得有点狠，刘奭却只是打哈哈搪塞：都过去了的事儿了，就不要再提了。

犯强汉者，虽远必诛

说完了西羌，再来看匈奴那边的动静。

前面说过，汉宣帝时匈奴内部矛盾激化，五个单于争夺王位，后来分裂为南匈奴和北匈奴，南匈奴呼韩邪单于臣服于中国。北匈奴郅支单于一看情况不对，马上派儿子出使长安，向汉朝称臣。

面对这种示好，汉朝对呼韩邪单于的使节非常热情，却对郅支单于的使节很冷淡。很显然，朝廷决定支持亲汉的呼韩邪单于。

呼韩邪单于抱上了汉朝的大腿，郅支单于只能干瞪眼了。他知道呼韩邪单于一定不会放过自己，既然自己跟汉朝搞不好关系，那就只能躲得远远的。于是，郅支单于毅然做出一个决定：西征！

郅支单于挥师西进，大破乌孙军队，接连击灭乌揭、坚昆、丁零诸国，并将王庭迁到了坚昆国。而此时，郅支单于的儿子还在长安当人质，必须想办法把儿子接回来。

这一年，郅支单于派使者去长安进贡，顺便要回做人质的儿子。刘奭这个人向来好说话，二话不说，批了同意二字，还专门安排了卫司马谷吉作为汉使节，护送匈奴太子回国。

御史大夫贡禹对北匈奴不太放心，他提醒皇帝：郅支单于这人狼子野心，并不诚心归附，而且其王庭搬迁到坚昆国的故地，距离汉朝遥远。为安全起见，还是只送到塞外好。

谷吉当然不愿意错过这个建功立业的机会，他上书说道：汉朝应该羁縻夷狄之邦，现在已经养育郅支单于的儿子十年之久，恩泽深厚，如今他要到空旷绝远之地，如果只护送到边塞就返回，大大不妥。臣有幸得持大汉符节，向郅支单于宣扬大汉的恩德，如果郅支单于把我杀了，他们只会逃得更远，咱们的边境更会没事。以我一人之命换得边疆安宁，这是国家之幸，也是臣的愿望。

刘奭最后拍板，让谷吉护送匈奴太子到郅支单于的王庭。

当谷吉跨越万里之遥，把太子送到郅支单于面前时，郅支单于没有半点感激之心，连喝茶寒暄都免了，直接将谷吉拉出去砍了。

匈奴在最牛的时候，也不敢擅杀汉朝使节，如果真杀了，汉朝分分钟就会把部队拉到家门前。所以，当年苏武靠着一根节杖，曾对卫律说道：你敢杀我吗？那你就试试看！

卫律还真不敢下手。

可是这一次，郅支单于昏了头，铸成了大错，算是上了汉朝的黑名单。

他也知道自己彻底把汉朝给得罪了，老对手呼韩邪单于在汉朝的扶植下实力日渐增强。如果继续待下去，迟早会遭到报复，于是他决定再次向西迁移。

迁到哪儿去呢？康居国！

此时的康居人与乌孙人之间爆发了战争，双方相持不下，康居人也急于希望找到一个盟友，他们把目光锁定在了匈奴人身上。作为欧亚草原上最强大的民族，匈奴人已经和乌孙翻脸，按照“敌人的敌人就是朋友”的原则，双方是很有机会南北夹击乌孙的。

为了说服郅支单于，康居王开出了条件：匈奴与康居联手灭了乌孙，让匈奴移居乌孙，自己依靠郅支单于的威望来胁迫中亚诸国，图谋霸业。

双方一拍即合，郅支单于率领人马，立即向康居国进发。不料天公不作美，行军途中，部队遭遇了暴风雪，伤亡惨重，抵达康居国时，仅剩下三千多人。

当初郅支单于西征时总计有五万人，后来战乌孙、灭坚昆、乌揭、丁零，人员损耗过大，一直没有得到补充，就剩了这么点人。即便如此，康居王还是热情接待了他，双方互嫁女儿，结为姻亲。

在匈奴人的帮助下，康居人一路吊打乌孙，一直打到了乌孙的都城赤谷城（今新疆伊宁）。

很快，康居王就要咽下自己引狼入室的苦果。

在搞定乌孙后，郅支单于耍起了威风，跟康居王爆发了冲突，郅支单于肆意屠杀康居国的贵族与百姓数百人，手段极其残忍，将其肢解后丢进河里。

白吃白喝、白杀白住，这就是郅支单于的真面目。

不仅如此，他还每日征发五百名康居百姓，强迫他们修筑单于城，耗时两年才完工，迫使阖苏、大宛等国进贡，认自己当大哥。

汉帝国前后派出了三拨使节，到郅支单于那里追问谷吉的下落。郅支单于觉得自己山高皇帝远，而且白龙堆之险不亚于大漠戈壁，对皇帝的诏书嗤之以鼻，还出言挑衅说：我太难了，要不我再把儿子送给你们当人质？

摆明了一副无赖嘴脸。

郅支单于一度掌控了西域局势，在当地作威作福，实力渐强，是汉朝在西北边疆上的一颗定时炸弹。

谁能拆除这颗炸弹？

时间一晃就到了建昭三年（公元前 36 年），一个普通青年站了出来，毅然扛起了这份重任。

一代名将陈汤正式登场！

陈汤是山阳郡瑕丘县（今山东兖州东北）人，年轻时博览群书，很有学识，写得一手好文章。可惜他家境不好，生活来源全靠借，借了也从来不还，惹得左邻右舍见到他都避而远之。

此处不留爷，自有留爷处。陈汤知道自己在老家混不下去了，收拾包袱，踏上了京漂之路。

长安城里最不缺的就是草根族，但陈汤有三大优点：头脑活、口才好、胆子大。他运气不错，混了个小官，负责皇帝的膳食。在此期间，他认识了富平侯张勃，张勃你可能不熟，但提起他的祖父你一准儿知道，武帝朝大名鼎鼎的酷吏张汤。

数年后，刘奭让大臣给朝廷举荐人才，张勃第一个推荐了陈汤。陈汤很激动，他马上就要成为有身份的人了，可就在这关键时刻，他爹死了。

陈汤没有回家守孝，这在当时可是大不孝。朝廷知道后翻了脸，就这素质怎么配当官？

于是，陈汤的工作泡汤了，张勃也被罚，没过多久憋屈死了。

陈汤出狱后，匈奴啪啪地打汉朝脸面，朝廷却找不到人接这趟活，有人再一次推荐了陈汤。朝廷也顾不上当年那“不道德”的事了，给了他一个郎官头衔，出使西域。

陈汤在外交方面表现不错，几年后被升为西域都护府副校尉，与西域都护甘延寿一起，驻守西域。

甘延寿是一位武林高手，因善骑射，被选入羽林军，成为青年军官团的一员。此外，他的轻功也非常高，曾经一跃跳上羽林军营里的亭楼。有一次，部队举行比武大赛，甘延寿一举拿下了投石与手搏两项冠军，凭着这身功夫，甘延寿成了羽林军第一高手。

刘奭看中了他非凡的技艺，任命甘延寿为辽东太守，在职期间数平乌桓之乱，颇有战功。

建昭三年（公元前 36 年），甘延寿与陈汤踏上了西行之路。

一个落魄文人，一个羽林军第一高手，两人在西域是否会创造奇迹呢？

我们拭目以待。

陈汤这个人还是很想有一番作为的。西行的路上，每到一地，他都会爬上高处远眺，甘延寿以为他装文艺要吟诗，还劝他没事莫装，小心被匈奴人的冷箭射死了。陈汤却笑着说，自己只是想将山川地形牢记在心，将来必定会用到。

经过无数次分析与推演，陈汤认为与其被动防御匈奴，不如主动出击。他找到一把手甘延寿说：你看，这些夷狄之人不管表现得怎么凶悍，但在内心总是畏惧臣服强大者，这是他们的本性。

甘延寿点点头，表示认可。

陈汤接着说：现如今郅支单于威震西域，侵凌乌孙、大宛国，替康居出谋划策，想降服他们。如果他成功了，到时候北击伊列，西取安息，南排月氏，西域可就危险了。郅支单于虽然远在鸟不拉屎的地方，但蛮夷毕竟造不出坚城，又没有良弓劲弩来防守。如果我们征调西域屯田的军队，再召集乌孙等国的士兵，兵锋直指单于城，那么郅支单于跑又没地方跑，守又守不住，我们就可以立下不世之功！

这是一个非常冒险的方案，也是一个足以让他们流芳百世的战略构想，陈汤说得慷慨激昂，甘延寿也听得胸中热血激荡。

甘延寿点头同意，准备写封信请示皇帝。

陈汤说：你发了信以后，皇帝肯定会找朝中大臣讨论，这帮家伙都是庸官，对郅支单于的危害性认识不够，多一事不如少一事，他们肯定不同意的，我们直接干好了。

甘延寿不同意：矫诏发兵，这可是大罪，何况万一失败了呢？

陈汤信心十足：人生能有几回搏，此时不搏何时搏？

对陈汤而言，人过留名，雁过留声，他所恐惧的，便是活在一个注定平庸而无名的时代。感谢上天，让他生得不算太早，也不算太晚，刚刚好赶上了这个千载难逢的历史机遇。

正当踌躇时，上天又一次眷顾了陈汤。

甘延寿病了，而且病得不轻，陈汤全权代理西域都护职务。他用汉朝天子符节假传朝廷命令，调集了汉朝在西域的屯田士兵和西域诸国军队共计四万多人，准备发兵攻打郅支单于。

甘延寿听到消息后大惊失色，爬起来想阻止陈汤：矫诏可是要杀头的，你担得起吗？

陈汤按住剑怒斥道：部队已经集合，你想让大家泄气吗？

甘延寿一咬牙：那就干吧！

汉军分成两路，一路从南道（今塔克拉玛干沙漠的南缘）翻越帕米尔高原，取道大宛；另一路由陈汤和甘延寿亲自统帅，从北边横穿乌孙王国，沿康居国边界到达阗池（今吉尔吉斯斯坦伊塞克湖）以西。

出发时，陈汤才和甘延寿一起上奏朝廷，自劾矫诏之罪，并说明了出兵的理由。然后，也不等朝廷的回复，大军即日启程。

大军出动，风云变色。

康居的一个副王抱阗正好率军进攻乌孙国，杀掠一千多人，抢夺了大批畜产，回来的路上不巧和汉军相遇，康居副王脑子一热，准备抢汉军的辎重。陈汤大怒，迎战康居部队，斩杀四百六十人，俘虏康居贵族伊奴毒，解救了被康居军队掠夺的乌孙国百姓四百七十人。陈汤下令让百姓返回乌孙国，但是把马、牛、羊等牲畜留了下来，作为军队的补给。

紧接着，汉军从东面进入了康居国，严令军士不得抢掠，同时采用离间计，分化拉拢康居各处势力。

陈汤没有急着直奔单于城，而是叫来了康居的贵族屠墨，边吓唬边讲道理，说汉军是仁义之师，此行只诛郅支单于。只要康居国不与汉军为难，汉军也不会欺负康居国，然后和屠墨饮酒结盟。

陈汤很清楚，自己的目标只有郅支单于，而建立统一战线，孤立郅支就是最好的战前准备。

大军继续开拔。

到距离单于城六十里处，部队停下来安营扎寨，抓到了另一位贵族开牟。巧的是，开牟正是康居贵族屠墨的舅舅。

开牟表示愿意做大军的向导，把他所知道的一切都告诉了陈汤，陈汤由此对单于城的布防了然于胸。

次日，汉军向单于城挺进三十里，然后安营扎寨。

郅支单于终于坐不住了，派使者来询问汉军此行的目的。

陈汤告诉匈奴使者，不是你们单于自己说处境困苦，想归附汉朝，亲自入长安朝见么，我们来接单于了啊！汉朝天子哀怜单于离开了匈奴的故土，在康居受了委屈，所以派都护将军来迎接单于的妻子和儿女，怕惊吓了其他人，所以军队不敢到城下。

使者来回几次，玩外交辞令，甘延寿和陈汤等得不耐烦了，直接下了最后通牒：

我等为单于远道而来，到现在还没有一个匈奴的王侯大臣前来拜会，接受皇帝的旨意。单于作为东道主，没有体现待客之道，不把我等放在眼里，这是何道理？你回去告诉单于，我大军远道而来，人困马乏，粮草不济，再拖下去，恐怕我们交不了差了，希望单于同大臣审慎考虑一下。

行了，火药味已经足够了，准备开打吧！

随后，大军抵达郅支城的都赖水上游，离城三里安营布阵。此时，单于城上已经是旌旗招展，刀枪林立，数百名身披重甲的士兵守卫于上，一百多骑兵来回奔驰，一百多步兵在城门两边摆成鱼鳞阵。所谓鱼鳞阵，就是步兵向前，将盾牌竖起、顶起，相互叠压，如同鱼鳞或者龟甲一样，减少伤亡。

城楼上的匈奴人高声吆喝着，有种的过来较量较量！汉军也不答话，直接回之以弩箭。一时间箭如雨下，匈奴人只得退入城中。

城内，郅支单于如坐针毡。当初听到汉军来攻的消息，他就想跑路了，可是前路茫茫，他又能逃到哪里去呢？康居国肯定是回不去了，他杀了康居王的女儿，去了就是送死。到其他国家？西域十五国都加入汉朝的远征军行列，根本不会接纳自己。回到东边的匈奴故地？呼韩邪单于磨刀霍霍，正愁找不到自己呢！

郅支单于在城外兜了一圈，发现无路可去，只得又回到城内。他还抱着侥幸心理：汉军长途跋涉而来，不可能长久围攻，与其跑路被对方追上，倒不如坚守，等远征军粮食耗尽，自然也就退兵了。

和往常一样，陈汤登上了一处高地，观察单于城。这座城由三道城墙构成，最里面是土墙，外围是两道木墙。

陈汤知道，这一战，他赢定了。

回到部队后，他命令士兵纵火烧城，大火沿着木墙蔓延开，火光熊熊，匈奴人只得退回到土城防守。深夜有几百个匈奴骑兵企图突围，被远征军悉数射杀，无一漏网。

郅支单于披挂上阵，在城楼亲自指挥作战，自己的阏氏、夫人和几十个美女也持弓反击远征军。可惜，匈奴的弓跟汉朝相比，完全不在一个档次上。

当匈奴人还在用弓时，汉军已经全面配备了弩，而且比秦弩进步了很多。汉弩的强度从一石、三石、四石到十二石不等，弩机利用机括的精巧，比弓的弹射力更大，射程更远，杀伤力更强，加上有望山（瞄准器）帮忙，命中率也更高。

匈奴人射的箭，一支都没飞到汉军跟前，汉军则是千弩尽发，单于的几位夫人死伤大半，连他鼻子也中了一箭，血流如注。

就在双方相持之际，一万多名康居骑兵突然出现在战场上，他们分成十余队，每队千余人，奔驰号叫，和城上的匈奴守军遥相呼应，对汉军形成反包围态势。陷入两面作战的汉军并不慌乱，士卒们相互靠拢，肩并肩，结成圆阵，长兵在外，短兵在后，攻防有序，康居骑兵几次冲击都没能得手，自己反而损失了不少人。

都说一汉敌五胡，这可不是吹嘘，而是汉军真实的战斗力。

康居骑兵一看这架势，反正也占不到便宜，算了，还是撤吧。

黎明时分，甘延寿下达了总攻令。单于城四面火起，汉军士气大振，喊杀声惊天动地。汉军举着盾牌攻入土城，匈奴人抵挡不住，纷纷败退。郅支单于率男女百余人躲入内城，汉兵纵火，单于在混乱中战死，被身边人收了人头。

这一战，远征军斩杀匈奴贵族一千五百一十八人，俘虏一百四十五人，收降一千多人。之后，陈汤把所有的俘虏都交给了参加战争的西域诸国，这些人将会沦为他们的奴隶，下场可想而知。

当曙光再一次照临大地时，这场万里之外的征战已经尘埃落定。

陈汤赌赢了，他终于实现了自己的抱负，扬名西域，青史留名！

捷报传回长安，刘奭震惊了！这绝对是大功一件啊，本来大伙还因为郅支单于的事一筹莫展，现在却突然被告知：郅支单于死了！关键是，陈汤等人没从国内调一兵一卒，就解决了这个心头大患。从此以后，西域总算安定，他也可以睡个安稳觉了！

和捷报一起传回京城的，还有郅支单于的首级，以及甘延寿和陈汤发给朝廷的请罪书。与其说这是请罪书，倒不如说是战役总结报告：

臣听说天下大义，莫过于一统。昔有尧舜，今有强汉，匈奴呼韩邪单于已经北面称臣，只有郅支单于反叛对抗，没有受到严惩，躲在偏远的西部，以为大汉无法使其臣服。郅支单于残酷祸害百姓，罪行滔天，臣甘延寿、陈汤率义兵替天行道，诛杀此贼，有赖皇上神灵庇佑，仰仗天时地利，冲锋陷阵，击败匈奴，斩下了郅支单于的首级。

也就是在这封奏疏中，陈汤喊出了那句两汉最强音：

明犯强汉者，虽远必诛！

这是汉朝历史上最慷慨、最豪迈、最振奋人心的一句话。这句话，穿透了两千年的时光，直到今天读来，依然让人热血澎湃！

然而，迎接陈汤和甘延寿的，不是鲜花和掌声，而是众人的指责。

中书令石显想将女儿嫁给甘延寿，毕竟大家都在官场，可以彼此有个照应，可惜甘延寿对这桩婚事并不感冒。

这就让石显很难堪了。

丞相匡衡和御史大夫李延寿对陈汤矫诏一事很不爽，再加上陈汤有些贪财，私吞了一部分战利品，所以遭到了朝廷的审查。

陈汤真是气不打一处来，身处异域，出生入死，到头来还不受自己人信任，这口气如何咽得下去？他赶紧给刘奭上书，说我们从万里之外班师凯旋，还以为会派慰问团来迎接我们呢，怎么反把我们的勇士抓了起来？这不是亲者痛仇者快吗？

好在刘奭总算没有昏过头，赶紧撤销逮捕令，命令沿途各地盛大劳军。

到了长安后，刘奭让众人讨论如何封赏，石显和匡衡又跳出来当杠精：甘延寿、陈汤二人假托皇命调动军队，没有处死就是格外开恩了。如果再加功晋爵，以西域之事而位列尊贵，国中定会像孝武之世一样，争相往赴西域，言外国利害，为了封侯而妄开边衅，所以这个口子坚决不能开。

更何况，郅支单于本已逃亡，丢了国土，在那么远的地方盗用单于名号，并非真单于，不算大功，甘延寿和陈汤干的这事儿根本不值得到处宣扬。

刘奭其实是很欣赏甘延寿和陈汤的，但他觉得匡衡说得好像也有点道理，到底该如何裁决，他又没主意了。

就在这时，大咖刘向出场了，他洋洋洒洒写了一篇奏折，为陈汤鸣不平：

郅支单于囚禁和杀害的汉朝使节及随从官员数以百计，这事儿在西域广为传播，严重损害了汉朝的威望，陛下想要诛杀郅支单于的信念从来没有变过。现如今，甘延寿、陈汤出生死、入绝域，斩郅支之首，悬旌万里之外，扬汉家天威于昆仑之西，洗刷汉使谷吉被杀之耻，立昭明之功，万夷慑伏，莫不惧震。对于这样的功臣，不仅不能惩罚，反而要重赏，才能激励后人建功绝域。

刘向还说：当初李广利只是打一个大宛国，牺牲了五万将士的性命，耗费了亿万费用，历时四年之久，才获得三十匹汗血马。陈汤打的是匈奴，而且还没用国家一毛钱和一个兵，比李广利强一万倍。眼下有大功而不表彰，老抓一些小辫子，这样岂不让人寒心？

陈汤二人纵然有矫诏的罪名，但是瑕不掩瑜，必须给予二人封赏！

面对这场大争论，刘奭最后力排众议，采纳了刘向的建言，封甘延寿为义成侯，赐陈汤爵关内侯，各赏食邑三百户、黄金百斤，并拜陈汤为射声校尉，甘延寿为长水校尉。

陈汤用自己的大胆和才能，像一个孤注一掷的赌徒，奏响了继汉武帝远征大宛之后，大汉在西域的又一次铁血强音。

第八章 王朝暮歌

仁弱皇帝

陈汤击杀郅支单于后，呼韩邪单于也受到了极大的触动，心情颇为复杂。一方面，他的对手郅支单于被陈汤所诛，可另一方面，汉帝国依然强大，自己更不能得罪了。

这一年，呼韩邪单于匆忙南下入朝臣服，并且主动求亲，要做汉朝皇帝的女婿。

在这之前，由于汉弱匈强，每一次和亲，皇帝都要选取宗室女子，收为天子义女，远嫁塞外。但这一次，刘奭没有再依循先例，而是挑了个宫女。

由此，一位美丽的女子登上了历史舞台，她就是王昭君。

王昭君出生的时候，正值昭宣盛世。可惜，盛世从来只是权门贵胄的秀场，平头老百姓的日子只能说勉强过得下去。成年后，她以良家子的身份入选宫中。

后宫中的女子，个个如花似玉，争强好胜，王昭君根本没有机会见到皇帝。听说皇帝选人先看画，有不少人拿钱贿赂画师，可王昭君根本拿不出钱来。

毛延寿是宫中有名的画师，非常贪财，宫女给的钱多了，他就画得美一点；给的钱少了，他就画得丑一点。王昭君没有钱，毛延寿就在她的脸上点了一颗黑痣。

一晃数年过去了，同来的宫女一个个都有了前途，只有她依然无人问津。

寥落古行宫，宫花寂寞红。

呼韩邪单于来向皇帝求亲时，昭君已经在寂寞的深宫中度过了五年。

听说匈奴单于来求亲，所有人都吓得花容失色，在她们眼里，匈奴人都是茹毛饮血的蛮夷，塞北是苦寒之地，打死都不愿意去。

只有王昭君站了出来，说：我愿意。

在一众汉臣和匈奴使节的注视下，王昭君缓缓步入大殿，朝皇帝深深拜了一拜。她的身影，仿佛一束光照亮了整个宫廷，聚集了所有人的目光。王昭君到底有多美呢？史书中用了十六个字形容她：丰容靓饰，光明汉宫，顾影徘徊，竦动左右。

所有人都看傻眼了。

刘奭在内心惊呼：宫中居然有这等绝色女子！

呼韩邪单于喜形于色，汉朝皇帝真是大方，将这样一位绝色女子赐给我，赚大发了啊！他立即带着匈奴使团向皇帝鞠躬：谢陛下赐婚！

刘奭很想将她留下，但已经晚了。回宫后，他越想越懊恼，自己后宫有这样的美女，之前怎么没发现？他让人拿来王昭君的画像，一看才知道，画像上的王昭君和本人相差极大。

刘奭极为恼怒，转身就把画师毛延寿给杀了。

可惜，即便杀了画师，王昭君也留不住了。

在汉朝官员的护送下，王昭君穿上狐裘红披风，坐上了去往塞北的辎车。看着车外百草凋敝、云雁南行的北国秋景，王昭君潸然泪下。她心中万千思绪凝结，拿出心爱的琵琶，拨动琴弦，弹唱了一首歌：

秋木萋萋，其叶萎黄。
有鸟处山，集于苞桑。
养育羽毛，形容生光。
既得生云，上游曲房。
离宫绝旷，身体摧藏。
志念抑沉，不得颉颃。
虽得委食，心有彷徨。
我独伊何，来往变常。
翩翩之燕，远集西羌。
高山峨峨，河水泱泱。
父兮母兮，道里悠长。
呜呼哀哉，忧心恻伤。

一路上，风吹草低见牛羊。

一路上，无边黄沙滚滚来。

痴情的刘奭望着车队远去的背影，依依不舍。元代戏曲家马致远写过一篇《汉宫秋》，其中有一段刘奭在灞桥送别昭君时的内心独白：

> 他、他、他，伤心辞汉主；
> 我、我、我，携手上河梁。
> 他部从入穷荒，我銮舆返咸阳。
> 返咸阳，过宫墙；过宫墙，绕回廊；
> 绕回廊，近椒房；近椒房，月昏黄；
> 月昏黄，夜生凉；夜生凉，泣寒螿；
> 泣寒螿，绿纱窗；绿纱窗，不思量！

王昭君走后四个月，刘奭病倒了。

刘奭二十六岁登基，虽身为天子，却一生气运不佳，似总有乌云笼罩其上。他在位的十六年，天灾人祸不断，即位当年，关东十一郡国发大水，民饥，人相食。

第二年春，陇西地震，败城郭，毁祖庙，压杀民众。同年秋，地震再起，山崩地裂，水泉涌出，北海泛滥，百姓困顿，四处流亡。

第三年，旱灾，珠崖起事，诸县反叛。

第五年，天有异星，庄稼歉收，寒霜普降。

第六年，天下饥荒。

第八年，地震。

第十年，黄河决口，滔滔河水奔流四野，民众死伤无数。

第十三年，黄河再决口，淹没四郡三十二县，洪水吞没十五万顷土地，冲毁民房四万多所。

……

翻下史书，刘奭即位后，几乎每一年都会有天灾人祸。大自然无情地玩弄着刘奭，他执掌的江山多灾多难，这让他战战栗栗，夙夜思过。他减省膳食，撤减乐府，但也不能挽救日益衰颓的大汉王朝。由于他的软弱和犹豫，外戚势力全面崛起，最终在四十多年后结出了恶果。

竟宁元年（公元前 33 年）五月，汉元帝刘奭在未央宫去世，终年四十二岁。

太子刘骜（ào）正式登基，是为汉成帝。

王朝有王朝的周期，历史有历史的规律。从汉元帝开始，帝国开始走上了下坡路。

刘骜继位后，母亲王政君顺利成了皇太后，执掌最高权力，她的兄弟们相继封侯，形成外戚专权的局面。从汉元帝开始，西汉的皇帝都算是在历史中间跑了个龙套，因为主角光环已经渐渐飘去隔壁家了。

在西汉的历史上，王政君是一个绕不开的人物。

前面说过，刘骜能当上皇帝，跟他的爷爷汉宣帝刘询有很大关系。刘骜四岁时被立为太子，从小品行端正、谦虚好学，颇受他父亲的喜爱。

某年某月某日，元帝紧急召见儿子刘骜。刘骜从宫门出来，一看眼前是专供天子走的驰道，只得绕了一大圈，结果迟到了。

元帝很生气，责问他：朕让你赶紧来，你为何现在才到？

刘骜赶紧跪地解释：儿臣是因为不敢穿越天子驰道，绕了远路，这才来迟。

元帝一听：哎呀，儿子竟然这么懂规矩，心中很是欣慰，允许太子以后可以穿过驰道过来。

可惜，等刘骜长大一些后，却渐渐沉溺于酒色之中，不思进取。换句话说，他堕落了。

刘奭的弟弟中山王刘竟去世，太子刘骜奉命前往吊唁。临行前，刘奭一见刘骜，触景生情，又忍不住悲伤起来。但当他发现刘骜一脸平静的样子，气不打一处来，愤愤地说：难道你的心就不是肉长的吗？连仁慈之心都没有，怎么做天下百姓之父？

刘骜吓得不敢答话，史丹赶紧把责任揽到自己身上，免冠谢罪：这都是臣的主意。臣见陛下太过悲伤，就嘱咐太子面见陛下时切勿流泪，以免影响陛下的情绪。

刘奭这才渐渐平息了怒火。

刘奭一直对刘骜不太满意，到后来，他宠爱的傅昭仪给他生下了儿子刘康。

刘康的艺术造诣很高，吹拉弹唱无不精通，父子二人经常搞一场小型演唱会。元帝对刘康越看越满意，于是有了更换太子的念头。

有一次，元帝生病，想听音乐散散心。他让人在殿中放了一面鼓，自己坐在殿前的栏杆上，拿铜丸去掷。每次敲中，大鼓都发出咚咚的声音，节奏庄严而富有韵律。

元帝一时兴起，玩得不亦乐乎，让身边的其他人也试试。结果，身边的人试了一圈，没一个人能做到像元帝这么有节奏。当然，多半是不敢。

见此情景，定陶王刘康站了出来，说，我来试试！

刘康在音乐方面是内行，对节奏韵律颇有研究。他拿着铜丸顺手一丢，韵律节奏和元帝的一模一样。

元帝笑了，这才是我的好儿子啊！

史丹一看情况不对，立马站出来劝谏：陛下，真正有才的，是孔子所说的敏而好学、温故知新，比如太子这样。如果擅长音律也算有才，那宫中的乐师都可以做丞相了。

史丹一番话，把元帝说得哑口无言，只好笑了笑，不再提了。

那一年，元帝病重，情况不太妙。傅昭仪和刘康的政治嗅觉很敏锐，母子二人日夜在皇帝跟前侍奉，并且秘密安排人手，将王政君和太子刘骜拒之门外。

很明显，这是要抢班夺权的节奏。

元帝也知道自己剩下的日子不多了，眼看刘康在身边伺候，衣不解带，他向身边人透露了想要更换太子的心愿。

王政君和刘骜得知消息后慌了，怎么办？怎么办？难道要眼睁睁看着刘康上位？

关键时刻，幸运女神再一次垂青了王政君母子。

汉元帝最信任的大臣史丹得知消息后，第一时间闯进元帝寝宫，顿首涕泣而言：皇太子名闻天下，臣民归心，今臣听闻陛下有废立之意，可有此事？

元帝看着他，不置可否：你怎么看？

史丹痛哭流涕，一脸悲愤：若是这样，请陛下先赐死臣吧！

元帝见状，长叹一声，道：这些都是外间的谣传，没有的事。王皇后做事谨慎，没有过错，先帝又疼爱太子，朕岂敢违背先帝之意？

就这样，在史丹的坚持下，刘骜保住了太子之位，王政君也保住了皇后的凤冠。

刘骜刚上台，匡衡又坐不住了，他翻出陈汤当年贪污一事，继续弹劾陈汤：

射声校尉陈汤，以两千石官员的身份出使西域，专门负责西域蛮夷事务，他不能持身以正，做部下的表率，反而盗取没收的康居王国财物，并对手下说，天高皇帝远，万里之外发生的事，不会核查追究。事情虽发生在大赦之前，但他这种人还有什么资格当官？

于是，陈汤被削去校尉军职，只保留了爵位。

困居府邸的陈汤不甘寂寞，有一天，他不知哪根筋搭错了，上书皇帝声称康居送来的质子其实是个冒牌货。

有这等事？皇帝很重视，派专人核查，结果证实人家送来的不是冒牌货。

这下子，陈汤麻烦大了，胡说八道、挑拨离间、欺君之罪，三罪并罚，他被判了死罪，下了大狱。

这样一个威震西域的大英雄，竟然被人诬告，要被砍头？有人看不下去了，站出来为陈汤求情：

当年，陈汤攻破三层城墙才斩杀了匈奴单于，洗刷大汉百年耻辱，回来后却被关入大牢，后来匆匆封赏了事。现在又要杀他，不怕为国立功的人心凉吗？

这个人叫谷永，身份是太中大夫，谷吉的儿子，烈士的后代。

还记得谷吉这个人吗？想当初，谷吉送郅支单于在长安做人质的儿子回国，结果一到地方就被郅支单于砍了。朝廷一直在打听谷吉的下落，直到八年后，陈汤与甘延寿带着西域各国联军兴兵雪耻，把谷吉遗物送了回来。

换句话说，陈汤就是谷永的大恩人。

滴水之恩当涌泉相报，眼下恩人受难，谷永不能见死不救。

在谷永的坚持下，刘骜免去了陈汤死罪，但爵位没有了，又变成了一个普通大头兵。

辛辛苦苦几十年，陈汤心里甭提多郁闷了。此时的他心灰意冷，意兴阑珊，感觉人生也没了奔头。

就在陈汤郁闷的当儿，曾经不可一世的宦官石显也遭到了报应。

石显最大的靠山是汉元帝，而如今，刘骜当了皇帝，石显失去了倚靠。

匡衡的悲剧

第一个站出来手撕石显的，是他曾经的小弟，匡衡。作为“凿壁偷光”的主人公，我们有必要回顾一下匡衡的职业生涯。

匡衡是东海郡承县（今山东临沂）人，没有显赫的家势，祖辈以务农为生，都说“寒门出贵子”，小时候的匡衡承载着全家人的希望。汉代虽然没有科举制，但自“罢黜百家，独尊儒术”后，只要书读得好，能够通一经，就能做官。按照《汉书》的说法，读书人如果能够通晓经术，想要取得高官厚禄就像拾取地上的草芥一样简单。

匡衡要想改变自己的命运，只有读书求学这一条路，由于他白天要干活，只有晚上才有时间读书。然而，匡衡家贫如洗，买不起照明用的灯油。怎么办呢？

聪明的匡衡想了一个办法，偷偷在邻居家的墙壁上凿了一个洞，借邻居家的光看书，由此还诞生了一个成语：凿壁偷光。

两千多年来，这个故事激励了一代又一代人，匡衡也由此成为勤奋好学的榜样人物。

这个故事出自《西京杂记》，按照这本书的风格，“凿壁偷光”虚构的可能性极大。不过，匡衡从小用功读书却是事实。

同乡有个大户人家不识字，家里却收藏了很多书，匡衡为了读书，主动上门去做人家的佣工，不要一分钱工资。户主奇怪他为什么这样做，匡衡说：我只想通读你们家所有的书。

户主被他感动，借书给他，终于学有所成。

为了学习，匡衡遍访名师，拜了当时的博士为师，专门学习《诗经》。由于他非常努力，又勤于思考，所以对《诗经》的理解十分独特透彻。当时的文化圈中流传着这样一句话：“无说诗，匡鼎来；匡说诗，解人颐。”

什么意思呢？没人解说诗，那就请匡衡来；只要听匡衡解说《诗经》，就能够使人眉头舒展，心情舒畅。由此不难看出，匡衡对于《诗经》的理解之深。

我们都知道，汉武帝时期设立了“五经博士”，规定了凡精通一门经学以上的，即可通过考试当官。如果考中甲科，可为郎中；考中乙科，可为太子舍人；考中丙科，则只能补文学掌故。

不得不说，有些人天生就不适合考试，比如匡衡。他虽然学问大，却不是一个应试型选手，一连考了九次，最后才勉强中了丙科，混了个平原文学掌故的官。

由于匡衡的名声实在太大了，许多人为他抱不平，纷纷上书朝廷：匡衡是知名的学术大咖，国内少有的《诗经》研究专家，让他去地方任职，太屈才了。

这一来，动静就大了，朝廷让太子太傅萧望之去调查这个匡衡到底有何能耐，萧望之决定亲自面试匡衡。为了这次面试，匡衡作了充足的准备，他侃侃而谈，引经据典，让萧望之大为惊叹。

萧望之赶紧上奏皇帝，说匡衡精通经学，绝对是不可多得的人才。

萧望之也是当时有名的大儒，能获他如此好评，匡衡似乎看到了希望。可惜的是，当时的皇帝是汉宣帝，他不喜欢儒生，一纸调令下来，匡衡还是被打发去了地方任职。

不过，匡衡也不算吃亏，因为在这场面试中，他遇到了一生最重要的贵人——太子刘奭。刘奭从小喜欢儒生，他旁听了这次面试，这个侃侃而谈的年轻人给他留下了深刻的印象。

不久，汉宣帝驾崩，太子刘奭继位。

辅政大臣史高向刘奭推荐了匡衡，刘奭马上想起了他，一纸调令将他调到中央，成了一名郎中。

到了长安，匡衡多年苦读积累的学问一下子有了用武之地，他频频上书发表意见，还经常引用“六经”来论证自己的观点。

每次开会的时候，匡衡总是引经为据，侃侃而谈。他认为，“六经”是圣人用来统揽天地之心，分辨善恶的标准，明晓吉凶的区分，通向人道的正路，使人不违背自己本性的著作。如果能考察“六艺”的要旨，就会懂得人与天之间的关系和规律，并使之和谐，花草树木昆虫鸟兽就能够得到繁殖。这是亘古不变的真理。

刘奭本来就好儒术文辞，很快就被匡衡的大师范儿征服了，成了他的小迷弟。在皇帝的提携下，这个穷苦出身的读书人以火箭般的速度被提拔，陆续升为博士、给事中。

刚到朝廷任职没多久，长安城发生了日食和地震。匡衡趁机上书皇帝，陈述朝政得失，建议皇帝勤俭节约，亲忠臣远小人。这番言论很有利于明君形象的养成，刘奭看后龙颜大悦，随后又把他提拔为光禄大夫、太子少傅。

接下来几年里，匡衡不断上书，刘奭越来越喜欢，先后提拔他为光禄勋、御史大夫，最后终于达到了仕途的顶峰——丞相，并被封为乐安侯。

长安月下，醉卧在灯火辉煌的豪宅府邸中，春风得意的匡衡，不知可曾回忆起那漆黑的乡下，少年借光苦读的背影？

功成名就的匡衡，很快显出了人性中阴暗的一面。

那时候，石显靠着皇帝对他的无条件信任，权倾朝野，一手遮天。不少人为了保住自己的权势和地位，选择了跟石显同流合污，匡衡也不例外，他投靠了石显。

都说一朝天子一朝臣，到了汉成帝时代，石显失势了。

这一天，刘骜召见石显，开门见山地说：长信宫缺个中太仆，你去做吧！

石显顿时心凉了半截，跟中书令比起来，长信中太仆就是个养老的职位啊！

没办法，皇帝的意志不可违抗，石显只得乖乖赴任。

出来混，总是要还的。

然而，石显最终还是没能补上长信中太仆这个空缺。他刚一倒霉，丞相匡衡、御史大夫张谭便立刻行动起来，联名上奏，逐条罗列石显的罪状，且告的不是一个，而是一窝，连石显的朋党牢梁、陈顺、五鹿充宗、伊嘉等人也一起告了。

刘骜刚刚上任，工作积极性特强，工作效率也高。很快，判决书下来了，牢梁、陈顺免官，五鹿充宗贬为玄菟郡太守，伊嘉贬为雁门郡都尉，石显的官职被一撸到底，带着妻儿老小回了原籍。

长安又流传开了一首新的歌谣：伊徙雁，鹿徙菟，去牢与陈实无贾。意思是这些人终于滚蛋了，可见百姓对石显及其党羽的痛恨。

石显一路上越想越郁闷，还没到老家就活活气死了。

扳倒了石显，匡衡、张谭等人自以为得计，不禁洋洋自得。不料，有人对匡衡和张谭的政治投机行为很不爽，决定向二人开炮。

这个人叫王尊，堪称汉朝第一直臣。

王尊的人生经历跟匡衡有得一拼，他少年丧父，依靠叔伯为生，叔伯家的日子也过得艰难，他只能去放羊。为了改变自己放羊攒老婆、生娃再放羊的命运，王尊忙里偷闲，刻苦学习。

十三岁时，王尊出门打工，到地方监狱谋了个小吏的工作，后又做了太守府的小吏。工作期间，他有机会接触到大量卷宗，王尊把这些别人眼中的破烂儿当成宝贝，手不释卷，日夜攻读。

有一次，郡守问他诏书相关事宜，王尊对答如流，得到郡守重视，转岗负责郡里的监狱文书事宜。

就这样，王尊一步一个脚印。

王尊在地方任职时，有一女子状告养子长期强奸养母，还经常抽打她。王尊抓来养子审问，对方供认不讳。王尊铁了心要严办这个案子，可惜大汉律法对此没有明确的惩罚条例。王尊研究了半天律法后，告诉大伙儿：律法没有规定，那是因为圣人不忍书写。

随后，他让人把养子绑到树上，让手下人放箭，活活把对方射成了刺猬。

王尊当安定郡太守时，第一件事就是在辖区内张贴布告：请辖区官员端正态度，用心待民，以前贪婪的，能改过就可以得到原谅，继续犯法的必遭严惩。能力不足的官员，请自己主动让贤，不要占着茅坑不拉屎，影响有能力的官员做事。

一个月后，郡里管理祭祀的官员因贪污被捕，死于狱中，在其家中起获赃款百万。

这一霹雳手段威震郡中，官员们再不敢犯法，豪强盗贼纷纷搬到了相邻的郡县，一时间安定郡中夜不闭户、路不拾遗。没过多久，王尊就因执法太严被举报后免官。

几年后，边境不稳，朝廷急需人才，于是重新启用王尊，将他的文职变为武职，出任护羌将军，转任校尉。在一次护送军粮途中，逢羌人叛乱，王尊被数万羌兵包围，他毫不畏惧，振臂一呼，率领数千人出击，击溃叛军，却被朝廷以擅离部属治罪，适逢大赦，罢为民，回了老家。

涿郡太守徐明替王尊感到可惜，他上书皇帝，以王尊之才，朝廷不该弃用。在他的推荐下，王尊再次被朝廷征召，出任地方官。

王尊有一次外出视察，经过一个叫九折坂的地方。这段路险峻无比，前任刺史王阳曾乘车经过这里，感慨道：身体发肤受之于父母，怎么能到这种地方冒险？于是折返。

王尊问当地官员，这就是连王阳都畏惧的九折坂吗？

官员点头，没错。

王尊于是大声命令车夫：向前冲！王阳是孝子，我王尊可是忠臣，各行其是，谁都没有错！

马车从九折坡飞驰而过，幸而没有出事。

几年后，王尊被安排去当东平王的国相。这个东平王叫刘宇，是宣帝的第四子，元帝的亲弟弟，从小就被封王。宣帝死后，刘宇去封地就国，但他年轻气盛，不遵礼法，经常惹祸。

东平王有多混账呢？我们来看一个例子。

元帝死后，刘宇没什么悲伤的感觉，连装样子都懒得装。治丧期间，刘宇喝酒、吃肉、近女色一样都没耽误，还跟别人说：新天子年少，不能治理天下，恐怕连守孝都做不到，还不如让我来当这天子！

刘宇的一位姬妾向朝廷告发，居然被他弄死了。有官员奏请逮捕刘宇，新即位的汉成帝却对这个四叔从轻发落，只是下旨削了东平国下辖的两个县。过了几年，成帝念旧情，又还了这两个县。

这样一个刺儿头，王尊能降得住吗？

王尊一到任，就拿着皇帝的诏书去东平王府宣诏，不料东平王却故意晾着王尊，磨磨蹭蹭不出来接旨。

王尊也是个直脾气，扭头就走，在招待所吃过午饭，下午又来王府宣诏。宣完诏，王尊与东平王二人分别落座，东平王让自己的老师给王尊念了首诗——《诗经·国风·相鼠》：

相鼠有皮，人而无仪；人而无仪，不死何为？
相鼠有齿，人而无止；人而无止，不死何俟？
相鼠有体，人而无礼；人而无礼，胡不遄死？

这首诗大意是：老鼠都有脸有皮，人却不知道礼仪，为什么不赶紧去死？当然，从标题上来看，也有讽刺王尊这个“相”如老鼠之意。

东平王想给王尊来个下马威，不料王尊却只是淡淡说了句：不要拿着布鼓过雷门！

小样儿，你这点把戏在我面前就是小儿科。

东平王屡次违反规定私自出宫，无人敢制止。王尊警告王宫的马队负责人：从今天起，东平王如果再私自出宫，你必须叩头劝阻，否则我唯你是问！

又一次，东平王想出宫逛逛，果然被马队的官员阻拦，并告知是王尊的意思。

东平王很生气，对王尊起了杀意。

没过多久，东平王请王尊入宫，要在王宫里找借口收拾他。

王尊入宫，看东平王面色不善，傲然道：我来担任王相，亲朋故旧都来安慰我，认为我不容于朝廷，所以才得了这个差事。别人都说您很勇敢，总做别人不敢做的事情，我却觉得依仗显贵的勇敢不是真勇敢，像我这样为了国家不惜生命的人，才是真勇敢。

东平王勃然变色，对王尊说：听说你的佩刀不错，可否让我一观？

王尊哈哈大笑，对东平王身边随从说道：我如果持刀向前，必然会落个刺杀诸侯的罪名，也许会被当场格杀，这把刀还是你们替我呈给大王吧！他双手举刀齐肩，交给了侍者。

东平王诡计被识破，一时也没了辙，只好解释：我没有那个意思，相君未免多疑了！

东平王的母亲公孙婕妤也不愿看到儿子受制于王相，给皇帝打了个小报告：王尊倨傲，东平王不能忍，早晚会除掉王尊，我不忍心看到东平王因杀人而受到惩罚，进而连累到我，所以请陛下先让我死了算了。

元帝为了给公孙婕妤一个交代，只好免了王尊的官，贬为庶民。后来在王凤帮助下，王尊才回到中央做了司隶校尉。

而这一次，王尊一纸上书，将政治投机客匡衡和张谭给告了。

王尊在奏折中说：丞相匡衡、御史大夫张谭明明知道石显专权，危害朝野，那时候不敢弹劾石显，反而阿谀奉承，违背作为大臣应有的责任，这是大逆不道！

现在这两人弹劾石显，也不先反省自己的罪过，反而张扬先帝任用权臣的过失，甚至妄言什么百官畏惧石显甚至超过了皇帝，这种卑君尊臣的言论有失大臣体统！

这封弹劾奏折可谓一针见血、直击要害。匡衡老脸一红，无言以对，只能上疏谢罪，请求病退，还把丞相、乐安侯的印绶也交上去了。

刘骜刚刚继位，不想这么快就惩处先帝重用的大臣，于是下旨安慰匡衡，还特意赐给他上等的酒和牛肉。

风波过后，匡衡虽然继续负责朝政事务，但在同事中威信大失，大伙儿私下都认为王尊说得对。匡衡也听到了这些议论，脸上感觉火辣辣的。

紧接着，坑爹的儿子出场了。

匡衡的儿子匡昌，有一次喝醉酒后杀了人，被逮捕入狱。匡昌的弟弟居然纠集了一帮小弟，准备劫狱，救出匡昌。这事儿被人告发后，匡衡吓坏了，他赶紧摘了官帽，光着脚跑去向皇帝请罪。

看在匡衡这么诚恳的分儿上，刘骜最终宽恕了他。

如果匡衡有足够的政治敏锐性，这个时候就应该急流勇退，主动告老还乡，可尝到了权力滋味的他却对官场恋恋不舍。紧接着发生的一件事，最终让匡衡身败名裂。

事情是这样的，有人向刘骜爆料，当初先帝赏赐匡衡安乐侯的爵位时，还给了他三千一百顷的封地。但匡衡投机取巧，用一幅错误的地图，偷偷另将四百顷土地也据为己有。

有这等事？

刘骜命人调查，结果发现证据确凿，不禁勃然大怒：匡衡老匹夫，想不到你是这样的人！

随后，匡衡被降为庶人，打发回了老家，最后郁郁而终。

《汉书》把匡衡和张禹、孔光等一并列传，并在最后发了一通议论，说这些人都是凭儒学而位居丞相，他们平时穿儒生衣冠、传授先王所语，博学宽容，品行厚重，然而实际上却为保全自己俸禄官位，而蒙受阿谀奉承的讥讽。他们处处以古人的行为准则来要求别人，可他们自己做到过吗？

匡衡的故事先翻页，我们接着说王尊。

王尊弹劾匡衡和张谭二人，结果皇帝将这封举报信搁置不理，反倒将王尊贬为高陵令。王尊气不过，上任没多久，就申请病退，再一次回了老家。

汉成帝建始三年（公元前 30 年），大盗傰宗纠集了数百人，在长安城附近啸聚山林，诛杀官吏，断绝交通，长安为之震动。

成帝令弘农太守傅刚为校尉，率一千弓箭手前往搜捕，历时一年而无果，先后两任京兆尹皆因镇压不力被免官。

第二年，眼看剿匪毫无进展，王凤再次向朝廷举荐了王尊，朝廷随后征召王尊为临时京兆尹。王尊上任后，大开杀戒，仅用一个月时间就平定了这伙强盗，长安城的治安状况也有了好转的迹象。

王尊因为在剿匪中表现出色，顺利转正，成为京兆尹，任期三年。

一次，王尊外出巡视辖区，有一男子拦路喊冤，说豪强许仲带着十几个人杀害了自己的哥哥，然后大摇大摆回了许家，当地官员明知此事，却不敢到许家抓人。

王尊回长安后，向皇帝报告了此案，他在奏疏中说：豪强不欺凌弱小，宽大之政才可实施，和平之气才可通行。御史大夫张忠上书弹劾王尊，说他残暴傲慢，王尊再一次被罢官。

湖县三老看不下去了，他们联名上奏，为王尊辩护：

王尊为京兆尹，诛灭凶暴，制止邪恶，功绩前所罕见，却没有受到特别的奖赏。如今御史大夫指控王尊傲慢欺天，究其来源，这些指控多是出自御史丞杨辅，而杨辅一向与王尊有私怨，他利用职权罗织罪名，诬陷王尊。然而我们所看到的王尊却是廉洁自爱、一心为公，不畏将相、不避豪强，功勋卓著、忠于职守，实乃国家之栋梁。

当初王尊在京师秩序混乱、法令不行、盗匪蜂起之时，被推选为贤才，受到征召挑起重任；现如今盗匪叛乱既已铲除，大奸巨猾也都服罪，他却被指控奸佞狡猾而遭罢黜。同样一个人，短短三年之内便风评大转，岂不是太过分了！请陛下明察，切莫令忠臣蒙冤。

接到三老的联名上书，刘骜也有所触动，提拔王尊为徐州刺史，不久迁东郡太守。

在东郡任职期间，由于连月降雨，黄河猛涨，快要冲破了瓠子金堤。民众纷纷奔走躲避水灾，王尊带领官员民众亲自到前线抗洪，祭祀水神河伯，并请以身填金堤。

为了指导前线抗洪工作，王尊甚至睡在金堤上。奈何水势凶猛，即将漫堤而出，官民四散而逃，王尊持玉圭立于堤上，向上天祈祷，愿以身殉堤，换得黄河安宁。

也许是王尊的诚意感动了上天，水位随后逐渐下降，灾情消除，当地民众联合上书朝廷为他请功。经过一番考察认定，朝廷专门对他进行嘉奖：

东郡河水泛滥，毁坏金堤，百姓惶恐奔走。太守王尊身当水冲，履咫尺之难，不避危殆，以安众心，吏民复还就作，水不为灾，朕甚嘉之。秩尊中二千石，加赐黄金二十斤。

王尊的故事就此告一段落，我们再来看看郁闷的陈汤。

双面英雄陈汤

陈汤被贬为大头兵没多久，西域风云又起，一向与汉帝国关系不错的乌孙发兵，将西域都护府团团围住。都护段会宗紧急向中央请求征发西域各国部队与敦煌驻防部队前往救援。

消息传回长安，大司马王凤、丞相王商紧急召集百官开会研究了好几天，没人能拿出一个主意来。正当大伙儿手足无措时，王商想起了陈汤，告诉皇帝：陈汤向来主意多，又熟悉西域事务，可以把他叫来问问。

很快，陈汤就被传到未央宫的宣室，等候皇帝召见。由于在西域征战时受了风寒，陈汤的手臂落下了后遗症，不能屈伸，行动很不方便。见到陈汤时，刘骜不胜唏嘘，免去陈汤行大礼，把段会宗的急信交给陈汤过目，问他有何计策。

心里憋了一肚子气的陈汤正愁没地方撒，故意嘲讽道：陛下跟前不是猛人就是牛人，我现在就一残废，哪里轮得到我来议论国家大事？

刘骜呵呵一笑：国家有急，别那么多牢骚。

陈汤只说了一句话：陛下放心，出不了岔子。

刘骜有点蒙：此话怎讲？

陈汤侃侃而谈：我在西域待了那么多年，深知西域军队的底细。西域胡人装备不行，刀钝弩弛，一个汉兵可以顶五个西域兵。即便现在学了汉军的技术，一个汉兵仍然可以顶三个西域兵。乌孙军队人数没有超过汉军的两倍，肯定胜不了段将军，陛下尽管放心。

刘骜半信半疑：这么说，不必派援军前往了？

陈汤说：部队轻装简从，每天能走五十里；要是带上辎重，每天最多走三十里。现在即便从敦煌发兵救援，也是远水解不了近渴，去报仇还可以，如果是救急，那就没有必要了。

刘骜还是不敢确定，那你估计段会宗几时可以解围？

陈汤很清楚乌孙兵的战斗力，就是一群乌合之众，不能久攻，过不了几天就退了。他故意扳着手指头算了一会儿说，西域都护之围已解。不出五日，捷报就会传来。

果然，到了第四天，前线的捷报就送来了，西域之围已解。

陈汤的料事如神让大伙儿再一次刷新了对他的认识，大司马王凤将陈汤提拔为从事中郎，成为大将军幕府的首席军事参谋。

陈汤精通法令，又善于因势利导，他的建议常被皇帝采纳，成了刘骜身边的红人。头脑活泛的他开始经营副业，靠给别人写奏章挣外快，不妨举几个例子。

皇太后王政君有个同母异父的弟弟叫苟参，任水衡都尉，苟参死后，儿子苟伋混了个侍中。苟参的老婆想替儿子求个封爵，找到陈汤，陈汤收了她五十斤黄金，答应帮忙。

弘农郡太守张匡被人举报贪赃百万以上，狡猾奸诈，刘骜派人找他谈话。张匡怕被下大狱，就找陈汤帮忙，陈汤替张匡打官司，如果能拖过冬天，答应给陈汤二百万钱作为酬谢。

为什么要拖过冬天？很简单，汉朝执行死刑一般在冬天，只要熬过冬天，就能多活一年，还有可能碰到大赦。

这样的破事儿，陈汤七七八八干了不少。

陈汤交友广泛，和工程总监解万年很熟。刘骜一开始想把陵墓建在延陵，后来又看中了霸陵曲亭，准备在那里修昌陵。两个人都想从中捞点好处，解万年就和陈汤商议说，武帝时的工匠杨光，搞了好几个大工程，武帝一高兴，升他为将作大匠；大司农中丞耿寿昌修建杜陵，宣帝赐他关内侯爵位；将作大匠乘马延年（乘马为复姓）因为劳苦，享受二千石待遇。

如果皇上在昌陵设立陵邑，我就可以立大功、受重赏。你的老婆孩子也都在长安，难道老了还要回关东吗？不如上书请求迁往昌陵，还能赐田宅，何乐而不为？

想必大家还记得，为了压制地方豪强，武帝要求将关东豪强迁徙到皇陵附近。到了汉元帝时，作为对豪强的妥协，朝廷停止了长期执行的迁徙政策。

陈汤于是向皇帝上奏：

昌陵乃京师肥腴之地，可立一县。朝廷已经有三十多年没有在陵园修建县邑了，如今关东富人日益增多，他们大肆圈占良田，让穷人为他们打工，这样富者愈富，穷者愈穷。不如把富人迁到昌陵，既加强了京师的力量，又削弱了诸侯，还能够缩小贫富差距，有百利而无一害。我陈汤愿以身作则，将家里老小迁往昌陵。

陈汤的奏章为我们揭示了当时一个很严重的社会问题，那就是地方豪族正在大规模兴起，他们巧取豪夺，兼并土地，导致大批贫苦的自耕农失去田宅，破产流亡，沦为游民、奴隶甚至盗贼，严重影响了社会安定和谐。当时的情势是富者田连阡陌，贫者无立锥之地，贫富差距之大，令人咋舌。

事实上，整个四百年的汉王朝就是一部皇权与豪族的博弈史，西汉的覆亡，很大一部分原因就是地方豪强崛起，架空了皇权。

豪强是怎么来的？它为什么会在与皇权的博弈中占据上风？这是一个宏大而深刻的议题，我会在后面好好挖一挖，让你看清西汉帝国的密码。

陈汤此举虽是为自己求利，却也可在一定程度上迟缓西汉末年豪强兼并土地这一过程。

刘骜一听，觉得陈汤说得有理，于是批准修建昌陵邑。这年夏天，刘骜下令各地家产五百万以上的富豪，约五千户，强制迁往昌陵。

这是一个大项目，解万年信心十足，结果实地考察后发现，昌陵这个地方地势低洼，需要先从别处挖山取土来加高。当初解万年拍着胸脯说，三年之内保证完工，结果搞了五年还没有把工程建起来，耗费钱粮，征发徭役，惹得怨声载道。

刘骜在各方压力下，停止了昌陵工程，仍用延陵。大臣们又奏请一并废除陵邑，刘骜说自己需要考虑考虑。

有人问陈汤：昌陵还没建成，皇上还会迁徙百姓吗？

陈汤随口说：皇上不过是暂时顺着群臣而已，等风头过了，迁徙的事儿肯定还会进行。

成都侯王商一直看不惯陈汤的德性，听到这话后，立即跑去向刘骜告状，说：陈汤妖言惑众，应该抓起来严加审讯。

看在陈汤当初斩杀郅支单于的分儿上，刘骜下诏，将陈汤贬为庶人，和解万年一起发配敦煌。

不久之后，敦煌太守上奏为陈汤讲情，说陈汤以前诛杀郅支单于，威震西域，不宜待在边塞。

没办法，陈汤名声太大，把这样一个曾经威震西域的猛人发配边境，会让西域夷狄轻视汉朝，这无疑有损大汉的威严。

刘骜觉得有理，又把陈汤迁到安定。

陈汤虽然节行有亏，但毕竟是帝国功臣和民众心目中的偶像，朝中议郎耿育也站出来力挺陈汤：

如今西域通道畅行，将陈汤流放敦煌，难免会让郅支单于的残余分子耻笑。汉朝出使外国的使者，无不以陈汤诛灭郅支单于的壮举宣扬我大汉的国威。当今天下，论文治，没有文帝时的富裕；论武功，没有武帝时的赫赫名将，唯一拿得出手的只有一个陈汤。就这样一个人，朝廷还不给点面子？

耿育的话很有分量，你让这样一个功臣落得死无葬身之地，以后还指望谁来给朝廷卖命？

刘骜最终同意将陈汤调回长安。

陈汤回了长安，此后再也没有传出他的新闻。多年后，他在孤寂中去世。

王莽篡位当上新朝皇帝后，对这位当年帮过自己的老朋友念念不忘，追封陈汤为“破胡壮侯”。这几个字，恰如其分地概括了陈汤最为辉煌的人生传奇。

千秋万岁名，寂寞身后事。

陈汤的一生既有穷困潦倒，又有壮怀激烈；既有沙场辉煌，又有暮年悲凉；既有青史留名，又有毁誉参半。恢宏壮丽的传奇与贪婪复杂的人性交织在一起，勾勒出了一个真实的陈汤。

王氏崛起

接下来，我们来说说汉朝顶级的外戚家族：王家。

前文讲过，公元前 71 年，元城（今邯郸大名）一个王姓人家生了一个女孩。她最终踏入汉宫，成了元帝的皇后。

她的名字叫王政君，西汉后期的一切兴衰都与她密切相关。

公元前48年，宣帝去世，元帝刘奭即位，王政君任皇后，外戚王氏集团开始形成。成帝刘骜即位后，王家舅舅们开始在西汉政坛上全面崛起。

王家究竟有多猛呢？

王政君的父亲王禁，在王政君封皇后的时候就被封了阳平侯。这个王禁没什么别的本领，只有一点，特别能生，有八个儿子、四个女儿，王政君是他的第二个女儿。

刘骜当皇帝后，拜王凤为大司马、大将军，领尚书事，这是当年霍光的职位。王家的兄弟们个个封侯拜将，以大哥王凤为首，牢牢把持朝政，甚至创造了“一日封五侯”的记录：分别是王谭、王商、王立、王根、王逢时，世称五侯。王政君的八个弟弟除了二弟王曼（王莽的父亲）早逝，没有封侯，其余人全都封了侯。

《资治通鉴》记载了其家族势力之盛：郡国守相、刺史皆出其门下，五侯骄奢淫逸、声色犬马，一个比一个奢侈，送礼的珍宝四面而至。王家人还好士养贤，收养门客，为他们到处鼓吹。

王氏满门封侯，这在很多人看来是不合规矩的。当初刘邦创立汉朝时，曾立下过规矩，非有功者不得封侯。但王家这几位却仅仅凭着与太后的关系就扶摇直上，让很多人不服气。

刚好那年夏天，长安城黄雾弥漫，估计是沙尘暴，刘骜咨询熟悉阴阳五行的大臣，这伙人借题发挥，说这是阴盛阳衰的缘故。当年高祖有约，非功臣不封侯，如今太后兄弟无功受禄，违反高祖之约，所以上天示警。

儒臣们的目的很简单，将矛头直指王氏众兄弟，想利用这场“灾异”将王氏集团拉下马。

王凤一看，决定以退为进，装模作样地上书：陛下初即位，正值主少国疑之际，因此命臣领尚书事，本来也是权宜之计。如今天降黄雾，都是臣的过错，我愿意为黄雾天象承担责任。

结果不出意外，被刘骜驳回了。刘骜说：朕涉世未深，不明事理，才导致阴阳失和，日月无光，黄雾弥漫不去。你现在把过错都揽到自己头上，岂不是显得朕更不贤明吗？你好好干，不要辜负朕的期望。

好嘛，皇帝都这么说了，大臣们自然也不好再反对了，王凤的位子算是坐稳了。随后，王氏家族在朝中一步步扩大势力，逐渐把控了朝政。

一次，有人跟刘骜谈起，光禄大夫刘向的小儿子刘歆年纪不大，却学识渊博，是个好苗子，值得好好栽培。

刘骜一时兴起，就让人把刘歆叫来，一见面，他就喜欢上了这个英气逼人的少年。一轮面试下来，小伙子果然聪明伶俐，一表人才，学问也相当了得。刘骜大喜，准备任命刘歆为中常侍，唤人取来官服。

中常侍可不是皇帝身边的小跟班这么简单，能混上这个职位的多为皇帝特别信任的人，相当于帝国的后备人才库。当时权贵子弟及幸臣以侍中为荣，张良的儿子张辟强、金日磾的两个儿子、霍光、桑弘羊都曾担任过这个职务。

不料，刘骜话说完了，左右侍从却没人动。刘骜纳闷，问怎么回事，大家伙儿都说，这事儿不可草率，还是先问问大将军的意思吧！

刘骜浑不在意，这点屁事儿还用问他？你们就按我说的去办就行了。

话音未落，左右侍从扑通一声，跪下一片，猛磕头，一定要让刘骜先问过王凤再说。

刘骜无奈，只好派人去通知王凤，不料却被王凤给否了。刘骜只好退而求其次，让刘歆待诏宦者署，为黄门侍郎。

鉴于复杂诡谲的朝廷斗争，刘向担心儿子少年得志，忘乎所以，专门写了一篇《戒子歆书》，引董仲舒名言来说明福因祸生、祸藏于福的道理，大意如下：

歆儿谨记，不可疏忽大意！你没有立下什么丰功伟绩，却承蒙皇上的厚恩，何以为报？董仲舒曾说过，“吊者在门，贺者在闾”，吊丧的人上了家门，那么贺喜的人就要到里门了。他是想说，有了忧患意识，就会心怀恐惧，恭谨从事；而恭谨从事，就必然会有好的功德。

他又说：“贺者在门，吊者在闾。”这是说，享福会使人骄傲奢侈，而骄傲奢侈就会招致祸患，所以吊丧的人也会随之而至。

春秋时期，齐顷公依仗齐桓公霸者的余威，对诸侯国轻慢无礼，耻笑晋国使臣跛足，所以才有马鞍山兵败的祸难，最后与臣子互换了衣服才得以逃脱，这就是人们所说的“贺者在门，吊者在闾”。

齐顷公打了败仗，改过自新，爱护自己的百姓，从而深得人心，国富民强，诸侯归还了从齐国夺走的城邑，这就是所谓“吊者在门，贺者在闾”。

如今你少年得志，做了黄门侍郎，那些刚刚就职的官员都要向你道贺，贵人来向你叩头礼拜，你只有怀着临渊履冰的工作态度，才可以免除祸患。

这是一位老父亲对儿子的谆谆教导，至于年轻的刘歆能否听懂这弦外之音，那就不得而知了。

虽然王家权势滔天，可不是所有人都愿意向他们低头，比如王商。

王商也是外戚出身，且与王昭君的一个弟弟同名，但跟王凤不是一族人，他是刘病已的母亲王翁须的娘家人。前文提到，当初就是因为王商的弹劾，匡衡才被踢出长安。

匡衡被一撸到底后，刘骜提拔王商为新一任丞相。

王商这个人能力很强，秉性忠厚，轻财好义。父亲死后，王商把继承的财产全分给了兄弟，自己一分钱没留。这事儿被人传开后，满朝文武一致推荐他为全国道德模范。刘奭也注意到了他，随后将其一路提拔至右将军、光禄大夫。

不仅如此，王商身材高大，颜值极高，妥妥的大帅哥一枚。他到底有多帅呢？我们来听听单于的评价。

有一年，匈奴单于入朝，被人引到未央宫中的白虎殿，王商负责接待。单于上前拜见，王商起身答话，两人身高差距比较大，单于得抬头仰视王商。寒暄几句后，单于对王商大为敬服，出来后赞叹说：大汉丞相真的很帅很酷啊！

丞相王商和大将军王凤不对付，王凤对王商的得势越来越忌惮，而王商也一向看不惯王家把持朝政大局。当初汉元帝露出易储苗头时，王商是力保刘骜太子地位的大臣之一，深得刘骜器重，他试图以一己之力，对抗俨然已经开始威胁皇权的王氏家族。

两人的矛盾日渐加深，很快展开了一场大战，导火索是琅琊郡太守杨肜（róng）。

杨肜和王凤是儿女亲家，当时琅琊郡一带发生灾害，王商派人查问救灾情况。王凤不想让亲家倒霉，对王商说：灾异天事不是人力造成的，杨肜这人还算尽职，就不要再追究了吧！结果王商根本不给王凤面子。

王商带领人员经过一番彻查，确定杨肜有重大过失，遂写下奏章，建议朝廷罢免杨肜。

结果，奏章递上去后，却是石沉大海，没音信了。

王凤觉得王商这人太不上道，与自己过不去，于是派人去整王商的黑材料。底下人查了半天，还真查出两件事，一是他曾与父亲的奴婢通奸，二是怀疑他指使奴仆杀害妹妹的奸夫。

王凤便指使手下人上书弹劾王商，结果刘骜看过后哭笑不得，就这点破事也值得拿到朝堂上来说？

王凤不肯善罢甘休，王商又是老臣，德行有亏，这种人怎么还好意思待在丞相之位上？

刘骜生气了：不准！

王凤极力争辩，坚持把此事交付京畿卫查办，磨了一个多月，终于把刘骜给弄崩溃了。

王商估计自己屁股也不干净，一看王凤执意要查自己的老底，心里有点虚，他决定找找门路。之前太后王政君为刘骜备选后宫，看中了王商的女儿，不巧他女儿当时生病，被他婉言推辞。此时的王商才意识到，如果女儿在后宫，自己现在就不至于这样被动。于是，他通过新受宠的李婕妤的关系，想把女儿安排进后宫。

恰在此时发生了日食，太中大夫张匡抓住王商想送女儿入宫一事，跟在后面起哄，上书请求向皇帝及近臣当面陈述日食的原因。史丹等人出面听取报告，张匡一见史丹，心中已有九分把握，他侃侃而谈：

丞相王商作威作福，以外朝（丞相府）控制中朝（宫中），为所欲为，专门派那些凶狠的官吏审理别人的案子，想通过这种方式立威，全天下的人都看不惯他。

之前耿定上书检举王商，案子下发给有关部门受理，王商非常不满。他儿子王俊写了举报信要告发他老爹，王俊的妻子就是左将军史丹的女儿，史丹听到消息后，立刻让女儿与王俊离婚。

王商不尽忠辅国，起初为陛下备选后宫时，他托词女儿生病拒绝了。后来为取媚于上，明知后宫之事皆归太后所辖，却走歪门邪道，私交李婕妤，违背臣节，因此才引发日食。

王商无尺寸之功，而他家三世受宠，身为三公，宗族中多有封侯、二千石及在宫里当差的，家族权力和受到的宠幸无人可比，现在正好他家里出了事，应该一查到底。

我听闻，秦国商人吕不韦见秦王无子，就把自己怀孕的小妾献给秦王，这才生出了秦始皇；楚国的春申君也是如此，见楚王无子，也把怀了自己孩子的女子献给楚王，这才生下楚怀王。王商人品恶劣，想把自己的女儿送入后宫，他究竟是何用心，陛下不可不查！王商无道至极，众叛亲离，家风秽乱，父子相告，这样的一个人，怎么可以让他来宣明圣化，调和海内？

王商为相五年，无所建树，恶名昭彰，有损陛下圣德。愚以为陛下年富力强，即位以来，还从未诛杀奸佞，如今皇子迟迟未生，各种灾异频现，正当恭行天罚。杀此一人，海内震动，奸佞之道绝矣！

史丹一听还牵连到了自己，知道现在必须要与王商彻底撇清关系了，于是立即上奏道：王商位居三公，爵封列侯，受诏辅政，却不遵国家法度，以权谋私，奸邪乱政。为臣不忠，欺上不道，罪行明白，当处以死刑。臣请将王商押入死牢！

刘骜不忍心加刑，说：还是算了吧。

旁边的王凤不依不饶，争辩道：陛下即位不久，若不诛此贼，何以号令天下？

刘骜不得已，只好退让一步，下诏：丞相统领百官，协和万国，责任重大。王商任丞相五年，未有忠言良谋，却以旁门左道扰乱国政，其罪当诛。王商之妹，淫乱内闱，家奴杀死奸夫，疑似王商唆使。此前朕顾念重臣，不予深究，王商不仅不悔改，反而口出怨言，令朕痛心。因王商为先帝表亲，赦其死罪，收回丞相印绶。

王商是个硬气人，哪里受过这种窝囊气，罢相三日之后，吐血身亡。

王商死后，王凤仍然不肯放过这个政敌，在他的强烈要求下，刘骜追谥王商为“戾侯”，并将王商的子侄亲属全部外放，还想撤销王商的爵位和封地。不过这一次，刘骜终于没有退让，总算让王商的儿子继承了乐昌侯的爵位。

有一次，定陶王刘康赴京觐见，虽然当初刘骜曾因刘康而险些被废掉太子之位，但这兄弟俩关系着实不错，没有丝毫芥蒂，刘骜给他的赏赐十倍于其他诸侯王。朝见结束后，因为刘骜没有子嗣，当时还生了病，便将刘康留在长安，并在私下场合表明心迹：我尚无子嗣，一旦有意外，再难与兄弟相见，你就留在长安陪我吧。

很明显，刘骜这是想搞个兄终弟及，把帝国的基业托付给弟弟刘康。

王凤看出了其中端倪，若刘康继位，王家人就做不成外戚了，于是借机阻挠。

正巧这时，老天也来帮忙，再次发生日食。王凤上奏：日食是阴盛之象。定陶王虽然与陛下亲近，按礼制应该在藩国，但如今滞留京师，是异常之举，故而天象示警，请定陶王早日归国！

王凤逼着刘骜将刘康遣送回定陶，兄弟俩只好含泪依依惜别。

大权旁落

王商死后，王凤专权日盛，这引起了正直之士的不满，比如，京兆尹王章。

王章是底层出身，家境贫寒，当年他到长安求学时，穷困潦倒，夫妻二人日子过得很艰难。有一年冬天，王章病重卧床，不仅没钱治病，甚至连床像样的被子都没有，只有一件牛衣盖在身上。

什么是牛衣呢？就是用草或麻编成的披盖之物，平常都是用来给牛御寒、遮雨的。

王章很悲观，觉得自己穷困潦倒到如此地步，估计离死也不远了，于是哭着和妻子道别。妻子一边哭一边骂：你怎么能这样？长安满朝公卿，享受着荣华富贵，哪一个是比得上你的？你出人头地只是时间早晚罢了，怎么能因为一时的困厄而自暴自弃？这样也太没有出息了！

在妻子的勉励下，王章重新振作了起来，后来凭借着自己的才学一步步升迁到左曹中郎将，由此也诞生了一个成语“牛衣对泣”，用来形容夫妻共守穷困。

当时恰是中书令石显掌权，满朝文武都被他治得服服帖帖，唯独王章是个例外，他不畏权势，向石显开炮，结果被撸了官职。

后来刘骜登基，石显倒台，王章被征召回朝廷，历任谏大夫、司隶校尉、京兆尹。

王章在升迁的过程中，得到过王凤的举荐，但他对王凤专擅朝政、四处安插亲信的做法很不满，准备向王凤开炮。

王章写了一封弹劾信，正好妻子看见了，劝他说：人要学会知足，你忘了当初我们牛衣对泣的艰难处境了吗？

王章看着她：什么意思？

妻子道：你这是何苦呢？你能走到今天，王凤也没少帮忙，你真打算告他吗？

王章一挥手：你一娘儿们懂什么？出门就把这篇奏疏呈上去了。他在奏疏中说：之所以发生日食，全是因为王凤专权蒙蔽主上之故。

刘骜单独召见王章，王章侃侃而谈：

所谓天道，自然是护佑良善，降灾邪恶，用祥瑞和灾异来提醒世人。如今陛下没有子嗣，将定陶王留在身边，为的是宗庙延续，社稷安危，上顺天意，下安民心。这是大善之举啊，照理应该天降祥瑞才对，但为什么招致日食呢？原因就在于朝中有大臣专权啊！

我听闻大将军王凤把日食的出现归咎于定陶王，建议将他送回封国，其实他真正的目的是想孤立陛下，以便自己独揽朝纲，满足私欲，这岂是忠臣所为？日食是阴气侵犯阳气引起的，反应在朝堂上，就是臣下冒犯蒙蔽天子。自王凤上位以来，朝中政事无论大小，皆出自他之手，陛下从未插手。王凤不知反省，反而归咎于定陶王，其心可诛。

更何况，王凤蒙蔽陛下，可不只这一件事。之前王商历任左将军、丞相，是国家的股肱之臣，操守正直，不肯放弃气节而依附王凤，最终因为闺门私事被王凤罢免，忧愤而死。

此外，王凤明知自己小老婆的妹妹张美人是二婚，但借口张美人能生儿子，把她送入后宫，这都什么事儿啊！他不是说张美人能生儿子吗？怎么到现在也没生出来？

羌人、胡人等蛮夷会把头胎孩子杀掉，叫作“洗肠”，为的是保证血统的纯正，何况陛下要亲近已经嫁过人生过娃的女子！王凤引发灾异、谋害忠良、秽乱后宫都是陛下亲眼所见，至于陛下没有亲眼见到的其他事，更是可想而知了！这样的人怎么还能继续执掌权柄呢？早就该将他罢免，另择忠贤取而代之了！

王章的话说到了刘骜的心坎里。他对王章说，幸亏你能直言相告，要不然，我还能从哪儿听到真话啊！只有贤者才知道贤者，你就替我寻觅可以代替王凤的人选吧！

王章胸有成竹地答道：中山王刘兴的舅舅冯野王，在先帝时官至九卿，忠直信义，智谋过人。他备选三公，却因为是诸侯王的亲属而避嫌，出任琅琊太守。陛下是明主，应当任用这种贤臣。

刘骜也早就听闻过冯野王的名声，于是采纳了他的建议。

然而，隔墙有耳，两人的谈话被一旁的王音听了个一清二楚。

王音是太后王政君和王凤的堂弟，时任侍中，可以自由出入宫禁。他将两人的谈话一股脑儿透露给了王凤，王凤以退为进，在杜钦的指点下向刘骜上书乞骸骨：

老臣资质驽钝，蒙太后福荫，兄弟七人封侯，赏赐无数。辅政七年，陛下将国事托付给臣，无不言听计从。可是如今，阴阳不调，灾异频现，根据五经传记和博士所言，都认为日食的原因是大臣失德。臣连年卧病，尸位素餐，近来病情加重，更觉力不从心。臣愿告老还乡，疗养身体，若陛下神灵保佑，得以痊愈，再回御前侍奉，不然此命休矣。臣无才而受重用，天下人皆知陛下厚恩；因病而得保全，天下人皆知陛下仁慈。不管臣是进是退，都有利于国家，绝不会引起私议，恳请陛下恩准！

除了向朝廷申请病退，王凤还特意让此事被王政君知晓。王政君听说朝廷要罢免王凤，日日以泪洗面，一连几天都吃不下饭。

一边是自己的亲妈每天悲恸欲绝，一边是自己的亲舅舅可怜兮兮地要求退休，刘骜心一软，又妥协了，回复王凤：朕处事不明，执政有缺，因此天降灾异，责任在朕。大将军代朕受过，上书乞骸骨，将置朕于何地？请务必打起精神，安心养病，所请不准。

大臣们一看风向变了，立马调转枪口弹劾王章：王章明知冯野王外任太守，却私自举荐，是为了方便内外勾结；明知张美人已被皇上临幸，却妄言羌人杀长子之事，实为大逆不道！

王章被下狱，随后死在狱中，他的妻子儿女也都被流放到当时还是一片蛮荒之地的广西合浦。冯野王也被牵连免官，几年后老死家中。

上疏直言的王章遭受了牢狱之灾，最后死在狱中，这是一个强烈的信号，标志着王凤的权势和地位已无人能撼动。公卿大臣都知道王凤惹不起，见到他都侧目而视，纷纷绕道走。

阳朔三年（公元前22年），王凤病重。

刘骜知道这是权力交接的敏感时刻，数次跑去王凤府上探望，并问王凤死后的人事安排。

对于这个问题，王凤早有想法，他没有推荐亲弟弟王谭，而是推荐了他的堂弟王音。

这又是为何？

原因是王谭平时傲慢，颇有点瞧不上大哥的意思，而王音则对王凤十分尊敬，虽然是堂兄弟，却像父子一般。

于是，王凤去世后，刘骜任命御史大夫王音为大司马、车骑将军，一年后封王音为安阳侯，食邑待遇与王家五侯相同。

王氏集团权势滔天，五兄弟开始奢靡腐化，放飞自我，连皇帝也无可奈何，有例为证。

一是成都侯王商生病时，为了避暑消夏，竟然向刘骜打申请借用明光宫，公然享受皇帝的待遇。后来王商还不满足，凿穿长安城的墙，引来沣水注入自家的人造湖，行船取乐，不仅破坏了长安城的风水，也破坏了汉朝的规矩。刘骜到他家才看到这一幕，登时怒火中烧，不过没有发作，强行忍住了。

二是刘骜微服出游，路过曲阳侯王根家，见其园中的建筑是仿照未央宫中的白虎殿而建的，这可是欺君之罪。对这种越轨行为，刘骜怒不可遏，他把车骑将军王音叫来，劈头盖脸一顿骂。

王商、王根兄弟得知皇帝发火后，又把太后王政君抬出来做挡箭牌，扬言要刺面割鼻向太后谢罪。

刘骜知道后更是怒火冲天，派人责问主管京师地面的司隶校尉、京兆尹：成都侯王商私掘帝城，引水入宅；曲阳侯王根僭越犯上，仪比天子；红阳侯王立窝藏亡命之徒，纵容宾客为盗。司隶、京兆知情不报，该当何罪？

两人吓得瑟瑟发抖，磕头求饶，王音也收到了措辞严厉的诏书：王家兄弟自暴自弃，竟要在太后面前刺面割鼻，伤慈母之心，祸乱国家。朕今天就要收拾他们，你告诉他们，让他们在家听候发落！

紧接着，他又诏令秘书处，呈报汉文帝刘恒诛杀舅父薄昭的档案。当初文帝的舅父薄昭杀害政府专员，文帝不忍处决，就派公卿陪他饮酒，暗示他自裁，薄昭不肯。文帝再派文武百官前往痛哭吊丧，薄昭无可奈何，只好自杀。

刘骜摆出这个架势，无疑是想警告舅舅们：皇帝杀舅舅，不是没有先例！

王家的几个兄弟们开始慌了，一个个跪在宫门前请罪，摆出服软的姿态。刘骜一看，又心软了，终究是雷声大雨点小，不了了之。

刘骜对王氏集团无可奈何，这正是他优柔寡断、不理政事、大权旁落的结果，这一点在王凤死后更加凸现。王凤专权时，其威望在客观上对朝廷还有震慑作用，所以刘骜心中有所忌惮，行为尚属谨慎，还算检点。后来王音立朝辅政，刘骜还不太堕落，再后来，刘骜就完全不能自拔了。

让刘骜郁郁寡欢的，除了王氏集团的全面崛起，还有一件事，他一直没有儿子。

第九章　荒唐皇帝

飞燕争宠

刘骜的原配姓许，是平恩侯许嘉的女儿，许平君的堂侄女，刘骜的表姑姑。许平君早年被霍光夫人毒死，因此刘奭自幼丧母，对许家怀有一种特殊的感情。这种感情最终使得他在儿子刘骜成年后，将自己的表妹许配给了儿子。不久之后，许氏就生下一个儿子，元帝开心极了，吩咐左右打酒，要庆祝一番。

可惜的是，没过多久，皇子不幸早夭了。

刘骜继位后，许氏又生下了一个女儿，也许是近亲结婚的缘故，女儿又不幸早夭。不过，许皇后为人聪慧，和刘骜非常恩爱，自打刘骜娶了她，就很少召见别的妃子。

靠着许皇后的这层关系，父亲许嘉在元帝朝一路高升，直至成为大司马大将军，辅政近十年，也是一个势力强大的外戚家族。

一个是许家，一个是王家，两个都是外戚，不可避免地产生了冲突。

刘骜即位的第三年，长安城出现了日食，接着未央宫又遭遇了地震。这在当时是非常严重的事件，按照“天人感应”的理论，肯定是朝廷的统治出了问题。

刘骜非常头疼，他专门下诏，要求举荐贤良、方正和直言之士，对日食和地震作出解释。有人认为这是外戚王氏专权的缘故，而王氏一党则认为，这是后宫许皇后专宠的缘故。两派各执一词，谁也说服不了谁。

即位第四年，刘骜把前些时候被举荐的直言之士都召集到白虎殿，回答策问。为了巴结当政的大将军王凤，谷永将责任嫁祸给许皇后，说这是因为后宫中阴气太盛，是皇帝专宠许皇后才导致的。

为了论证自己的观点，谷永运起马屁神功，洋洋洒洒上了一篇奏章：

如今天下太平，四夷归降，边陲安定。大的诸侯国食邑不过数县，权柄也掌握在朝廷委派的官吏手上，亲王们不敢胡作非为，不会形成当年吴国、楚国那样尾大不掉的局势。文武百官互相制衡，皇亲国戚和其他官员配置得当，骨肉大臣恭敬谨慎。以上三个方面都不用担心，因此天变的责任断不可推给陛下的舅舅们。我担心陛下听信愚昧盲目之言，把过错归罪于无辜，把政事托付给不可靠的人，那才是大错特错。

希望陛下认真考虑我的建议，不要专宠一人，雄起阳刚之威，让后宫嫔妃们都能雨露均沾。后宫应该加几个能生儿子的妇人，不要挑剔美丑，不要在意是否嫁过人，也不要考虑年龄大小。只有生出了皇子，才能化解上天的怨怒。

王凤知道这事儿后，对谷永特别感激，设法将他从一个芝麻小官提升为光禄大夫。谷永得到提拔后，立马给王凤写信表忠心，说王凤任用贤才，超过了齐桓公和晋文公，自己要像豫让忠于智伯那样，对王氏誓死效忠。

刘骜对谷永的表态很是欣赏，甚至按照谷永的套路给许皇后下诏，加以责备，大意是让后宫不要太小肚鸡肠，要向父皇的时代看齐。自己是皇帝，身边多几个女人不是很正常吗?

许皇后不服，写了一封条理清晰的自辩书《上疏言椒房用度》。她认为时移事异，制度大致相同就可以了，如果每件小事都效仿前代，臣妾做不到啊!

刘骜看了她的上疏，只能拿出刘向等人所述的“天象异常”的理由来告诫许皇后，决定减省后宫的开支。

讲这个故事，是因为有一个挺有意思的细节，皇帝与皇后明明是夫妻关系，遇到分歧，却要通过正式的公文往来解决，而不是坐在床上面对面的交流，想想真是悲哀。

刘骜和许皇后的恩爱一直维持了十几年，但再好的感情也有厌倦的时候。许皇后的容颜依然美丽，却掩不住岁月留下的印记，时间长了，自然拴不住刘骜的心。

于是，班婕妤出场了。

班婕妤祖上地位极高，出过有名的宰相。在当时，班氏可是名门望族，她父亲班况曾领兵痛击过匈奴，立下赫赫战功；班婕妤的侄孙辈更是能人辈出，投笔从戎的大将班超、编修汉史的班固皆名垂千古。无论武功，还是学问，班家都极一时之盛。

班婕妤自幼聪明伶俐，博览群书，文采出众，工于诗赋，不仅是学霸，而且还是一个美女学霸。十七岁那年，汉成帝即位，班婕妤被选入后宫。她刚入宫时品级很低，但很快，刘骜就发现了这位才貌双全的美女学霸，对她的宠爱简直到了痴迷的地步。她一下子连越八级，被晋封为婕妤，仅次于皇后和昭仪。

按说，班婕妤从此应该过上了幸福的生活，然而很可惜，班婕妤是一位清纯贤德的文艺女青年，她循规蹈矩，知书达礼，处处拿古时贤妃的高标准要求自己，一点逾矩的事情都不做。

对于从不循规蹈矩的刘骜来说，这就很没劲了。

有一次，刘骜挖空心思，令匠人打造了一辆华丽飘逸、富丽雅致的双人座辇车。马车做好后，他献宝似的去邀请班婕妤，想跟她一起坐。

在场的其他嫔妃，眼里全是嫉妒。

可班婕妤却皱了皱眉头，对刘骜说：我看古时的画，明君的左右都是名臣陪伴，倒是亡国之君才有女人陪伴。你要我一起坐车，可不是要向他们看齐？

刘骜听完，只得感慨：爱妃就是好，爱妃就是贤。王太后听到后十分欣赏，逢人便说：古有樊姬，今有班婕妤。

从此，历史上有一个新的典故：辞辇之德。

不得不说，班婕妤简直就是为明君量身打造的女人，她做事从不逾矩，贤良淑德，堪称皇帝身边的贤内助。可问题的关键在于，刘骜不是什么明君，他只追求享受，而禁欲系的班婕妤根本满足不了他。

春去秋来，岁月流逝，后宫美人红颜消退，按捺不住的刘骜开始微服到宫外散心。鸿嘉三年（公元前 18 年），他逛到了阳阿公主府上，阳阿公主见他闷闷不乐，就把歌伎们都叫出来助兴。

钟鼓齐鸣，丝竹悦耳，一名美貌女子上场。只见她螓首蛾眉，纤手玉足，腰肢如弱风扶柳，摇摆中风情万种，回首间脉脉含情。刘骜顿时被迷住了，不由得击节叹赏，心荡神摇。

一曲终了，刘骜迫不及待地将舞者召入宫。从此，这只从阳阿公主府中飞出的雏燕落入皇宫，成了刘骜的女人。

皇帝出门偶遇美女，搞搞艳遇，也不是什么稀奇事。当年汉武帝刘彻去姐姐平阳公主府上闲聊，看上了歌女卫子夫，将其带回了后宫。这一次，刘骜也有样学样，带回来了一个舞姬，她的名字叫赵飞燕。

赵飞燕出身低微，据说她出生后遭父母遗弃，可是三天仍然没死，又被抱了回去。大难不死必有后福，赵飞燕长大一点后被送到了阳阿公主府上，阳阿公主见她有天使的脸庞、魔鬼的身材，便让她学习歌舞。天赋加上努力，赵飞燕独创出了“踽步”和“掌上舞”两大绝技，舞动起来身轻如燕，故称“飞燕”。

在中国古代美女排行榜上，赵飞燕绝对是排得上号的，她和杨玉环齐名，人称燕瘦环肥。

刘骜把赵飞燕带回宫中后日夜纵情享乐，沉浸在温柔乡中不可自拔。她是个聪明的女子，知道后宫险恶，而皇帝最大的特点就是朝三暮四，喜新厌旧。为了彻底俘获皇帝的芳心，她对刘骜说：我有个妹妹，身材丰腴，长相甜美，要不也把她接进宫里？

刘骜很激动，世上还有这等美事？赶紧找来！

一见赵合德，刘骜便魂不守舍了，赵合德的美是一种不同于赵飞燕的美，明眸皓齿，丰乳肥臀，只看得刘骜骨酥筋软。

那一夜相当温柔。

这是刘骜自己承认的，因为他给那一夜取了个千古流传的名字：温柔乡。

姐妹俩轮流侍寝，刘骜终日沉浸在声色犬马中，从此君王不早朝。

为了取悦赵飞燕，刘骜令工匠在皇宫太液池建造了一艘华丽的御船，取名“合宫舟”。一次，刘骜带着飞燕一同泛舟赏景，飞燕穿着南越所贡云英紫裙、碧琼轻绡，随《归风送远》的曲子翩翩起舞。

舟至中流，忽然起了一阵狂风，赵飞燕身轻如燕，险些被吹倒，刘骜急忙让冯无方拽住赵飞燕。冯无方紧紧拽住飞燕的两只脚，赵飞燕则扬起长袖，继续在半空中歌舞。事后，刘骜专门制了水晶盘让她起舞，又盖了一座“七宝避风台”，专供赵飞燕表演。从这以后，宫中便流传开了“飞燕能作掌上舞”的佳话。

赵飞燕姐妹入宫受宠，许皇后与班婕妤皆失宠，尤其是许皇后，心中很是不爽。一次，姐姐许谒进宫看望许皇后，见她受了委屈，怂恿她用巫蛊诅咒赵飞燕姐妹。许皇后只图一时痛快，殊不知此举触碰到了皇家红线。

世上没有不透风的墙。很快，赵飞燕就得知了这一消息，她决定趁机同时扳倒许皇后和班婕妤，于是给皇帝打小报告：皇后不仅诅咒我们姐妹，还诅咒陛下，班婕妤也参与其中。

许皇后因此被废，被囚禁到昭台宫。

赵氏姐妹还不罢休，誓要将班婕妤拉下水，继续向皇帝进谗言。

刘骜兴师动众，问班婕妤：你有没有参与巫蛊案？

班婕妤却只是淡淡道：臣妾听闻，死生有命，富贵在天。一个人努力修德正心，尚且求不来什么福气，若是做了不轨之事，更有何指望？倘若鬼神有知，他们不会接受不忠之臣的密告，倘若鬼神无知，那密告诅咒又有什么用？诅咒的事，我不敢做，也不屑去做。

听了这番话，刘骜似乎有所悔悟，于是对班婕妤不予追究，赐黄金百两。

这次风波虽然有惊无险，但她深知，眼下赵飞燕正受宠，与其他女人争风吃醋，从来都不是她的追求。她决定明哲保身，连夜写了一本奏折，自请前往长信宫侍奉王太后。

在长信宫的日子里，没有了外界的干扰，她正好可以安心读书写字，写出了著名的《团扇歌》《自悼赋》和《捣素赋》。

新制齐纨素，皎洁如霜雪。
裁作合欢扇，团团似明月。
出入君怀袖，动摇微风发。
常恐秋节至，凉意夺炎热。
弃捐箧笥中，恩情中道绝。

从那以后，团扇成了失宠女子的代名词。

千年后，纳兰性德写了一首木兰词，将班婕妤的无奈写入其间：人生若只如初见，何事秋风悲画扇？等闲变却故人心，却道故人心易变。

许皇后被废，班婕妤主动退出竞争，皇后的位子空了出来。赵飞燕姐妹开始给刘骜吹耳旁风，谋求皇后的位子。然而，二人还是低估了此事的难度，谏议大夫刘辅第一个站了出来实名反对：

昔日武王、周公顺天应时，因而有白鱼入王舟、火焰变乌鸦的祥瑞，君臣仍心怀恐惧，互相劝勉。而今陛下没有儿子，又屡次受到上天的警告，即便日夜自责，改正错误，敬畏天命，选窈窕之女以承宗庙，都不一定能生儿子。陛下却放纵情欲，迷恋倾心于卑贱的女子，打算立她为皇后，母仪天下，不畏于天，不愧于人，太糊涂了！

俗话说：朽烂了的木头，不可以当梁柱；卑贱的婢女，不可以当主人。上天和百姓同时拒绝的人，只有祸没有福，连街巷小民都懂得这个道理。满朝公卿没有一个人敢出来说句真话，我非常痛心，不得不仗义执言，冒死出这个风头！

刘骜毫不客气地将其关进监狱，准备好好收拾一顿。

大臣们有点蒙，这什么情况？只有少数几个人明白皇帝的心思，一看皇帝生气了，纷纷上书解释和求情。这些人有左将军辛庆忌、右将军廉褒、光禄勋师丹及太中大夫谷永，他们联名上书：

刘辅原本是个地方小官，陛下提拔他当谏大夫，说明他的言论见解一定有合圣心的地方，才受到如此提拔。如今不过月余，却被关进监狱，臣等愚昧，认为刘辅有幸从地方提拔到朝廷，不知道朝廷规矩，以致触犯忌讳，不算大错。若是小罪，陛下应该隐忍一下；如有大罪，也应公开他的罪状，交付司法部门查办，使大家都知晓。而今上天不悦，灾异屡降，水灾旱灾接连发生，正是广开诤谏之门，褒扬正直之士的时候。陛下却用这种严厉手段惩罚谏臣，使群臣震惊，丧失尽忠直言之心。

假如刘辅不是因直言获罪，罪名又不公布，那么就不能使天下家喻户晓。刘辅是同姓近臣，本因直言而获显达，从管理亲族、培养忠良的角度上说，实在不该把他幽禁在宫廷监狱。百官见陛下擢升任用刘辅，又迅速打击，都会怀有恐惧之心，不敢为国尽忠直言了，这就不能显示出陛下虚心纳谏的美德，也不能推广道德风范。我们深深为此感到痛心，希望陛下留意考察！

这么多人联名为他求情，刘骜只得免除刘辅的死罪，罚他做三年“鬼薪”徒刑。

好不容易压制住了朝中反对的声音，太后王政君又出来反对。她嫌赵飞燕的出身太低，认为让她当皇后，有失皇家的威严。

赵飞燕很委屈，当年卫子夫的身份也跟我一样，她可以当皇后，我为什么就不可以？

就在赵飞燕举目无望时，有个人跑来对刘骜说，他愿意充当说客去说服姨妈。

这个人叫淳于长，是太后王政君的外甥，他曾经依靠巴结王凤，入宫当了黄门郎。眼下，所有人都知道王太后不喜欢赵飞燕，要让她改变态度，谈何容易？

淳于长却信心十足，他对机遇有着极度的敏感和执着，这次如果表现好了，仕途必定可以再进一步。为了说服姨妈王太后，淳于长做了充分的准备，凭着他那三寸不烂之舌，终于说动了王太后，接受了赵飞燕这个儿媳。

为了堵住朝臣们的嘴，刘骜追封已经过世的赵飞燕的父亲为成阳侯，这样一来，谁还敢说她出身低贱？

永始元年六月（公元前 16 年），刘骜封赵飞燕为皇后，赵合德封为昭仪，仅次于皇后，大赦天下。

储君的选择

明眼人都能看出来，许皇后的失势已成定局，属于她的时代已经过去。如今的许皇后，已经被打入冷宫，成了许废后。而她并不甘心就此沉没，于是慌乱伸手，希望能抓住些攀附之物，幻想着挽回皇帝的心。

可问题是，如何才能做到这一点呢？

许皇后在脑海中搜索了一遍自己的人脉，忽然想到了一个人：淳于长。

之所以能想到他，是因为淳于长与许皇后的另一个姐姐许孊私通，把许孊纳为小妾。有这么一层关系在里面，许皇后认为淳于长一定有办法帮到自己。

当时，淳于长已被刘骜封侯，位列九卿之一的卫尉，是皇帝身边的大红人。许皇后重金贿赂淳于长，希望他能在皇帝面前帮自己美言几句。

淳于长本无心帮她，但受不了金钱的诱惑，假装答应许氏。每当许皇后问起，淳于长总是欺骗她说，皇上已经慢慢原谅她了，还打算立她为左皇后。

失去了钱财和地位的许皇后，此刻已然是非常无助，她只能靠淳于长编织的那些谎言才能活下去。而淳于长没事儿就给许皇后写信，字里行间充斥着不少挑逗之语。

时间一久，刘骜也有些怜悯许氏，于是下诏：先前平安刚侯夫人许谒犯下大逆不道之罪，家人有幸蒙受赦令，回到原籍，令平恩侯许旦和许氏在山阳郡的亲属回到京城。

傻傻的许氏还以为是淳于长的功劳，对他感恩戴德。

王凤死后，继任者是王根，因为身体不好，王根多次向刘骜请求退休，而当时淳于长已官至卫尉，位列九卿，是最有可能接替王根职位的王家人。

然而，想接班的又何止淳于长一人？还有一个人也磨刀霍霍，准备跟他竞争。

这个人叫王莽，是淳于长的表弟。

彼时的王莽担任侍中、骑都尉、光禄大夫，他一方面尽心侍奉伯父王根，另一方面搜集淳于长的罪证。

王莽为人低调，做事稳重，可以说是王氏家族的一股清流，很得王根的欣赏。有一天，王莽去看望病床上的王根，意味深长地说：叔叔，有句话不知当讲不当讲。

王根说：但讲无妨。

王莽说：淳于长听说您久病不起，整日春风拂面，自以为可以代替叔叔您辅政了，他现在已经到处给别人封官许愿了。

王根越听越火大，吼道：有这等事，为什么不早说？

王莽小声说：不知叔叔心里的想法，所以我憋在心里没敢说。

有人是煽情的高手，有人是点火的高手，王莽二者兼具。

王根咳喘着，指着王莽道：还等什么，赶快去禀告太后！

王莽又去老太太那儿告状，把淳于长那些七七八八的事讲了一大堆。

老太太知道淳于长做下的丑事后，气得大吼：这小子竟然干出这种事，真是丢尽了我王家的脸面！走，跟皇帝说去！

王莽又来见刘骜，照前述了一遍。刘骜却很冷静，只是将淳于长免官，打发回封国了事。

听说淳于长被一撸到底，最开心的当数红阳侯王立。当年他没能担任大司马辅政，一直怀疑是淳于长暗中捣鬼，在刘骜面前说了自己的坏话，至今耿耿于怀。而如今，淳于长因罪被遣返回封国，王立终于可以报复一把了！

想到这里，他派长子王融去找淳于长，要求其留下车辆马匹。淳于长见王融索要马车，不但立即奉送，而且额外又送了一大堆奇珍异宝，让王融回去跟王立通融，在皇上面前帮自己求个情。

王立见钱眼开，收了淳于长的礼，马上化敌为友，找了个机会向刘骜吹耳边风，请求把淳于长留在京师。

刘骜很蒙，他的第六感告诉他：这里面一定有问题！

地球人都知道，王立跟淳于长是死对头，他怎么可能会帮淳于长求情说好话？

刘骜派人进行调查，王立吓坏了，害怕事情暴露，硬是逼着儿子自杀。

这件事更让刘骜觉得其中必有蹊跷，下令将淳于长抓起来审一审。受不住皮肉之苦的淳于长很快就把如何戏弄许皇后的事全抖了出来，刘骜感觉自己的头顶隐隐冒着绿光，一怒之下，把淳于长给杀掉了。

而见钱眼开的王立，和他的大司马之梦彻底拜拜了，他被遣回封地，其党羽和密友也被一撸到底。

淳于长结交广泛，他的朋友圈中有很多好友，比如丞相翟方进。

淳于长被斩后，和他有关系的人都受到了牵连。翟方进虽未参与淳于长之事，但也因和淳于长关系不错，怕受到牵连，主动上书请求辞职。

刘骜反而不怪罪翟方进，批了一句：淳于长已伏诛，你跟他关系不错，但古人有句名言：朝过夕改，君子与之。希望你不要多想，安心工作。

翟方进这才放下心来，重新回去上班，处理了一批与淳于长关系不错的人。

翟方进是上蔡人，跟李斯是同乡，他祖上家大业大，可到了他父亲这一辈，家道中落。他十二三岁时，父亲去世，临终前托人在官府里给他谋了个小吏的差使。可惜衙门当差需要八面玲珑，翟方进干不来官家那一套，所以在太守府过得很憋屈。

对前途感到迷茫的他找人算了一卦，结果算卦的人一看他的面相，告诉他：小伙子，我看你有封侯之相，前途不可限量。你听我一句，辞职去研读经术，将来必有作为！

翟方进大喜，辞了工作对继母说，自己要到长安拜师学经。继母不放心，一起到长安卖鞋供他读书。

十多年后，翟方进终于在学术界混出了名头，进入了官场。他在学术界地位很高，有多高呢？西汉有三个“儒宗”，第一个是叔孙通，第二个是董仲舒，第三个就是翟方进。

当时，官场中有一位精通经术的老头叫胡常，年龄比他大，研究经术比他早，官职比他高，可名气就是没有他大。胡常看不惯翟方进，经常到处说他的坏话。

翟方进知道后，非但没有找胡常算账，反而在每次给学生上课遇到疑难问题时，总是派人去请教胡常，给足了他面子。胡常心中满是愧疚，打那以后就经常夸翟方进有学问，人品好，两人后来还成了无话不谈的好友。

又过多年，翟方进升任刺史。他做事不嫌麻烦，所办政务均按条令执行，甚有威名。后来他当上丞相司直，与司隶校尉较上了劲。

第一任司隶校尉是陈庆，因为知法犯法和渎职被他弹劾，直接被免官，回家种田去了；第二任司隶校尉是涓勋，看菜下碟，对丞相和御史大夫极不恭敬，却对外戚王氏毕恭毕敬。

这可点燃了翟方进的暴脾气，一次上班时，他引经据典，直接将涓勋阳奉阴违、勾结外戚的行为公之于众。这下子，涓勋也晾凉了，被降为县令。

短短一年时间内，两任司隶校尉都败在翟方进手上，群臣从此怕了他。丞相薛宣非常器重他，时常告诫府内一干人：好好与翟司直相处，用不了多久，他必然会当丞相的。

薛宣没有看错人，三年之后，丞相之职空缺，皇帝让群臣推荐人选，大伙儿一致推举翟方进。就这样，翟方进接过了丞相的担子，还被封高陵侯。

封侯拜相，这是每一位政治家的终极梦想，无疑也是草根青年翟方进的终极梦想。今天，他做到了！

王尔德曾说：人生有两大悲剧，一个是梦想的破灭，另一个是梦想的实现。后者之悲，更甚前者，翟方进很快就会体会到这句话的真意。

我们继续说回赵飞燕。

赵飞燕成为皇后，执掌后宫，刘骜对她的宠爱却渐渐不如以往，更宠爱妹妹赵合德。

赵合德居住的宫殿昭阳舍极尽奢华，中庭为红色，门上镶了黄铜，阶梯以白玉砌成，殿内的梁上横木装饰了金环，同时嵌入蓝田玉璧、明珠、翠羽，其富丽奢侈为诸宫之最。《汉书》记载，自有后宫以来，还从未见过如此奢华的宫殿。

姐妹俩接下来的目标很明确，轮流给皇帝生子。

可是，老天爷是很公平的，她们很快发现，过去用多了美颜瘦身的“息肌丸”，如今怀孕变得很困难。赵氏姐妹明知自己不孕不育，仍然不死心，宫中嫔妃只要怀孕，都被赵氏姐妹下手除掉。刘骜虽然在后宫辛勤耕耘，却始终没有儿子，这让他很焦虑。

这一年，刘骜已经四十多岁了，一个迫切的问题摆在他面前：选谁来当继承人？

刘骜没有儿子，只能从血缘最近的宗室中选一个当继承人了。当时有资格入围的只有两个人：中山王刘兴、定陶王刘欣。

其中，刘兴是刘骜同父异母的兄弟，刘欣则是刘骜异母弟刘康的独生子，彼时的刘康已经去世多年了。

元延四年（公元前 9 年），为了确定最后的人选，刘骜下诏，让中山王刘兴与定陶王刘欣到长安参加最后一轮面试。

两个人都知道这次面试将决定自己未来的命运，尤其是侄儿刘欣，他奶奶傅太后对他这次出远门特别不放心，让太傅、丞相、中尉三个人陪着孙子去了长安。

反观刘兴倒是很淡定，只带了太傅一人就出了门。

一到长安城，刘骜就问侄儿刘欣：你带这么多高官过来干吗？

刘欣从容回答：大汉法令规定，诸侯王朝见天子，可以由封国中官秩在二千石的官员陪同，而太傅、国相和中尉都是二千石的官员，因此我都带来了。

刘骜一听，觉得刘欣回答得有理有据，又问弟弟刘兴：你只带太傅一人前来，有什么礼法依据？

刘兴心里很不满：老子又不是小屁孩，让那么多人陪着干吗？但是这话只能憋在心里，嘴上却没吭声。

刘骜有点尴尬，准备考一考两人的学问。他让刘欣背《诗经》，结果刘欣倒背如流，而且解释得头头是道。刘骜心下甚喜，又让刘兴背《尚书》，结果刘兴张嘴结舌，背不出来。

好吧，面试到此为止，先去吃饭。

哥儿俩一块用餐，刘骜早就吃完了，刘兴还在闷头狂吃，吃饱喝足才放下筷子。吃完起身，刘兴的袜带松开了，他也没有察觉。

这样一个颟顸的人，怎么能继承帝国的基业？刘骜因此看不上刘兴而欣赏刘欣，多次当众称赞刘欣有才。

与此同时，刘欣的奶奶傅太后也开始给孙子四处活动，她私下联络皇后赵飞燕、昭仪赵合德姐妹及骠骑将军王根，一方面送礼，一方面许诺，为刘欣成为太子打下坚实的人脉和舆论基础。

这些人也想给自己留条后路，于是在皇帝面前轮番称赞刘欣，劝刘骜立他为太子。

刘骜确实很欣赏刘欣，就在本次朝见期间，他还亲自为刘欣主持了加冠礼，然后送他回了国。

继承人一事，他还没作最后的决定。

次年，刘骜组织丞相翟方进、御史大夫孔光、右将军廉褒、后将军朱博、骠骑将军王根等人开会，会议内容只有一项：刘兴、刘欣两个人，谁更适合当接班人？

翟方进、廉褒、朱博、王根四人一致认为，刘欣是陛下的亲侄子，《礼记》上说，昆弟之子，犹子也；为其后者，为之子也，刘欣适合立为嗣子。

孔光则持反对意见。他认为，依照礼仪，立嗣应以血缘关系为依据，比照《尚书·盘庚》中记载的商朝君王的传位方式，理应兄终弟及。中山王是先帝的儿子，陛下的亲弟弟，应该被立为后嗣。

刘骜经过一番深思熟虑，最终还是选择了侄儿刘欣。

这一年，他再次下诏，召十八岁的定陶王刘欣入京，立为太子。为了安慰刘兴，又给他增加了三万户采邑。

皇帝死因调查报告

庙堂之上乱哄哄，那么民间如何呢？

只能用一个词来形容：民不聊生。

举两个例子。

建始三年（公元前 30 年）秋，一则“闹洪水”的传言迅速成为长安城的“头条新闻”。

当时关中正值雨季，大雨持续了四十多天，依然没有停止的迹象。长安城内谣传四起，百姓传闻洪水就要来了，四处奔走，长安城里乱成了一锅粥。

消息很快传到宫中，刘骜紧急召集公卿大臣开会。皇帝的舅舅、大将军王凤提出，大家先不要动，让皇帝先走。

他认为，雨下得这么大，应及早作准备，太后、皇帝和后宫嫔妃先登船避难，官吏百姓可以到城墙上躲避洪水。

大臣们纷纷给王凤拍马屁，唯独王商坚决反对。

他说：自古以来，即便是再无道的国家，也没有大水漫过城郭的情况。况且如今天下承平，四海安定，怎么会无端发大水？这一定是谣传！在这种敏感时刻，让百姓登上城墙避难，只会引起更大的恐慌，后果不堪设想！

过了一阵，城里也没见大水来，谣言不攻自破。

为什么长安城会闹这样的乌龙？如果仔细分析其中缘由，会发现一个扎心的真相：各地灾害不断，朝廷已无力应付。民众对政府的抗洪能力没有信心，整日生活在惴惴不安中，一听说洪水降临，自然是保命要紧。

当民众对朝廷开始失去信心：大汉，危矣！

时光如梭，转眼已是绥和二年（公元前 7 年）。

这一年的老天爷似乎不太高兴，天上出现了异象，叫作“荧惑守心”。这个词大伙儿应该很熟悉了，当初秦始皇死前就曾出现过这种天象，搞得他心中惶恐不安。

那么，到底什么是荧惑守心呢？

我先普及一下天文学和星相学知识。所谓“荧惑”，是指火星，在星相学中代表着战争和死亡。所谓“心”，指的是二十八宿之中的心宿，心宿有三颗星，分别代表了皇帝、皇子和皇室中最重要的成员。

一颗“灾星”，竟然停留在代表天子的心宿中，这可是直接影响到统治者命运的大凶之兆，翻翻史书，更要命！

始皇三十七年，出现荧惑守心，第二年嬴政驾崩；

高祖十二年春，出现荧惑守心，当年四月刘邦驾崩；

秦皇、汉祖都没能逃过“荧惑守心”的诅咒，刘骜也被吓了个半死，怎么办？

有一个号称善于观星的大臣出主意，说这个简单，只要找一位大臣来挡灾就行了。

可别觉得这是大臣一拍脑门想出来的，皇家转移灾祸其实也有先例可循的。《吕氏春秋》里就记载了宋景公时发生的一次“荧惑守心”事件。

宋景公问大臣怎么办，大臣说这灾祸本来是降在君主头上的，不过可以“转移”。

怎么转移？这位大臣给出三个方案：转嫁给宰相、转嫁给百姓、转嫁给当年的农业收成。

宋景公比较仁慈，让谁遭灾都不忍心，他决定：自己的黑锅自己背！

然而，当夜“荧惑”就消失了。大臣们都认为，这是因为宋景公的仁德感动了上天，所以才没有遭此大难。

刘骜听完以后恍然大悟，原来可以找替死鬼啊！他直接指定人选，就翟方进了，谁让他是百官之首呢？

刘骜召见丞相翟方进，指责他的工作中的种种过失，说他上不能辅佐天子、下无力选贤任能，白白占着丞相的大位，才会出现“荧惑守心”这样的凶兆。最后撂下一句话：这黑锅就该你来背！

很明显，皇帝是想让他自裁。

翟方进从皇宫出来后往家里走，心里那叫一个难受，干了一辈子工作，到头来还要把命搭上，太寒心了！

翟方进迟迟下不了自杀的决心，刘骜的旨意又到了：你翟方进有孔子那样的觉悟，又有战国勇士孟贲那样的勇武，但你担任丞相后，治国理政却一塌糊涂，灾害不断，黎民受苦，百官也是朋比为奸，你做丞相的肯定是有责任的！朕想免了你吧，又不太好意思，工作干成这个样子，你自己看着办吧！

摆事实、讲道理，最后还赐给翟方进一头牛、十石酒。

翟方进绝望了，这是皇帝要逼死自己的节奏啊！无可奈何，翟方进痛哭一场，当天就自杀了。

消息传来，刘骜高兴了，终于有人替他挡灾了。为掩盖自己逼死丞相的事实，刘骜赏赐了很多殡葬器物，还数次亲临吊唁，极力打造翟方进高大全的形象，让其获得了汉兴以来历代丞相前所未有的待遇。

翟方进登上了人生的巅峰，成为帝国的丞相。然而那又如何？今天他的结局，正应了杜甫的那句诗：官高何足论，不得收骨肉。如果让翟方进重新选择一次，他会不会仍然选择辞职，到长安做个“京漂”？

这个问题，没有人能回答。

事实证明，出来混，迟早要还的。有些锅就得自己背，甩是甩不出去的。

就在翟方进被逼自裁的次月，已经被酒色掏空了身体的刘骜在未央宫突然逝世，而当时陪侍的正是赵合德。

一时之间，朝野震动，太后、丞相、御史大夫、掖庭令等人全都将矛头指向了赵合德。赵合德无力辩解，自杀身亡。

根据正史记载，刘骜死于脑中风。可这显然满足不了八卦娱记的猎奇心理，他们一致认定，刘骜荒淫无度，肯定是服用春药过度，精尽人亡，死在了赵合德的床上。北宋有个三流小说家叫秦醇，根据《汉书》意淫出了一本《赵飞燕别传》，狠狠地黑了赵氏姐妹和刘骜一把。

十八岁的太子刘欣顺利即位，是为汉哀帝。

他感念赵飞燕当初拥立之功，依礼法尊赵飞燕为皇太后，封她的兄弟赵钦为新成侯，侄儿赵䜣为成阳侯。

西汉到了汉哀帝的手上，进入了多事之秋，开始向灭亡的道路上狂奔。

按理说，新皇帝继位，前朝的事也该告一段落了。然而，就在汉成帝驾崩后不久，司隶校尉解光提交了一份关于刘骜死因的调查报告，再一次震惊了朝野。

这份调查报告的内容可谓是惊世骇俗，他把刘骜没有子嗣归结到赵飞燕姐妹身上，甚至说刘骜在赵合德的逼迫下亲手掐死了自己的儿子！

这到底是怎么回事？

解光写的这篇调查报告其实很好读，因为全篇都是在讲故事。但鉴于原文实在太长，为了避免注水的嫌疑，我在这里简单概括一下。

元延元年，有个姓曹的宫女生下了一名男婴。没过多久，宦官田客拿着皇帝的诏书，让籍武将那个孩子和六名宫女押入暴室（后宫晾衣处，兼作牢狱），别管这是谁的孩子，也别管是男是女。

曹宫女对籍武说：请把我儿子的胞衣藏好，你知道我儿子是什么人吗？

三天后，田客又来催问：孩子死了没有？

籍武答：还活着。

田客急了，当面告诉籍武：皇帝和赵昭仪很不满意，孩子怎么还没死？

籍武哭诉道：臣自知杀也是死，不杀也是死。皇帝没有子嗣，这孩子好歹留着吧！

随后，籍武辗转给汉成帝上了一道奏书，其中说：皇帝还没有子嗣，只要是陛下的儿子，出身就没有贵贱之分，请陛下三思！

奏书递上去后，田客又拿着皇帝的手谕来找籍武，把小孩抱走了。田客把小孩交给中黄门王舜，王舜受成帝委托，把小孩带进宫中，挑选乳母抚养，并告诫她：好好抚养这个孩子，将来少不了你的好处，切记保密！

三天后，田客拿着皇帝的手谕和毒药，让曹宫女自杀。曹宫女知道这是要杀人灭口，哀叹道：看来赵氏姐妹要祸乱天下了！我儿子的额头很像汉元帝，可惜已经被她们害死了吧？要是能让太后知道就好了！

诏命难违，曹宫女服毒而死，男孩被人抱走，不知所终。

还有一个许美人也怀上了龙种。成帝为了保住自己的孩子，严密封锁消息，派出御医贴身照顾，还给许美人送去三颗名贵的养生保胎丸。

许美人生下孩子后，刘骜可能是心情舒爽，告诉赵昭仪自己有儿子了。赵昭仪一听，这还了得，马上一哭二闹三上吊，在成帝面前撒泼打滚哭闹：陛下经常骗我说，除了我们姐妹，别无所幸，那许美人的孩子又是哪里来的？我不依我不依！

赵昭仪以绝食相威胁，成帝只好哄她：我特意把此事告诉你，你怎么还生气了呢？

赵昭仪说：陛下常说绝不会辜负我，可如今许美人都生了儿子，你还有什么好说的？

成帝赌咒发誓，要立赵氏为皇后，绝不会让其他人高过你们，你不必担心。

赵昭仪还是不信，成帝只得让人将孩子送到御前，亲手掐死了自己的孩子，然后让人在掖庭狱墙下挖了一个坑，埋入其中。

成帝驾崩之时，赵昭仪害怕事情败露，贿赂身边的宫女，要她们保密。而已故的掖庭令也知道这事儿，但顾及家人，也一直守口如瓶，所以这么多年真相一直无人知晓。虽然皇上刚刚宣布大赦，但赵昭仪罪大恶极，兄弟亲戚又在帝侧，实在令人寒心，不惩不足以谢天下！

这个故事讲得有鼻子有眼，曲折离奇，在历史上流传很广。不过很可惜，在我看来，这个故事漏洞太多，根本经不起推敲。如果刘骜还活着，看到这份调查报告，绝对会以诽谤罪起诉解光！

要知道，皇帝无后，不仅是他个人的事情，更是国家的大事。赵合德再受宠，再跋扈，她敢向皇帝提出这种过分要求吗？

其次，当时实际掌权的乃是皇太后王政君，她的地位正是从儿子刘骜这儿来的。刘骜有没有儿子，王政君绝对是最关心的，如果刘骜生不出儿子，换了其他人上位，王氏家族就要面临巨大危机。后宫如有妃子怀孕，王政君岂会不闻不问？又怎会允许赵合德为所欲为，除掉自己的亲孙子？

再次，刘骜就算对赵合德爱得死去活来，也不可能昏庸到杀死自己的孩子来取悦一个女人，因为这违背了人性。我相信，刘骜也不会干出这种人神共愤的事来。

那么问题来了，既然如此，解光为什么要在先皇去世几个月后，写出这样一份漏洞百出的调查报告？或者说，是什么人在背后指使他？

是王氏家族吗？我觉得未必。因为这份报告虽然重点打击了赵氏外戚（刘欣事后夺了赵飞燕弟弟和侄子的爵位），可王氏家族也受到了敲打，报告中点出王根贪财，意思是让老王家的人也老实点。

综合后来的政治斗争，幕后之人其实不难猜测——极有可能正是皇帝刘欣本人。

不管怎么说，自己的荒唐伯父终于下台了，满怀远大理想的刘欣站到了历史舞台的中央。

从希望到绝望

作为一位从藩国出来的皇帝，刘欣对汉朝的很多弊病还是看得很清楚的，除了令人诟病的后宫外，皇室权力衰微、权臣把持朝政一直困扰着帝国的执政者。上任之初，刘欣信心十足，他想一改前朝乌烟瘴气的状况，对朝局来个重新洗牌，将皇权收回自己手中。

为了革新朝政弊病，刘欣一改成帝朝的奢靡生活作风，他节省各项开支，整顿靡靡之音，下令裁撤了乐府一大半的乐工。

开局顺利，大伙儿也对他充满了信心，坚信他能把帝国带回正轨。

然而，刚开了一个好头，刘欣就跌了一个大跟头。这个给他下绊子的人不是别人，正是他的祖母，傅太后。

按理说，刘欣已经过继给了刘骜，他的祖母和母亲应当留在定陶，但两人偏要来长安。王政君倒也好说话，同意两人每十天来一次未央宫。

对这个结果，傅太后显然不满意，孙子当了皇帝，自己想住在宫里，那还不是一句话的事吗？

刘欣很纠结，下诏问丞相孔光和大司空何武：你俩说说，定陶太后应该住在什么地方合适？

孔光很谨慎，他老早就听说傅太后有工于心计、善于弄权的名声，绝对不是一个善茬，担心她干涉朝政，建议另行修筑宫殿居住。不料，大司空何武关键时刻脑子掉线了，居然说：不用那么麻烦啦，北宫就可以居住。

刘欣很无语，但也只能表示同意。

北宫就在未央宫的西北角，有条小道可以直通未央宫。傅太后每天都要去看自己的孙子，她的目的很简单：给自己一个恰当的“名分”。

傅太后的名分是“定陶王太后”，级别已经很高了，但老太太显然不满意。看看人家王政君，同样是元帝刘奭的女人，凭什么她是太皇太后，我就不行了？

高昌侯董宏很会来事，他迎合傅太后上了一封奏书，其中说：秦时庄襄王过继给了华阳夫人，庄襄王照样封他母亲夏氏与华阳夫人为太后。给傅太后一个“帝太后”的尊号，没毛病！

这个建议马上遭到了大司马王莽、左将军师丹的反对，他们联合上奏弹劾董宏：拿亡秦做比喻，这不是臣子该说的话，大逆不道！

刘欣于是让董宏滚蛋，贬为平民。那边的傅太后一听大怒，她觉得这孙子太懦弱了，而且对自己不孝顺。我大汉历来以孝治国，你看着办吧！

拿孝道来压人，这就很过分了，刘欣没办法，在征得了王政君的同意后，他下诏将自己的父亲定陶恭王尊为“恭皇”，将祖母傅太后的尊号改为“恭皇太后”，母亲丁氏尊为“恭皇后”。

不仅如此，刘欣还延续了前两朝的路线，大肆分封自己的外戚亲眷。这样一来，朝中就形成了两拨外戚，一拨是王氏家族，一拨是傅氏家族。

一顿操作猛如虎，老太太是心满意足了，可刘欣却离自己当初的理想越来越远。

眼见傅家人得势，王莽知道自己该避一避了，他上书乞骸骨，诚恳地要求退出帝国权力中心，长安套路深，我要回农村。

但刘欣不同意。

自己刚上台，各项工作乱如麻，正是需要人指点的时候。你王莽官声又好，品行又好，能就此撒手不管吗？

当然，这只是台面上说的话。

作为皇帝，刘欣深知，虽然自己引入了傅氏家族，削弱了王氏家族，但王氏家族经营了数十年，各个重点部门都有他们的人，这些人的影响力可不是短时间就能消除的。如果贸然让王莽辞职，那自己这皇位能不能坐得安稳就不好说了。

在刘欣和一干老臣的挽留下，王莽留了下来，重新回到了工作岗位上。

有一次，汉哀帝在未央宫举行宴会，宴会负责人在安排座位时，把傅太后的座位设在了王政君的旁边，这引起了王莽的不满。他斥责内者令说：定陶太后不过是藩王妃子，她有什么资格跟太皇太后座位并列，她配吗？

说完，王莽勒令内者令将傅太后的座位撤去，重新安排。

傅太后听说王莽的这一举动后，气得勃然大怒，怎么也不肯赴宴，恨不得把王莽生吞了。

没脸去啊！

王莽一看情况不妙，赶紧又交了一份退休报告。

刘欣见双方已到了水火不容的地步，只得同意了王莽的退休请求，但赐给他“特进”的待遇，仍能参与朝政。

眼见王莽下野，王氏集团有垮台的趋势，不少人纷纷跟风，弹劾王家人。有一次，司隶校尉解光弹劾曲阳侯王根，说他在先帝丧葬期间公然聘娶后宫女乐官，摆了一长溜的酒席；王根的侄子、成都侯王况也公然聘娶先帝的贵人为妻，这两人犯了大不敬之罪，要求严惩。

刘欣很为难，他能当上皇帝，王根也没少出力，但大臣的弹劾奏疏又不能不管。权衡之后，他决定，让王根回老家养老；王况夺了爵位，贬为平民；王氏以前举荐的官员，无论贤能与否，一概全部罢免。

不但王氏家族的人受到了影响，连王莽本人也遭到了傅、丁外戚一党的弹劾。

至此，刘欣终于把王氏外戚挤出了权力中心。

即便如此，傅太后仍不满意。在她看来，“帝太后”比“太皇太后”还是差了点意思。于是，有人继续为她鼓吹，大唱赞歌说祖母以孙贵，应该更换尊号，以重孝道。

在大臣的怂恿下，刘欣又将其尊号晋为“帝太太后”，与太皇太后同级。

自此以后，傅太后愈发骄横，甚至当面羞辱王政君，骂她是“老太婆”。几年后，傅太后的尊号又玩出了新花样，要了个“皇太太后”，比“太皇太后”更胜一筹了。

后宫之中，破天荒出现了两位太皇太后、两位皇太后！

绥和元年（公元前 8 年），中山孝王刘兴病逝，独生子刘衎（kàn）继位，史称中山小王。

刘衎当时还不满一周岁，得了一种眼科疾病，祖母中山太后亲自抚养看护，到处求神许愿，祈祷孙子早点病愈。

这位祖母可不简单，她叫冯媛，是冯奉世的女儿，当年曾赤手空拳为元帝刘奭挡熊，给元帝留下了深刻印象。

刘欣得知消息后，安排宫廷礼宾官张由带医护人员去给刘衎看病。这位张由有“狂易病”，跟羊角风类似。到地方后，他突然精神失常，暴怒狂乱，一路跑回了长安。

宫廷秘书责问张由为何擅自离开中山国，张由惊惧之下编造谎言，说中山国冯太后诅咒皇帝及傅太后。

竟有这等事？

傅太后早就对冯太后看不惯，她嫉妒冯太后当年在皇帝面前出尽了风头，这下机会来了，立即派御史丁玄去中山国办案。

丁玄将中山国官吏及冯氏家族百余人抓捕，查了数十天，也没查出个结果。傅太后很不满意，又让中谒者令史立接手这个案子。史立办案方式简单粗暴，动用大刑，弄死了数十人，但冯太后始终不承认子虚乌有的事儿。

史立刺激冯太后说，想当年太后挺身挡熊的时候多么英勇，如今咋就没有勇气认罪伏法呢？

冯太后很清楚，史立肯定不知道三十多年前挺身挡熊的事儿，这显然是傅太后成心要报复我啊！

想明白这一点，冯太后服毒自尽。

事情过去一年后，司隶孙宝在翻阅卷宗时，觉得冯氏一案有些蹊跷，奏请重新审理。傅太后听说后，对刘欣怒吼道：皇帝设置司隶，是用来追查我的吗？冯氏谋反一案事实清楚，证据确凿，孙宝却故意挑剔，四处宣扬我的过错，你干脆叫他把我抓起来！

傅老太太一发飙，刘欣立马就㞞了，赶紧把孙宝扔大狱里去了。不好意思了老弟，老太太发火了，只能暂时委屈你到监狱里蹲一会儿了。

尚书仆射唐林表示不服，他站出来为孙宝鸣不平。刘欣一看，怎么又冒出来一个刺儿头？顺手给唐林安了个结党营私的罪名，给他贬到敦煌喝西北风去了。后来，大司马傅喜、光禄大夫龚胜等人坚持为孙宝辩护，刘欣一看这么多人为他求情，只得去做老太太的工作，最后给孙宝官复原职。

老太太权力欲旺盛，傅、丁两家的外戚也跟着沾了光，一个个鸡犬升天，占据了各部门的重要岗位。刘欣一心想收回皇权，开创良好的政治风气，不料还是回到了外戚专权的老路上。

刘欣不甘心就此止步，他踌躇满志，准备搞另外一项改革：限田限奴，简单来说就是土地革命和限制人口买卖。

这里我要重点说一下土地革命，因为这涉及中国两千多年历史的深层逻辑。

每个王朝的初期都是人少地多，人均耕地面积较大，社会亟需安定，这也是为什么盛世总是会出现在王朝前期的原因。随着太平盛世到来，人口逐渐增多，土地的开垦却有上限，就会造成人均土地占有量逐渐减少的局面。随着强有力者大肆兼并土地，又有无数人没有田种，再加上为逃避沉重的税赋，百姓大多沦为佃户。

这时候，只要一场自然灾害，就会形成不受管束的流民潮，引发大规模的农民起义，最后推翻旧王朝，建立新王朝，由此进入下一个循环。

这种围绕土地形成的轮回，在工业化时代来临之前根本无解。每个王朝都难以避免，始终挺不过三百年一次的周期律。

西汉初年，天下初定，百姓颠沛流离，土地荒废，国家虚弱。开国皇帝刘邦采取休养生息的策略，使西汉的经济得到发展，走向鼎盛。

与此同时，随着春秋战国井田制瓦解，土地私有制得到迅速发展，特别是在允许并鼓励发展私田的情况下，未对私田予以任何限制，所以土地兼并的问题渐渐显露。

武帝时，土地兼并的情况就已严重，兴起了一批批豪强地主。董仲舒对当时的情况批判道：富者田连阡陌，贫者无立锥之地。

元帝时，土地兼并更加猖狂，土地的集中度也更高。比如，当时有个豪强地主叫张禹，仅他一家就占据了关中四百顷土地，而关中地区豪强的数量在全国排第一。

试想一下，除掉这些豪强占有的土地，留给农民的土地又能剩下多少？成帝时的成汤就曾指出过这个问题：关东富人太多，占据了大量良田，役使贫民。

哀帝上位后，代替王莽担任大司马辅政的师丹提出了“限田限奴”的改革主张。

不改不行了，眼下土地兼并问题已经相当严重，有些地方豪强占田数千顷，富过王侯，对帝国治理产生了严重威胁。

刘欣继位两个月后，大司马师丹正式发布了限田限奴令，规定诸王、列侯不得在他们的封国之外购买田地，而关内侯和其余人的田地不得超过三十顷；诸侯王的奴婢不得超过二百人，列侯、公主不得超过一百人，关内侯、吏民不得超过三十人，但是六十岁以上、十岁以下的不算在奴婢数量中；商人不能占田，不能做官。

愿景很美好，可惜放到现实中根本无法执行，老傅家和老丁家首先坚决反对。

傅昭仪和丁姬属于多年的媳妇熬成婆，早些年被发配到山东定陶的委屈，一定要变本加厉地讨回来。况且这些年，史家、许家、王家这些外戚纷纷占田蓄奴，享尽了荣华富贵，凭什么轮到自己了，就要勒紧裤腰带过憋屈日子？

既得利益者不肯松口，而新上位的外戚老傅家和老丁家又联合抵制，最终，“限田限奴”这套改革方案被束之高阁。

刘欣自己也没做到这一点，他后来赐给董贤两千顷土地，远远超过了限田令的最高数。上行下效，限田限奴令最终成为一纸空文。

面对这一连串的挫败，年轻的刘欣有一种深深的无力感。继任之初，他也曾雄心勃勃，改革帝国弊病，收回皇权，像自己的祖辈一样做一番事业，却屡屡被冰冷的现实打败。

断袖之癖

政治上屡次受挫，给刘欣的理想蒙上了一层阴影，他渴望被理解，渴望被安慰，可放眼望去，谁会真正懂他？

就在这时，一个叫董贤的人闯入了他的生活。

一个夏日的午后，刘欣无意中瞥见殿门外廊下立着一个男子。他看上去只有十七八岁年纪，五官白皙，面容清隽，但更美的是他的气质。那是一种从骨子里透出的美，高贵与优雅，风华与俊逸，同时又结合了阴郁和深邃。

只是因为在人群中多看了你一眼，再也没能忘掉你的容颜。

刘欣一下子就被他帅气的外表深深吸引，主动上前搭讪：你就是舍人董贤吗？

看着眼前这位霸道的皇帝，董贤轻声回答：是！

这一搭讪，一发不可收拾，两人迅速坠入爱河。

当日，董贤升任黄门郎，父亲董恭征召为霸陵令，并擢升为光禄大夫。

当然，这还只是开始。

没过多久，董贤被提拔为驸马都尉。皇帝外出，董贤就在身边赶车；皇帝上殿，董贤在身边伺候；皇帝睡觉，董贤伺寝。

一个月内，董贤得到的赏赐不可胜数，圣眷之隆重，无人能及。

刘欣和董贤流传最广的是“断袖之癖”。一次睡觉时，董贤的头枕到了刘欣的衣袖，刘欣想起床，而董贤还没睡醒。为了不打扰董贤，刘欣用剑裁断了袖子，悄然而起。“断袖之癖”由此而来，也成了同性恋的代名词。

董贤在刘欣面前尽显娇柔之态，千娇百媚，柔美异常。每次给他休假，董贤都不肯回家，一直陪在刘欣身边。

董贤成了刘欣的心上人，董贤的家人也跟着一路高升，他妹妹被升为昭仪，仅次于皇后，董昭仪居住的宫殿改名为“椒风”，与皇后的“椒房”遥相对应。

董贤及其家人迅速飞黄腾达，老丈人被任命为将作大匠，小舅子被任命为执金吾，让其掌管禁军，相当于把自己的身家性命都托付给了董贤。甚至连董贤家的仆人都沾了光，得到了刘欣豪华的赏赐。

都说恋爱中的女人是盲目的，其实男人又何尝不是如此？刘欣给了董贤很多赏赐，可即使这样，他还是觉得无法表达对心上人的爱，他甚至想给董贤封侯！

奈何老祖宗刘邦早就立下了规矩：非刘氏不得封王，非有功不得封侯，如违此约，天下共击之！

怎么才能迈过这个坎？

这时，有人给他出了个主意，可以利用前一年发生的“东平王诅咒案件”，将举报人的名字改为董贤，就说是他告发的。这样一来，给董贤封侯就有合理的理由了。

结果，这一计划刚一提出，就遭到了丞相王嘉等人的阻止。但刘欣并未气馁，再接再厉，终于在几个月后强行将董贤封为高安侯。

然而，仅仅一个爵位，又怎么能够表达自己对董贤的爱呢？

一心要和董贤海枯石烂的刘欣，又酝酿着提拔他当大司马。

这一年，傅老太太驾崩，刘欣想以傅太后遗诏的名义加封董贤。结果诏书发下去，被丞相王嘉否了。刘欣勃然大怒，他找了个借口，派人去抓捕王嘉。

大难临头，全府上下都慌了，痛哭流涕，怂恿王嘉仿萧望之，在被捕之前服毒自杀，以免受到狱吏的羞辱。王嘉却说，我有幸位居三公，如果是工作中出了差错，辜负了国家，理应受死，向众人谢罪。我又没做错什么，为什么要服毒自尽？

王嘉从容不迫，穿戴整齐，随使者入诏狱，并在狱中坚持自己的清白。不过，他并未对生还抱有任何幻想，下狱后便开始绝食，二十多日后呕血而死。

在排除一切阻碍后，刘欣终于让董贤当上了大司马。这一年，董贤只有二十二岁。

匈奴单于和乌孙国国王来长安，刘欣设宴款待。宴会上，单于看见一旁的董贤，年纪轻轻竟然能够做到这样的高位，很是惊讶。刘欣得意地向单于说：别看大司马年轻，他可是凭着自己的本事才坐到这个位置的。

单于心想：听起来好有道理，我竟无言以对。

不仅如此，刘欣还在册命董贤为大司马的诏书中用了“允执其中”这个词，据说这是当年尧帝禅让给舜帝时所使用的词汇。言外之意，他甚至还想将自己的江山让给董贤！

雨果说：什么是爱？将整个世界浓缩为一个人，或将一个人看作整个世界，这就是爱。

在刘欣眼里，董贤就是他的全世界。

刘欣沉溺在自己的世界里不能自拔，那么民间的情况又如何？

翻遍汉史，怎一个惨字了得！

此时的西汉王朝已经行至强弩之末，刘欣上位时正是多事之秋，日食月亏，星辰失序，山崩河决，饥馑遍行，盗贼蜂起，关于汉家中衰的谶语比比皆是。

建平四年（公元前 3 年），关东持续大旱，政府无力应付灾情。

百姓在现世无望后，选择了拜服在西王母脚下。随之，一场浩浩荡荡的“传西王母筹”的群体事件爆发。

从正月开始，民众仿佛着了魔一般，手持草茎禾秆，互相传递，称为“行诏筹”，四处奔走。不断有百姓加入，队伍越来越庞大，可达千人。他们披发赤足，行色匆匆，有的连夜冲击城关，有的翻墙而入，有的驾车骑马奔驰，无人能挡。

这场运动波及二十六个郡国，成千上万的民众最后来到了首都长安。在长安，狂热的信徒们在街巷间集体祭祀西王母，甚至有夜晚持火上屋、击鼓呼号者。信徒们还互相传递符书，称佩戴此符书者，可以不死，如果不信，在门枢下可以看到白发。

如此这般，纷纷攘攘，直到秋天，这场神秘主义的民间运动才平息下去。

然而，刘欣可不管这些。百姓疾苦？跟我有什么关系？

皇帝这么瞎搞，朝中一些有识之士看不下去了。

谏大夫鲍宣上书刘欣，以“七亡”“七死”陈述民间苦状。

所谓“七亡”是：阴阳不和，水旱为灾；县官重责，更赋租税；贪吏并公，受取不已；豪强大姓，蚕食无厌；苛吏徭役，失农桑时；部落鼓鸣，男女遮列；盗贼劫略，取民财物。

“七死”是：酷吏殴杀，治狱深刻，冤陷无辜，盗贼横发，怨仇相残，岁恶饥饿，时气疾疫。

鲍宣认为，之所以会出现“民有七亡而无一得”“有七死而无一生”的惨状，都是皇亲国戚、达官显贵只顾自己、不体恤百姓造成的。

鲍宣是一个不怕事的主儿。有一回，丞相孔光外出视察工作，随从不行旁道，驾着车在中央驰道奔驰，正巧鲍宣看到了，他命人将孔光的随从拘捕，车马没收充公。

孔光对此耿耿于怀，大家都是同僚，你这么不讲情面，让我情何以堪？回去后在刘欣面前吐槽鲍宣。

刘欣不知事情的来龙去脉，派人到司隶府抓鲍宣。

孤傲的鲍宣见状，居然闭门拒命。

刘欣火了，将鲍宣以大不敬的罪名逮捕下狱，定为死罪，后来改判髡钳刑，流放上党。

谏臣被黜，庙堂之上只剩下马屁精了，比如丞相孔光。

孔光是孔子的十四世孙，是大儒孔霸的儿子，初入仕途的他性格刚正，也曾怀揣着理想教化风俗，赈济灾民。当初淳于长因罪当诛，六个小妾在他事发前早已离开，丞相翟方进、大司空何武认为，淳于长犯罪之时与六人仍为夫妻，因此当以连坐判之。

孔光坚决反对，他认为：夫妇之道，有义则合，无义则离，淳于长抛弃六人时，并没有想到所犯之罪会败露，不是故意为她们脱身。既然当时已断了夫妻情义，如果再以夫妻之名判处六人连坐，不妥。

成帝最终被他说服，免去六人的死罪。

孔光为官谨慎，做事严谨。有一次，妻子听闻宫中建了一个温室，其中种植了许多名贵树木，就问孔光：长乐宫温室殿中到底种了些什么啊？

孔光嘿嘿一笑，愣是没说。

然而，就是这样一个心怀理想与正义的人，在历经宦海浮沉，特别在经历了罢相打击后，他身上的正义感越来越弱，到最后变成了官场老油条，只想自保。

虽然与董贤同列三公之位，早先还担任过董贤之父的上司，如今的孔光却很识时务，他知道刘欣有意将江山拱手让给董贤，便经常请董贤到家里坐坐。每次董贤到访，孔光都是高规格接待，毕恭毕敬。

刘欣深知，禅位董贤是大事，必定会在朝中引起轩然大波，他还需慎重考虑，试探一下大家的意见。因此，在正式下诏前，他在麒麟殿组织了一次小宴，邀请朝中大臣赴宴。

一片其乐融融中，刘欣借着酒意，举起酒杯从容笑道：朕想效法尧舜禅位于董贤，如何？

小伙伴们彻底惊呆了：这是人能干出的事儿吗？

中常侍王闳是个暴脾气，第一个站起来反对：天下乃高皇帝天下，非陛下之有也。陛下承宗庙，当世世代代传于子孙，责任重大，岂能戏言？

王闳的意思很明显，这天下是你祖宗打下来的，不是你的私人财产，不是你想给别人就能给的，以后别拿这事开玩笑！

刘欣被喷了一脸唾沫星子，黑着脸将王闳逐出宴会。

禅位最终没有发生，因为就在说完这话的次年，刘欣驾崩，没能跨入新世纪。

那一年是元寿二年（公元前 1 年），刘欣二十五岁，没有儿子。

刘欣在位仅仅六年，从当初的意气风发到最后的日渐沉沦，他的人生让人哀叹。作为饱读诗书的少年天子，刘欣上任之初，还是很想好好干一番事业的。他知道帝国的弊病，也勇于放手让身边的人去做出一些改革。然而，他处于一个尖锐的矛盾局面中，一边是骨肉亲情和既得利益集团，一边则是理想中的承平天下。当理想与现实发生碰撞，自己的努力屡遭挫折时，他选择了逃避。

这是他的悲哀，也是汉帝国的悲哀。

帝国的最高权力出现中空，这一次又会花落谁家呢？

第十章 王莽篡汉

王莽回来了

年仅九岁的中山王刘箕子被选为皇帝，史称汉平帝，然而，此时的权柄已不在他手中。刘箕子虽然当了皇帝，历史舞台上的聚光灯却照不到他身上，而是集中到了另外一个人身上——

王莽！

是的，王莽终于回来了！

他将是今后历史舞台上唯一的男主角。虽然王莽已经在前面有过出场，但只是作为配角出现，所以我并没有花费太多笔墨写他。历史舞台上乱哄哄，各方主角你方唱罢我出场，元帝、成帝、哀帝渐次登场，又很快黯然下台。而现在，终于轮到王莽登场了！

我们将时间的指针拨到公元前 48 年。

这一年，汉宣帝去世，汉元帝即位，王莽的姑母王政君任皇后，外戚王氏集团开始形成。

三年后，王莽出生。

公元前 33 年，汉元帝去世，汉成帝即位，王家舅舅们开始在政坛上全面崛起。

王凤为大司马、大将军、领尚书事，王崇为安成侯，王谭、王商、王立、王根、王逢时皆被封侯，王氏家族势力鼎盛，呼风唤雨，一时风光无两。

唯独王莽是个例外。

王莽的父亲叫王曼，是王政君的异母弟。王政君有八个兄弟，王曼排行第二，不幸的是，王曼很早就去世了。因此，尽管王家有一日封五侯的荣耀，唯独王莽是一介布衣，用《汉书·王莽传》里的话来讲，就是“独孤贫”。

当王家的富二代们骄奢淫逸、声色犬马时，没爹的王莽只能独自扛起生活的重担，侍奉孀母与寡嫂，抚养兄长的儿子。

早早失去父亲庇护的王莽，比同龄孩子更显早熟，他从小就对儒家文化产生了浓厚的兴趣，拜当时的名儒陈参为师，专心研读《礼经》。

此外，他还主动结交知识分子，跟当时的名士戴崇、陈汤及刘歆成了好朋友。不管是对待母亲、寡嫂，还是伯父、叔父，他都谦恭谨慎，曲尽其礼。

生活中，王莽勤俭节约，孝顺恭敬；学业上，王莽努力读书，孜孜不倦；社交上，王莽谦恭和蔼，虚心待人。

到叔伯家做客也是恭敬有加，屁股只坐座位的一半，添茶倒水比谁都勤快，喝酒碰杯一定比别人低，懂礼貌得一塌糊涂。

跟王家那些吃饱了只知道享乐的富二代相比，王莽简直就是外戚子弟中的一股清流。

那些年，王莽是道德完人。

公元前 22 年，王莽二十三岁，伯父大司马王凤病入膏肓。

王莽殷勤伺候在床前，亲尝汤药，几个月的时间衣不解带，人明显消瘦了很多，其孝心连王凤的亲儿子都比不上。

被王莽至诚孝心感动的王凤，在弥留之际握着王政君和外甥汉成帝的手，郑重推荐了两个人，其中一个是从弟王音，后来接替他为大司马；一个就是侄子王莽。

王凤将王莽托付给了太后王政君，希望她能尽量多照顾一下这个早早就没了父亲和兄长庇护的侄子。

王政君本来就对王莽的印象不错，加上大哥临终前的托付，从此对王莽另眼相看。

不久，汉成帝任命王莽为黄门郎，随后又升为射声校尉。

王莽虽然步入了仕途，但是并不受重视。几年之后，他的叔父、成都侯王商主动给皇帝上书，愿意拿出自己的部分封地让给王莽，希望皇帝能给王莽也封个侯。戴崇、金涉、箕闳、阳并、陈汤等大臣也被王莽折服，纷纷向汉成帝举荐王莽。

不久，汉成帝封王莽为新都侯，随后又晋升为骑都尉、光禄大夫、侍中。

此时，王莽已经成为王氏家族中最早封侯的年轻一辈。

从最早的黄门郎到如今的侍中，他用了六年时间，完成了官场上的跃迁。

即便如此，属于他的时代依然没有到来。因为就在王莽步入政坛仅一个月之后，赵飞燕被立为皇后，汉成帝沉湎于女色，在温柔乡中不可自拔。反观王氏子弟，一个个争着修宅子建花园，目光短浅，胸无大志，活像一群吃饱了只会乱拱的猪。

这一切，王莽都看在眼里，他只能夹紧尾巴，少说话，多做事。

随着职位越来越高，王莽不仅没有骄傲自满，反而更加谦虚谨慎。他礼贤下士，谦恭和蔼，经常把自己的工资捐出来救济门客和百姓，甚至将家里的马车卖掉救济贫民，以至于家里都没有多余的存款。

王莽的哥哥死得早，留下一个儿子王光，王莽对他悉心照顾，专门把他送到博士门下学习。每逢休假的时候，王莽就把车马打扮得漂漂亮亮，装满羊肉美酒，到学校去看望慰问侄子的老师。

王光比王莽的长子王宇小，王莽让这哥俩同一天娶妻，以示子侄同亲，不分厚薄。婚礼当天，隔一会儿就有人来向王莽汇报，说太夫人身体不舒服，又不肯吃药。王莽起身去服侍老娘服药，如此三番五次，直到宾客散去。

有一次，王莽偷偷买了一个妹子，被堂兄弟们知道了。

堂兄弟们调侃他：你不是老标榜自己是圣人嘛，怎么还偷偷买女人？

王莽只得说：朱子元将军没有儿子，我听说这个姑娘能生男孩，所以买来准备送给朱子元。

当天，王莽就将这个妹子送给了朱子元。

同时，王莽还接纳、供养了许多当时的名士，大量结交王公大臣、豪门权贵，为将来的仕途广泛积累人脉。

多管齐下，王莽几乎得到了太后、皇帝、勋贵、公卿、学者、名士、百姓等所有阶层的一致拥戴。

这样一个品格优良、谦虚自律，堪称完美的人，大臣王公推荐他，名士大儒们称赞他。一时间，王莽的名声远播四方。

公元前 8 年，王莽因揭发淳于长，得到了大司马王根的赏识，王根举荐他接自己的班。

这一年，三十八岁的王莽成为继王凤、王音、王根之后，王家走出的第四位大司马，开始执掌大汉的权柄。

就在王莽准备一展身手时，汉成帝突然挂了。帝国的权力结构再次被打破，上位的汉哀帝刘欣引入了两股新的外戚势力，这对王莽而言绝对是一个极大的挑战。

辅政之后的王莽比之前更谦虚谨慎，更礼贤下士。有一次，王莽的母亲生了病，很多官场上的朋友前来看望，王莽的妻子迎来送往，穿得破烂。大伙儿原以为这是王家的下人，问过后才知道是大司马夫人，瞬间都惊呆了。

即便王莽如此低调，依然阻止不了新的外戚势力掌权。在跟傅太后几次交锋后，王莽不得不申请提前退休，回到了南阳新野闲居。

告别汉阙的他还会东山再起吗？

在被放逐的日子里，王莽礼贤下士，结交士大夫，等待时机东山再起。

刚回到封地时，南阳太守因王莽身份不一般，提拔手下孔休任新都相，并让其专程去拜见王莽，王莽礼貌周到，亲自接待。有一次，王莽生病，孔休去看望，王莽送给他一把有玉饰的宝剑。孔休不肯受，王莽说，我是看到你脸上有疤痕，美玉可以除瘢痕，才想把剑上的玉饰送给你的。

随即，王莽解下了剑上的玉饰，孔休仍旧推辞。王莽说，你是嫌它太贵重吗？随后将玉饰敲碎，亲自包裹起来送给孔休，孔休推辞不过，只得接受。

一次，王莽的儿子王获杀了自家一个奴婢，王莽不仅严厉谴责儿子，还逼他自杀，一命偿一命。

要知道，在视人命如草芥的年代，奴婢是可以像牛马一样在市场上公开买卖的，且只要向官府备案，奴婢是可以被主人随意处死的，就算没有备案，只要事后向官府交点钱就可以了。

但王莽偏偏不。

他坚持依法办事，逼着自己的儿子自杀，以彰显律法之公正。

很多人说，王莽是两面三刀的阴谋家，他所做的一切都是在作秀。但能把亲生儿子都逼得自杀，这样的秀，恐怕不是常人能做出来的吧？

王莽持身谨严，即便远离朝堂，非但没有降低威望，反而更甚以前。赋闲在家的那三年里，王莽的一系列行为为他赢得了极大的声誉，朝野上下为王莽喊冤叫屈者以百数，请求哀帝恢复王莽的官职。

迫于社会舆论压力，哀帝以侍奉太皇太后的名义，将王莽调回了长安，但没有恢复其官职。

此时的王莽，用一个词来概括就是：谦恭。

公元前 1 年，汉哀帝死了，王莽的政治春天来了。

当时，哀帝的祖母傅太后、母亲丁皇后已经去世，皇后年纪轻轻，根本没有主见。当时的大司马是哀帝的男朋友董贤，年纪轻轻，也是慌了手脚。

这一年，王政君已经是七十岁高龄了。一向沉默的她迅速出手，来到未央宫，第一时间收回了传国玉玺，同时派人立即召唤王莽入宫。

在掌握了权力大印后，老太太这才下诏，搞了一场民主选举，要求大伙儿推举大司马人选。

还选什么呀？这不是秃子头上的虱子——明摆着的事儿吗？

大家争先恐后举荐王莽，唯恐在这场政治秀中站错队。

在“民意”的呼声下，王莽再次登上大司马的宝座，录尚书事，兼管军事令及禁军，随后拥立九岁的平帝登基，由王莽代理政务。

有民望、有信仰、有能力的儒家信徒，太符合帝国全体臣民的期望了。

回想过去的那六年，简直就是一场噩梦，好在如今终于梦醒了。

随着王莽再次回到朝堂，原来被外戚傅氏和丁氏打压蛰伏起来的王氏子弟，就像是早春三月的蛤蟆，蹬蹬腿，扒开泥土，又开始活络起来，重新掌控了朝中的各个重要岗位。

王氏集团全面崛起，放眼望去，已无对手。

朝堂之上乌烟瘴气，一切都需要拨乱反正，一切都需要重新开始。

在接手朝政事务后，王莽开始了大规模的清算运动。

首要目标：董贤！

王莽示意尚书带头弹劾董贤，理由是哀帝卧病时不亲侍医药，禁止董贤入宫。董贤有点蒙，到殿庭摘帽赤脚步行谢罪。

就在哀帝死后第二天，王莽以老太太的名义下诏：

自从董贤入宫以来，阴阳不调，灾害并至，平民遭罪。三公是皇帝最重要的辅臣，高安侯董贤不明事理，担任大司马期间不能令众人满意，不能击败敌人安抚边远地方。现收回大司马印绶，令董贤回家！

当晚，董贤和他老婆双双自杀。

董家张皇失措，连夜将董贤两口子的尸体给埋了。不料，王莽听后却不依不饶：他是诈死！去，开棺验尸！

王莽又暗示大司徒孔光上奏：

董贤生性谄媚，与邪恶之人勾结获取封侯，父子把持朝政，兄弟并受宠爱，接受大量赏赐，大规模建造住宅和坟茔，仿效君王没有节度，与皇上的陵墓无异，其费用以万万钱来计算，国家因此空虚。父子傲慢不顺，不敬皇帝派来的使者，接受赏赐不跪拜，罪大恶极。

董贤自杀认罪，父亲董恭及其他人不悔过，在棺材上涂朱砂，雕以四季之色，左边是苍龙，右边是白虎，上边附着金银日月，用玉衣珠璧装殓，其至尊无以复加。董恭等人侥幸免了死刑，但也不应该继续留在朝廷。我请求将其财产全部没收，靠董贤上任的人全部罢免！

在王莽的授意下，一伙人把董贤的坟给刨开，折腾一番后又给埋了。

除此之外，董贤的家产全部充公，一律拍卖。卖了多少钱呢?

四十三亿。

紧接着，王莽向皇太后赵飞燕开炮，称她跟妹妹赵合德专宠后宫，残害汉成帝的儿子，导致成帝绝后。

老太太迅速下诏，废掉了赵飞燕皇太后之位，将其贬为孝成皇后，迁到北宫居住。

过了一个月，王莽又以老太太的名义下诏，将赵飞燕和傅皇后一起贬为庶人，让她们二人看守陵园。

被贬当天，二人双双自杀。

在这次大清算中，倒霉的还有王莽的亲叔叔王立。

淳于长事件中，王立见钱眼开，明明知道淳于长犯了罪，却依然收受贿赂，为他说情，因而被遣送回封国。

王政君有意对弟弟网开一面，但王莽坚决反对，他说:

如今汉家日衰，连续两任皇帝都没有儿子，您独自代替幼主主持国政，内心自当惶恐。即使您再公正无私，一心为天下着想，仍然怕天下人不服。现在满朝官员都在议论王立，您今天如果放他一马，朝臣们也会倾轧作恶，他日必将乱从此起!唯一的办法是先让他回到封国避避风头，过一阵子再把他召回。

话都说到这份儿上了，王政君无奈，只好打发王立回封国。

这场清算运动搞得轰轰烈烈，王莽陆续罢免了中太仆史立、南郡太守毋将隆、泰山太守丁玄、河内太守赵昌等二千石以上的高官，剥夺了高昌侯董武、关内侯张由等的爵位。

与此同时，王莽也组建了自己的班子，以其堂弟王舜、王邑为腹心，亲信甄丰、甄邯主管纠察弹劾，平晏管理机要事务，刘歆主抓文化事业，孙建、丰子寻、歆子棻、崔发、陈崇为骨干。

班固说王莽任人唯亲，清除了一切异己势力，顺王莽者昌，逆王莽者亡。但其实，被王莽提拔起来的这些人并非都是曲意逢迎、仰人鼻息的跟屁虫，比如甄丰是大儒孔光的女婿，刘歆更不用说，他是著名的经学家，当世大儒。

此时的王莽已经几乎是独霸朝纲，权倾天下，但他仍保持着忠良能臣的朴素作风。

第二年，也就是公元 1 年，王莽改元“元始元年”。就这样，东西方的纪元在这样一个节点会合了。

道德楷模

这一年，自称越裳氏的塞外蛮夷向汉朝进献了一只白雉。一只野鸡其实稀松平常，关键它是白色的，属于瑞兆，这就再现了周成王时的白雉之瑞。

王莽向老太太报告此事，建议她下诏，用白野鸡祭献宗庙。群臣热烈讨论此事，给老太太上书：太后委任大司马王莽决策拥立新帝，安定朝廷。先前的大司马霍光有安邦定国的功劳，封邑三万户，并且规定他死后子孙继承爵位，封邑数同他相等，如同萧相国。王莽有大功，应当比照霍光授封。

老太太有点心虚，问朝臣：你们这么热烈捧他，真的是因为王莽有大功劳，还是因为他是我的至亲？我想听真话。

大伙儿拍着胸脯继续表态：王莽像当年的周公姬旦一样，让周成王获得了白野鸡，此乃祥瑞。圣明帝王的法度是，臣子有了大功，他生前就能获得称号，所以周公在世时就得以用周的国号作为他的称号。王莽有定国安邦的大功，应当赐“安汉公”爵位，增加封户，这样上顺天意，下应民心。

既然大伙儿都这么说了，老太太也只得点头同意，下诏封王莽为“安汉公”，增加其户畴爵邑。

王莽坚决拒绝，他说：我和孔光、王舜、甄丰、甄邯共同商定拥立新帝的大计，要奖赏就请奖赏他们四个人，我就不用奖赏了。

那怎么能行？

老太太又下诏：无偏无党，王道荡荡。对于有亲属关系的人，按理不能有所偏私。你有安邦定国的功劳，不能因为是至亲的缘故就不予褒扬，希望你不要推辞。

结果，王莽又上书辞让。

老太太继续坚持，王莽又四次上书推让，还称病不朝以示决心。

眼见王莽态度如此坚决，老太太只得下诏，先给孔光、王舜、甄丰、甄邯这四人封赏：

太傅、博山侯孔光侍宿护卫四朝天子，几代都担任太傅、丞相，忠孝双全，仁义笃厚，行为合乎准则，天下闻名，提议决策拥立新帝，加封邑一万户，任命孔光为太师，参与四辅的决策；

车骑将军、安阳侯王舜仁义忠孝，迎接中山王，击退敌兵，辗转万里，功勋道德卓著，加封邑一万户，任命王舜为太保；

左将军、光禄勋甄丰侍宿护卫三朝天子，忠义诚信，仁爱笃厚，迎接中山王，安定国家，封甄丰为广阳侯，食邑五千户，任命甄丰为少傅；

侍中、奉车都尉甄邯值宿护卫辛勤劳累，提议决策拥新帝，封甄邯为承阳侯，食邑两千四百户。

在老太太的坚持下，而且是将孔光等人全部封赏完之后，王莽才不得已接受了“安汉公”的爵号，但坚决拒绝两万八千户的封赏。他表示，等百姓家家丰衣足食了，自己再受赏不迟。

紧接着，王莽与其三个亲信升任“四辅”之位：王莽为太傅，领四辅之事；孔光为太师、王舜为太保、甄丰为少傅，位居三公上。“四辅”大权独揽，除封爵之事外，其余政事皆由王莽牵头的班子协商处理。

王莽上位没多久，就给诸侯王的后代和功臣子弟包了个大红包，他上书建议给这些人大加封赏，有的直接封侯，有的给个关内侯的爵位。

于是，一批昨天还在街上卖烧饼的昔日刘氏王孙，今天突然就发达了，共计三十六人封为列侯，二十五人赐爵关内侯。同时宣布，二千石以上的退休高官，终身享受以前的俸禄。

他还非常注重民生，在推行的系列新政中，王莽对鳏寡孤独者在内的普通百姓施以恩泽，再次博得朝野的好感。

此时，年迈的老太太仍握有相当大的权力。为了更好地开展工作，王莽示意身边人上书，劝王政君安享晚年，说太后至尊，不宜操劳过度，一些小事就不必亲自处理了。

老太太对这位侄子可谓是无条件信任，主动让出权力，要求唯有封爵一事必须奏闻于她，其他事皆由安汉公和公卿大臣裁决。自此之后，朝政大权落到了王莽手里。

元始二年（公元 2 年），全国大旱，并发蝗灾，受灾最严重的青州百姓成了流民。王莽告诉老太太，应该心忧黎民百姓，用节衣缩食来示范天下。与此同时，王莽自己捐款百万、献田三十顷来救济民众。

在他的榜样带领下，百官群起效仿，献田宅者共计二百三十人。皇家在安定郡的呼池苑被撤销，改为安民县，用以安置灾民，就连长安城中也为灾民建了一千套安居房。

从此，每逢国家遭遇水旱灾害，王莽只吃素食，不用酒肉，以示节俭。身边的人将此事告诉老太太，老太太很是感动，特地派人诏告王莽：听说你只吃素食，太忧国忧民了，为了国家的长治久安，请君开荤吧！

厉行节俭是王莽的一贯作风，不能简单地视之为虚伪奸诈。王莽是一个忠实的儒家信徒，他骨子里深受儒家文化的深刻熏陶，他是想独揽大权，但他揽权不是为了给自己谋私利，而是为了有更大的自主权去做自己想做的事。孔子说，士不可以不弘毅，任重而道远，自知天降大任于己的王莽是在用自己的实际行动，身体力行地倡导与弘扬儒家文化，朝着平天下的终极目标迈进。

在崇尚奢靡的大环境中，王莽的俭朴之风给社会带来了一股清新的空气。葛剑雄有一段评议颇为中肯：

王莽的这些行为，就是在一个风调雨顺、国泰民安的时代也已够得上典范了，何况是处在一个乱世和一群禽兽般的贵族之中。要说这是作假，如果当时的官员都愿意付出如此大的代价来作假，政治一定会清明得多，道德水平也一定会提高很多，至少比一帮贪官污吏要好得多。

汉平帝刘衎即位后，为了避免外戚擅权的前车之鉴，王莽作了一项艰难的决定，他封平帝生母卫氏为中山孝王后，给皇帝的两位舅舅卫宝、卫玄赐爵关内侯，三个妹妹都上尊号为“君”，条件是他们必须留在中山国，不能到首都来。

对于这种情况，大伙儿虽然觉得不妥，但一个个都选择了潜水，揣着明白装糊涂，只有一个叫申屠刚的官员冒了个泡。

那一年，申屠刚被推举为贤良方正，他对王莽的做法很有意见，上书说：当年周公辅佐成王的时候，虽然事事合规，人人满意，但还是听说他和召公不和，而且也有对他不利的流言。现在皇帝还小，刚刚即位就母子分离，外戚隔绝，这恐怕不太合适。汉家传统是即便任用了贤俊，还是要援用姻戚，这样亲疏相交错，才可安宗庙、重社稷。

他认为：母子关系是自然亲情，任何力量都不能阻挡，应该立即把平帝的家人接来，负责皇宫禁卫，养育年幼的皇帝。

跟他想法差不多的还有大司农孙宝。他说：当年周公、召公都很贤能，可是二人犹有不和，这对他们的美名并无损害。可是现在天时并不是风调雨顺，百姓生活也称不上安定富足，可是每次有事，群臣都众口一词，难道真没有不同意见吗？

王莽看完两人的奏章，气不打一处来，将这俩人找了个借口罢免了事。

王莽儿子王宇认为，老爹这样做，将来皇帝长大后必定怨恨王家。他自作聪明偷偷与卫宝联系，让卫氏写信央求，但王莽还是不答应。

王宇仍不放弃，找来老师吴章和大舅哥吕宽商量此事。吴章认为，王莽脾气太直，根本听不进别人的意见。不过他特别迷信，可以装神弄鬼吓一吓他，再由自己趁机忽悠一把，劝他把大权让出来交给卫家。

计划商量完毕，吕宽带着鸡血之类的秽物，于夜深人静之时到王莽家的大门上尽兴地涂鸦了一回，结果运气不好，作品还没画完，就被王家的仆人抓了个现行。

王莽震怒，大义灭亲，亲自将儿子送入狱中，逼死了自己的儿子。王宇妻子有孕在身，也被捕入狱，待她生下孩子后杀之。

做完这一切，王莽才上奏：王宇被吕宽等人所牵累，误入歧途，散布流言迷惑众人，犯下与管叔、蔡叔同等的罪行，臣不敢隐瞒，应当论处。

儿子都已经被赐死了，王莽才想起给上面打报告，很显然是先斩后奏，他不想给别人阻拦自己的机会。

木已成舟，老太太只得以皇帝的名义下诏，安慰王莽：唐尧有个儿子丹朱，周文王有儿子管叔、蔡叔，这都是德才智慧高超的人对最笨的儿子无可奈何的例子，因为他们本性难移。你居于周公的地位，辅佐像成王那样的幼主，而行管、蔡之诛，不以亲亲害尊尊，朕很赞赏你的做法。昔日周公诛四国之后，大化乃成，希望你专心辅佐朝政，早日实现天下太平。

随后，王莽诛灭卫氏，将吕宽一案从严从重处理，由此牵连出一大群人，其中包括敬武公主、梁王立、红阳侯立、平阿侯仁等，逼他们自杀。死者以百数，海内震动。

从这起事件中，王莽也深有感触，他写下了八篇文章，以戒王氏子孙。后来这八篇文章被皇帝颁布全国，成了学子的必学教材。

全民狂热的时代

转眼间，小皇帝刘衎十二岁了。

放到今天，这个年龄段的孩子多半还在上小学，可刘衎身份特殊，他是皇帝。按照规矩，已经到了结婚的年纪了。

王莽给老太太上了一封书：

皇帝即位已有三年，不但没立皇后，连嫔妃也没有。自古国家之难，无非是嫁娶不正，子嗣绝脉。请太皇太后根据“五经”的要求，选聘皇后，以符合古来天子娶十二位贤良女子的传统，请从长安的公卿世家中挑选优秀的嫡出女子。

这封上书言辞恳切、合情合理。老太太看完后，批给有关部门办理。

给皇帝选老婆，这可是一件大事，很快，一场轰轰烈烈的选美大赛在长安开始了。主管官员博采名门之后，呈上了一份名单，多数是王姓一家的女儿，当然也包括王莽的女儿。

王莽立即上书老太太说：我本身没有高尚的品德，女儿的资质才能又为下等，她不适宜与其他女子一起被挑选。

老太太倒是个实诚人，以为这是王莽真实的想法，特意下诏：王氏家族的女子是我娘家人，为了避嫌，就不参加海选了。

消息传出，朝野上下反应强烈，怎么能这样呢？大家都是公平竞争，何况王莽的女儿那么优秀，平白无故为何要退出？这样对王莽太不公平了！

于是，长安城出现了罕见的一幕：每天有上千人守候在宫门前上书，要和朝廷说道说道，其中大部分是普通老百姓、学生和基层官吏。大伙儿态度一致：安汉公功劳卓著、彪炳史册，而今在选皇后的时候，怎么能偏偏排除他女儿呢？这样如何向全国人民交代？我们强烈建议立他的女儿为皇后！

一时间舆论纷纷，朝廷压力骤增。

王莽赶紧派人去劝阻公卿及诸生的请愿，结果不劝还好，一劝，上书请愿的人反而越来越多。大伙儿群情激昂，纷纷请愿，希望立王莽的女儿为皇后。

面对如此沸腾的民意，老太太只好收回成命，把王莽的女儿列入候选对象。

结果，王莽又站出来说，我的女儿只是候选人之一，为了表示公正，应当在众多的女子中挑选。还有那么多公卿之女呢，应该好好挑选，多选几个。

结果，已经被调动起情绪的王公大臣们不干了：不用选了，安汉公的女儿那么优秀，皇后之位非她莫属！

面对汹涌的民意，老太太不得已，只好听从公卿的意见，派了长乐宫少府、宗正、尚书令去送彩礼，顺便考察一下未来的皇后。

几个人考察完毕，回来汇报：安汉公的女儿知书达礼，既有颜值又有品行，选她当皇后绝对没问题！

紧接着就是卜卦看八字了。朝中大臣们搞了一场庄严肃穆的卜卦仪式，然后向老太太汇报说，皇上和安汉公的女儿真是天设地造的一对儿，绝对的阖家幸福、子孙繁茂的大吉之卦啊！

信乡侯刘佟瞅准机会，进言说，《春秋》记载，天子将要娶纪国的女子，就先赐纪子称侯，现在安汉公的封邑还不符合古制。

老太太下发有关部门研究，大伙儿再次异口同声：

古时天子封给皇后的父亲封地百里，十分尊贵，根本就不当作臣子来对待，以表示对宗庙的尊重，这才是最大的孝道。信乡侯的进言合乎礼法，可以采纳。请加封王莽田地两万五千六百顷，补足百里封地。

王莽推辞：我女儿本不足以匹配至尊，现在又听众人议论还要加封我。我深切反思自己，之所以能够获得爵位封地，都是因为我是皇亲。我只希望小女能好好侍奉皇上，配得上皇后的称号，至于我自己，现在的封地就已足够，不要再加封土地了。

皇后选好了，皇室得下聘礼。按照惯例，皇后的彩礼是黄金两万斤，合银钱两万万。王莽一再推辞，只接受了四千万，把其中的三千三百万给了陪女儿出嫁的其他十一户人家，自己只留了七百万。

太大公无私了！太正直廉洁了！古今罕见啊！

大臣们一看，又不干了：皇后受聘，怎么能跟姬妾一样呢？不妥不妥！

老太太一听，这么点聘礼，这不是丢我大汉皇室的脸吗？于是又下发通知，再次增加聘礼两千三百万，凑成三千万。王莽又拿出一千万分给家族中贫困的人。

试问，这样一个有理想、有道德、群众基础好的人，有谁不喜欢？

大司徒司直陈崇瞅准机会，让张敞的孙子张竦代笔，写了篇歌功颂德的长文，将王莽一顿猛夸：

臣看到安汉公步入仕途时，社会风气崇尚奢华，他承蒙成帝和太后的恩宠，蒙受伯父、叔父们显赫的荣光，家财丰饶，权势很大，然而他却能自降身份，推行仁爱，约束私欲，遵行礼制，特立独行。

他穿的是粗布衣服，吃的是粗劣饭菜，坐的是简陋车子，驾车用的是劣马，只娶一个妻子，家门之内孝敬长辈、友爱同辈。他淡泊名利，以守道为乐，温和善良，谦逊待人，友爱师长。孔子说过，"未若贫而乐，富而好礼"，说的就是安汉公这样的人啊！

……

元始四年（公元4年）四月，王莽的女儿被立为皇后，朝廷宣布大赦天下，全国人民沉浸在皇帝大婚的喜庆气氛中。太保王舜等人乘势上奏：

《春秋》中列举的功德大义，最高是树立德行，其次是建立功业，再次是著书立说，只有德行最高尚的人才能做到这些。对于臣子而言，最高荣誉就是生前得到最大的赏赐，死后被后人景仰，殷商的伊尹、周朝的周公就是这样的人。

有人带头，八千多老百姓纷纷表态支持：伊尹被封为阿衡，周公被封为太宰，周公的七个儿子都受封，超过了上公所应享有的奖赏，应当按陈崇所说封赏安汉公！

大伙儿一致认为，王莽德行高尚，前无古人后无来者，我们应该给他起一个新的称号。

叫什么名字好呢？

文臣们拿出《尚书》，在里面找了半天，终于有了主意。

上古有两个大神，伊尹为阿衡，周公为太宰，不如将他俩的封号各取一个字，合起来称宰衡，位居三公之上！

为了体现这一称号的尊贵，还规定宰衡外出需随从亲兵二十人、羽林骑兵三十人，前后各十辆大车。同时建议把王莽的母亲封为功显君，赏赐封地两千户，王莽的两个儿子封侯，再一次增加皇后的聘礼三千七百万，合成一亿，以表明礼仪的隆重。

这消息一经出，大伙儿纷纷上书支持。此时的老太太已经完全被民意绑架，面对这一空前的封号和赏赐，她只有同意，并在前殿亲自赐封。

受封时，王莽痛哭流涕，表示只接受给母亲的封号，自己坚决拒绝受封，并要退还两个儿子的爵位和封地。

毫无疑问，朝廷又一次不许，孔光等人说：这点赏赐哪能配得上安汉公的功德？安汉公一贯谦虚节俭、退避礼让，太皇太后万不可批准！

王莽要求进见太后，坚决辞让赏赐。

老太太下诏问群臣：安汉公每次朝见，都磕头流泪坚决推辞，大伙儿觉得是应该接受他的辞让，还是应该继续封赏呢？

孔光等人又站出来表态：这怎么能行？安汉公想拒绝赏赐，我们绝不答应！

百般无奈之下，王莽只好接受了“宰衡”这一封号，同时从增加的彩礼钱中拿出一千万，送给了伺候老太太的太监和宫女。

事后，王莽专门上书朝廷：

我扪心自问，爵为新都侯，号为安汉公，官封宰衡、太傅、大司马，一人蒙受五项恩宠，对我这个凡夫俗子来说，实在是难以承担。去年全国各地的收成已经恢复正常，以前灾荒时裁剪的官职应重新设置。我以为，宰衡的职责在于统率百官安定天下，没有印章，名实不副。我才能有限，不能兼任太多的官职，如今既蒙错爱，我请求御史刻宰衡印——“宰衡太傅大司马印”，刻成之后，我将交还太傅印和大司马印。

老太太下诏：可。

王莽接二连三拒绝赏赐，这种谦让的美德怎么能不好好宣传一下呢？

太保王舜上奏：百姓听说安汉公不接受千乘侯国的封土，拒绝了万斤黄金的聘礼，散发千万家财施舍他人，无不景仰。蜀郡有个男子听了这事儿后，决定放弃打官司，当年周文王感化虞、芮两国国君放弃田地纷争也不过如此。这事儿值得好好宣传一下！

如此一来，王莽的人气空前高涨，成了全国人民的榜样和偶像。

很多人说，王莽是大奸似忠，很会演戏，放在现在就是奥斯卡影帝和达人秀冠军，智商绝对超过一百四！

我不这么看。

此时的朝廷已经被民意裹挟，举国上下呈现了一种集体性的狂热膜拜与讴歌热潮。无论王莽做什么，狂热的民众和官员都会为他摇旗呐喊，逼着他一步步向前走。如果王莽表现出任何的推辞，他的举动马上会被人们放大，成为他的又一个优点。

民众是热情的，也是盲目的。这股汹涌的民意伴随了王莽的前半生，推着他一步步向权力的最高处迈进。而他自己，除了顺应民意外，已别无选择。

与此同时，王莽又亲自制定政策，要求对老人、儿童不加刑罚，妇女非有重罪不得逮捕。同时，他还主持修缮了明堂（祭祀场所）、辟雍（官办大学）、灵台（天文台），吸引来大批各类型人才。

为了留住这些人才，王莽给这些人建了一万多间宿舍，解决了他们的后顾之忧，可以专心做学问。

随后，王莽在全国征召精通经学的教授，在太学讲授儒家经典，还派人四处收罗散佚的上古经典，编撰成书。一时之间，首都长安的文治达到极盛！

紧接着，王莽大规模修建市场和常满仓（国家仓库），来促进物品的流通，调节粮食的价格，并给灾年救灾做好准备。

这一波操作又赢来了满堂喝彩声，王莽再次受到天下所有人的敬仰。

就在王莽当政五年之后，朝臣上书朝廷：过去周公代成王处理国政七年，国家的制度才厘定妥当。而今明堂、辟雍已经堕废千年，没人能兴修重建，安汉公辅政刚四年，实际上负责才两年，大功就已毕成，因此宰衡位置应该在诸侯王之上！

什么意思？意思很明显，王莽的尊号又该升一级了。

问题是，宰衡已经是前无古人了，还能怎么升？

有人出了个主意：可以加九锡。

愚昧的老太太再次顺水推舟，让大伙儿议一议。

看到这里，想必大伙儿一定有一个疑问：什么是九锡？

锡，在古代通"赐"字。"九锡"就是"九赐"，是天子赐给臣子的九种礼器，这是最高级别的礼遇，分别是：车马、衣服、秬鬯（jù chàng）、朱户、纳陛、弓矢、斧钺、虎贲、珪瓒。

这九种器物都不是一般人能享用的，得到这九种器物，是对一个臣子最高规格的赏赐。后来的曹操、司马昭等人都得到过这九锡的赏赐，以至于后来"九锡"就成了篡逆的代名词。

自从王莽拒绝接受新野采邑之后，全国各级官员和百姓纷纷上书，为王莽呐喊。丞相府内，一批又一批的竹简被送进来，摆满了主簿的办公桌。大小官员都行动起来清点这些竹简，最后一数，竟然达到了四十八万多份！

所有的内容都出奇的一致：请求朝廷赐予王莽最高荣誉——九锡。

丞相府的官员们惊呆了！

四十八万多人上书意味着什么呢？

我专门查阅了相关资料，彼时全国人口为五千九百多万，那时候还没有普及九年义务教育，其中百分之九十都是文盲，识字的只有百分之十左右。这么一比较，上书比例几乎占到了全国识文断字人数的十分之一！

不仅如此，这些人还聚集到未央宫门前的广场上，向朝廷表达他们的心愿：不给王莽加九锡，我们绝不答应！

民意不可违，诸侯、王公、列侯们一看这阵势，纷纷去见太后，叩头进言，希望朝廷立即加赏王莽。

除了普通民众，王莽的粉丝群体还包括长安城内的大小官员，大伙儿联名集体上书，强烈要求为王莽加九锡之礼，签名人数达到了九百零二人。

面对热情的民众和同僚们，王莽的态度一如既往地坚定：拒绝。

他说自己只是外戚，侥幸登上高位，承受不起这么大的功勋。臣民上的那些奏章先留中不发，等自己完成礼乐制定工作，到时候自会打报告提前退休，给贤者让路。

老太太哪里肯依？再次下诏：安汉公功德无量，举国上下排着队都给你点赞，朝廷要是不收他们的上书，他们就不肯离去，你就接受这九锡之礼吧！

在强大的民意推动下，这年五月，汉帝国在未央宫举行盛大仪式，为王莽加封九锡。

消息传出，整个长安成了一片欢乐的海洋，人们奔走呼号，高喊万岁，似乎天下一切的希望都系在王莽一个人身上了。

终于，王莽得到了所有的荣誉加成。

加九锡之后的王莽，出门将使用天子仪仗，树九旒龙旗，执金斧玉勺。理想主义者王莽此时意气风发，执政才四年，放眼望去，国家在自己治理下蒸蒸日上，一片太平气象。

河平海晏，万邦臣服，嘉瑞不断。

为了考察民间的情况，王莽特意派出八名“风俗使者”，去全国各地考察。

很快，这八名使者陆续回来汇报说，全国形势一片大好，不是中好，也不是小好，而是大好，好得不得了。天下风俗整齐划一，市无二价，官无狱讼，邑无盗贼，野无饥民，道不拾遗，男女异路，犯者象刑。

为了让王莽信服，这八个人统一口径，编了三万字的歌谣，歌颂王莽的功德，谎称是从民间采风得来的。

这简直就是大治之世啊！

全民都在感激王莽给他们带来了一个祥和太平的时代。

代汉建新

然而，一片马屁声中，还是出现了一些不一样的声音。

事实证明，不是所有人都是趋炎附势之徒，还是有那么几个人愿意刺破泡沫，敢说真话。

一个是琅琊郡太守公孙闳。

此时的琅琊郡正发生严重旱灾，面对朝廷必须上报祥瑞的要求，太守公孙闳却直言治内灾害不断，天怒人怨，无力再造祥瑞。

另一个是广平国丞相班稚。

面对朝廷的硬性要求，班稚既没有上报任何祥瑞，也没有献上歌功颂德的歌谣，甚至对特派员的强烈暗示置之不理。

御史大夫甄丰一看他们坏了队形，派人到琅琊郡和广平国，命令当地官员弹劾公孙闳和班稚：你们两个人不歌颂朝廷，对这盛世视而不见，就是不忠于我大汉朝，就是心怀怨谤，罪该万死！

幸好，班稚有后台，他姐姐班婕妤是成帝的妃子，多年来一直服侍王太后。得知弟弟被人弹劾，姐姐找到了王太后，王太后出面向王莽求情：没有宣扬我朝的盛世跟上报灾害不是一回事，他姐姐服侍我这么多年，看在我的面子上，饶他一次吧！

老太太都出面了，王莽于是就做了顺水人情，只把公孙闳逮捕入狱，很快就被处死。而班稚识趣地挂了相印，辞职去当了个守陵人，为汉成帝守陵。

在这种虚假的盛世繁荣中，真相被悄悄掩盖起来，而王莽也沉迷于这种虚构的幻想中，一步步迈向那个终点。

此时的王莽离最高权力只有一步之遥。

泉陵侯刘庆第一个站了出来，给老太太上书建议，当年周公辅成王的时候，因为周成王年纪幼小，所以由周公完全代行天子的职权。现在安汉公比周公还要贤明，皇帝年纪同样很小，所以应该让安汉公像周公那样，代行天子职权。

群臣众口一词：没毛病！

老太太照例同意，结果诏书还没拟好，就发生了一件大事。

公元 5 年，就在王莽加九锡之礼后不久，汉平帝忽然驾崩。

不得不说，汉平帝刘衎真是一位苦命皇帝。他两岁时父亲去世，孤苦伶仃，三岁时继承王位。他患有心脏病，每次发病便四肢抽搐、唇甲皆青。九岁时被王莽选中，登上人生的巅峰，成为帝国掌门人，十四岁即命丧黄泉。

《汉书·平帝纪》中明确记载了汉平帝的死因，小皇帝本来身体就不好，经常发病，一发病，连话都说不出来。这次只不过是旧病复发，小皇帝没有挺过去，而且因为病情发展得太快，所以没留下遗诏就死了。

《汉书·王莽传》也明文记载，平帝是病死的。当初平帝病重时，王莽效仿周公写过一篇文章，向上天祷告，表示自己愿意代替汉平帝去死，然后将这篇文字藏在箱子里。

可是，偏偏有人不信。

汉平帝这么年轻就去世了，不合常理啊！这中间绝对有猫腻！联想到王莽后来的一系列行为，一个阴谋论开始像病毒一样传播开来：汉平帝这只小白兔其实是被王莽这只大灰狼毒死的！

公元7年，东郡太守翟义拥立严乡侯刘信为天子，翟义自封为大司马、柱天大将军，起兵讨伐王莽，向天下各郡国发出檄文，其中就造谣说汉平帝是被王莽毒死的。

翟义造反失败，但王莽毒杀汉平帝的说法就此流传了下来。加上后来王莽的确是把汉朝的传承给断掉了，自己当皇帝，建立了新朝，这让后世那帮以维护正统为己任的读书人情何以堪？

对不起了，屎盆子就是要扣在你头上，谁让你篡汉了呢？

于是乎，唐代大儒颜师古给《汉书》作注时，不但写了王莽毒杀汉平帝的详细经过，连原因也说得很明白：汉平帝逐渐长大，因为母亲卫姬的缘故，对王莽产生不满；王莽知道自己与小皇帝的关系恶化，于是借助腊日的酒宴，献上有毒的椒酒，毒死了汉平帝。

司马光写《资治通鉴》时，也采信了王莽毒杀汉平帝的说法，将王莽刻画成了一个虚伪又会演戏的凶手。

这实在是冤枉！

其实，彼时的王莽实在没有除掉汉平帝的必要。要知道，当时汉平帝年纪还小，远不到亲政的年龄。王莽的女儿又是皇后，将来生了儿子，王莽的外孙就是下一任皇帝，王莽根本不用担心大权旁落。

更何况，弑君的危险系数太高了，一旦露出破绽，王莽将成为众矢之的，被钉在历史的耻辱柱上。作为一位忠实的儒家信徒，王莽的理想是效仿周朝的制度，最终实现天下大治，篡汉不是他的初心。

汉平帝的突然死亡让大汉王朝遇到了一个大问题：谁来当这个接班人？

汉平帝没有子嗣，而他的祖父汉元帝的儿子也已全部死去。再往前数，汉宣帝的曾孙一辈倒是有不少人，但这些人都已长大成人，被王莽一句“兄弟平辈之间不能继承帝位”给刷下去了。

接着由王莽拍板，从汉宣帝的玄孙中选了个刚刚两岁的小家伙，刘婴，号曰"孺子"，世称"孺子婴"。而选中他的理由貌似很难反驳——卦象大吉。

小皇帝刚登基，就出现了一个嘉瑞。

有个叫谢嚣的上报说：武功县的县令孟通在疏浚水井时得到一块白色的石头，上面是圆形，下面是方形，石头上刻有红色的字迹：告安汉公莽为皇帝。

看到这个消息，王莽又是什么反应呢？

他的反应很耐人寻味，他马上让人转告老太太。糊涂一生的老太太此时突然清醒起来，厉声说：这是骗人的把戏，不能信！

直到这时，老太太才明白了王莽的真实目的。年逾古稀的她虽然重用娘家人，但本心还是想守住刘家的社稷江山，没料到一向谦恭的王莽竟然有这种狼子野心！

可惜，她明白得太晚了！

王莽的心腹王舜索性向王太后摊牌：以王莽现在的威望，如果真要当皇帝，我们也无力阻止。再说他并没有篡汉的野心，只是想要一个代行皇帝职权的名义，加强权力，镇服天下罢了。事情已经到了这个地步，不如就让他暂代天子执政，等天子成年了，再把权力还给天子就行了。

老太太被逼得无可奈何，只得下诏，让王莽暂代天子朝政，称"摄皇帝"。

从大司马到安汉公，位加宰衡，再到摄皇帝，在群众的呼拥与撺掇中，王莽一步步接近了他的终极目标。

汉平帝驾崩后的第二年（公元 6 年）正月，王莽正式就任"假皇帝"。

同一年，国家改元，称居摄元年。

一片叫好声中，有人开始发觉情况有点不对劲了。

第一个站出来反对王莽的，是西汉真正的主人，刘家人。

在他们看来，就算你王莽功劳再大，你毕竟姓王，只是一个外戚，凭什么让我们把江山就这么轻易交给你？

安众侯刘崇认为：王莽必危刘氏，眼下王莽都快要当皇帝了，竟然没有一个宗室子弟站出来反对，这是宗室之耻也！只要自己站出来振臂一呼，全国的宗室必定会群起响应！

可惜，刘崇还是失算了。此时的诸侯王不光多如牛毛，而且力量早就被中央收回，怎么可能跟随你出来造反？结果刘崇只拉起了一支百余人的队伍，不出预料，连城门都没攻入就败了。

第二个站出来反对王莽的是东郡太守翟义，他拥立宗室严乡侯刘信为天子，向全国各地发出通告：王莽毒死平帝，执行天子特权，妄想断绝老刘家的江山社稷。我们要遵从上天的旨意，诛灭王莽！

号令一出，各地纷纷响应，队伍迅速扩大。当翟义的讨伐大军到达山阳郡时，已经聚集了十余万人。

王莽听到这个消息，顿时惊呆了，十几万大军啊！来势汹汹，怎么办？

他抱着小皇帝刘婴，在朝堂上声泪俱下：昔日成王年幼，周公摄政，管叔与蔡叔伙同纣王的儿子武庚造反。而现在翟义伙同刘信造反的性质和当年管、蔡一样恶劣，连大圣人周公都害怕，何况我这样才识浅薄的人？自己绝不会谋朝篡位，将来等刘婴长大了，必定会归政于皇帝！

面对王莽声泪俱下的真情告白，老太太深受感动，对身边人说：人心都是相近的，我虽然只是个妇人，也知道王莽的难处。

他召见群臣，表明心迹：如今翟义挟刘信作乱，声势浩大，我愁得整宿睡不着觉，你们有何想法？

大伙儿纷纷表态：不遭此变，哪能彰显您的圣德呢？无论您做什么，我们都挺你！

在获得群臣的支持后，王莽依《周书》写了一篇《大诰》：今翟义、刘信等意图谋反，妖言惑众，想要篡位，害我孺子，罪深于管、蔡，恶甚于禽兽！

在稳住了大臣后，王莽终于出手了，他任命六位将军迎战翟义，然后又一口气任命了七位将军，分别驻守长安外围的各个战略要点。

没啥好说的，全军出击！

一顿操作猛如虎，反贼纷纷告败，政府军大获全胜。

这场声势浩大的起义，在任何人眼里都会是一记警钟。这表明，不是所有人都站在王莽这边，愿意为他呐喊助威。此时此刻，他应该作个自我检讨，收敛自己先前膨胀的内心。

可惜，王莽却得出了截然不同的结论：反贼被迅速镇压，难道不是我威德日盛、大获天人之助吗？

那就意气风发，朝着目标全速前进！

反正王莽自己是这么想的。

胜利之后，王莽置酒白虎殿，犒劳三军将帅，大封功臣，依周制爵五等，封侯、伯、子、男共三百九十五人，数百人赐爵关内侯。

公元 8 年，大汉陷入了集体的癔症状态，所有人都在为王莽当皇帝而积极谋划。

这年七月，广饶侯刘京上书，齐郡临淄县昌兴亭的亭长夜里做梦，梦里有个人对他说：我乃天帝使者，天帝让我告诉亭长：摄皇帝应当为真皇帝。你如果不相信，亭驿里会出现一眼新井，就是最好的证明。

第二天一大早，亭长起床，果然看到一眼新井，深达百尺。

接下来，巴郡发现了石牛，扶风出现了雍石。

更邪门的是，当巴郡的石牛、扶风的雍石运到未央宫前殿，王莽与王舜一同观看时，天空忽然起了一阵风。风停后，凭空出现一张铜符帛图，上书：天告帝符，献者封侯，承天命，用神令。

王莽坚信这是上天旨意，要自己改元。

从权力、舆论各方面来看，王莽离皇位只差一步，现在就看谁再推一把了。

一个叫哀章的决定赌一把。

他偷偷做了两个铜盒子，里面各放一卷书简，一个盒子里面放着“天帝行玺金匮图”，一个盒子里面放着“赤帝行玺某传予黄帝金策书”。金策书中明确写了刘邦将皇位传给王莽，太后应该尊承天命将帝位授予王莽。

除了假托天命，哀章还不忘推销自己。他在金策书中写了十一个辅助王莽登基的大臣名字，其中十个是王莽的人，最后一个就是他自己，甚至还写了王莽登基后应该授予哀章何种官职。

准备工作完毕，哀章身着黄衣，手持铜盒子来到高帝庙，交给看管宗庙的主管。主管不敢隐瞒，立即上报此事。

看到这两个铜盒子，王莽笑了：这是你们的老祖宗刘邦让我当皇帝的啊，我能推辞吗？

王莽终于深信不疑，笃信这是上天降命于己。于是，他到高帝庙拜受铜盒子，正式谒见太后，回来后在未央宫以皇帝身份正式下诏：

皇天上帝赐厚恩保佑，天命让我继承大统，符命、图书和文字，以及铜柜策书，表明神灵之意，将天下千万百姓的命运托付与我。托赤帝高皇帝之灵，秉承上天之命，面对禅让皇位的金策书，我十分敬畏，敢不恭敬接受！于戊辰日当定辰，御王冠，即天子位，定国号为“新”！

他终于迈出了那一步。

王莽做皇帝后，第一件事就是找回传国玉玺。

因为孺子婴太小，所以玉玺一直在老太太王政君手中保存。当她看到王莽派王舜来索取玉玺时，糊涂了一辈子的老太太终于幡然醒悟，但一切已悔之晚矣。

看着王舜那藏不住的笑意，老太太指着他的鼻子大骂道：你们父子宗族承蒙汉家恩惠，才能世世代代享受荣华富贵。可是你们不思报答，反而趁受人托孤的机会，夺取汉家江山，完全不在乎恩义，简直禽兽不如！

既然你们要改朝换代，为什么不自己做个新的玉玺？为什么还要找我这个汉家的老寡妇来讨要亡国的不祥玉玺？我反正要死了，这个玉玺我是准备要陪葬的，你们休想得到！

这个七十九岁的老人，这个在幽深的未央宫中守了一辈子活寡的女人，在最后关头依然努力维护着汉家的最后一丝尊严！

说完这番话，老太太泪如雨下。

王舜也趁机挤出了一点眼泪，继续劝说：您骂得都对，我无言可答。但是王莽是无论如何都要得到这颗传国玉玺的，您难道能至死都不拿出来吗？太后还是交出来的好。

老太太也知道，事已至此，她一介女流是守不住传国玉玺的。即便如此，她也不想就这么轻易交出去！

这颗传国玉玺颇有来历，是当年始皇帝得到和氏璧后，召集秦国最杰出的玉匠雕刻而成，上面有李斯所书“受命于天既寿永昌”八个大字，方圆四寸（约合 11.2 厘米），上纽交五龙，通体剔透，气度非凡，堪称人间至宝。

自秦朝以来，传国玉玺便成为天下共传之宝、国之重器。公元前 206 年十月，高祖刘邦率军入咸阳，得到了这颗玉玺，此后代代流传，两百年后一直传到了王政君手中。

传国玉玺的每一次易主，便意味着一次朝代的兴衰更替，而这一次，轮到王政君做出抉择了。

问题是，她还有得选吗？

悲愤至极的老太太举起传国玉玺，骂道：我老了，快要死了，王家有你们兄弟这样的人，早晚会被灭族的！

说完，她最后看了一眼色绿如蓝、温润而泽的传国玉玺，然后狠狠地摔了出去！

王舜惊呆了！

他完全不敢相信，一向性格温和好说话的老太太竟然会做出这种事，等他反应过来想抢夺玉玺时，已经晚了！

哐当一声，玉玺被摔在了地上，等王舜扑过去捧起来时，发现玉玺的一个角已经缺损了。

玉玺虽然被摔坏了，但摔坏了角也是传国玉玺，王莽命人将坏掉的那个角用黄金补上，也算是为这传国玉玺加了一个终身的防伪标记。

公元 8 年，在举国追捧、万民瞩目之下，王莽登基称帝，改国号为“新”。

长安城内外一派喜气洋洋，百姓自发地穿上新衣，走上街头庆祝。

这一年，王莽五十三岁。

这一年，一个叫刘秀的人躬耕于南阳。

第十一章 理想悲歌

一生真伪复谁知

王莽没有忘记那个从中山国请来的娃娃刘孺子，他册封孺子为定安公，走下金銮殿，紧握孺子的手，老泪纵横、泣不成声地说：我本想以周公为楷模，辅佐你到亲政为止，无奈天命不可违，上天一定要我代汉而治天下，奈何奈何！

我知道，看到这里，又会有很多人呸一声，认为王莽戏演过了。

但或许，此刻的王莽是真情流露，流泪是因为难过，难过是因为他终究不能像周公一样，最终将大位还给被辅佐的成王。

自尧、舜、禹三代以来，“禅让”一直都是个美丽的传说，听说过，没见过，王莽是第一人，也是唯一一人。此后，中国历史上诸多的“禅让”游戏，无一不是在重兵环绕、刀枪加颈的前提下完成的。唯有王莽，作为一个外姓人士，不挟天子不令诸侯，也不费一兵一卒，在全国人民的拥戴下，顺应民意建立了新的国家，成了千万人景仰的开国皇帝。

你没看错，王莽是一位民选皇帝。

至此，历时二百一十年的西汉王朝正式灭亡！

新的时代开始了！

故事讲到这里，我们先按下暂停键，此时此刻，想必大伙儿满脑子都是十万个为什么。

王莽为什么能够篡汉？

在王莽迈向最高权力的过程中，为什么会有那么多人心甘情愿为他摇旗呐喊？

为什么这场改朝换代来得这么容易，几乎没有遇到任何阻力？

这是一个宏大的命题，我在这里试着作个解读。其实，所有的疑问都可以归结为一个问题：王莽这一介儒生，究竟有何魔力，竟能如此轻而易举地篡汉而立？

准确来讲，这个“篡”字并不准确。

追根溯源，王莽得感谢一百多年前的那位大儒董仲舒，因为他提出了一个很重要的观点：天人感应。

什么是天人感应呢？具体来说，天上和地下是有某种联系的，帝王有德而受命于天，依照天的意志支配天下。如果帝王失德，天必降灾祸以警示帝王，督促帝王改正，否则国家就会灭亡，朝代就会兴替。

也就是说，天命是会变的，天命变了就要换新朝代。武帝对此也是深信不疑，他每隔四年就要换一个年号，代表一个新的开端。

自此之后，西汉的政治思潮中出现一个全新的理念，也就是受命论：天子乃有德者居之，如果失了德，上天就会授命于他人。

可是，你发现没有，这套理论有一个巨大的内在逻辑矛盾，如果刘家这么取天下是合理的，那刘家干不好，是不是可以换人当皇帝呢？

汉景帝的时候，就发生了这么一场著名的争论。争论的双方一个叫辕固生，一个叫黄生，两人讨论的主题是“汤武革命”到底对不对。

黄生认为：商汤和周武王等人的行为，其实就是暴乱，是杀人，不值得提倡。

辕固生针锋相对：桀纣之君，荒淫暴乱，天下百姓都归心于商汤和武王，商汤和武王顺应百姓的呼声而诛杀了桀纣，桀纣的百姓主动投奔商汤和武王，这不是受天之命吗？

黄生继续坚持自己的主张，他说：帽子再破，也得戴头上，鞋子再新，也要穿在脚上，这叫上下有别。桀、纣再无道胡搞，那也是君；汤、武再伟大正确，那也是臣。君主做错了事，臣子不谏言匡正以尊天子，反而以错误为理由弑君，改朝换代做君王，这不是造反是什么？

辕固生说：要照你这么说，当年我们高祖皇帝提三尺剑起兵反秦，最后推翻秦朝建立了大汉，也是不对的喽？

话说到这个份上，没法往下聊了。

汉景帝一看扯到了敏感话题，只好出场叫停：马肝有毒，所以吃马肉的人不吃马肝，你不能认为他不懂得品味。同样的道理，搞学问的人不讲“汤武革命”的事，没人当你是傻子。

换句话说，这个话题涉及我祖宗得天下的合法性，别辩了，搁置。

话题可以不讨论，但这套观念是一直存在的。在当时人看来，天命无常，唯有德者居之，禅让是理所当然的事。

这里我来讲两件事：

昭帝继位不久，泰山就发生了大石自立的奇事，更为神奇的是皇家园林上林苑一棵枯死的树突然复活了，长出了叶子，有虫子将树叶咬出了一行文字，内容是“公孙病已立”。

有个叫眭弘的小官看到这一情况，公开宣称：我的老师董仲舒曾经说过，即使是君主也不能违背天命。汉家是尧的后代，有传国之运，如今发生了这种事，皇帝应该遍访贤人，把帝位禅让给他，自己退位封得百里之地，就像殷周二王的后代那样，以顺从天命。

可想而知，皇帝听后相当生气，示意霍光杀了他。

建平二年（公元前 5 年）六月，哀帝生母丁太后去世。遍地都是造反的民众，朝廷内权斗此起彼伏，帝国一派末路景象。哀帝在哀痛之余，也在苦苦思索帝国的前途，而此时，一个叫夏贺良的神棍冒了出来，说他可以挽救帝国的命运。

夏贺良告诉哀帝，汉朝气数已尽，改朝换代已经在所难免。老刘家要想继续做皇帝，就必须再接受一次天命。必须改纪元、换国号，才能逃过此劫。

也许是过度的悲伤损伤了哀帝的判断力，他竟然信了，而且还下发了诏书：汉朝建国二百余年，气数已尽。但皇天庇佑，又给了我们刘氏一次再受天命的机会。朕无德无能，岂敢抗拒！现在宣布改元更号。建平二年改为太初元年，朕自此以后不再是汉朝皇帝，而是“陈圣刘太平皇帝”。

身为帝国皇帝，竟然主动承认王朝气数已尽，这简直就是古今奇闻！

哀帝显然对这份诏书可能会带来的严重后果估计不足，因为很快，民间就开始流传这样的谣言：陈国人是舜帝的后代，老王家则是陈国人的后裔。汉朝刘氏是尧帝的后裔，尧传位给了舜，这个国号意味着老王家将要取代老刘家，王莽将要代天行道啦！

禁忌之门一旦打开，再也难以封闭，帝国的民众开始在公共场合讨论汉家天下气数已尽。

由此不难看出，在谶纬之学大兴的西汉末年，上至公卿士大夫下至民间百姓，都对“天人感应”深信不疑。

王莽更是以德受命说的重度发烧友。

在帝国臣民们看来，王莽这个人简直太完美了，他有权势、有信仰、有民望，符合所有人对完美人格的幻想。于是，当王莽官场受挫时，就会有无数人出来请愿，把他送回朝廷的权力核心；当王莽在庙堂上获封安汉公、摄皇帝时，会有更多的人仍觉得不够，站出来继续推他向前，再向前。

直至抵达权力的最高处。

王莽能从当初的贫寒子弟一步步出人头地，证明了他绝对是个聪明人，然而迷信与偏执，也让他这个聪明人瞬间脑残。

再来回答一个问题：王莽是影帝吗？

白居易曾给王莽写过一首诗：

周公恐惧流言日，王莽谦恭未篡时。
向使当初身便死，一生真伪复谁知。

这首千古名诗似乎为王莽盖棺定论：一个处心积虑、谋朝篡位的伪君子。

可问题是，这真的是王莽本来的面目吗？

我说未必。

王莽得天下拥戴，可不是靠虚的，而是靠实打实的行动，救灾民、兴文教、减酷刑，无论是达官贵人还是普通百姓，都从中得到了实实在在的好处。

更何况，即便是掌权后，王莽也没放松对儿女的管教，他一生杀掉了三个儿子、一个侄儿、一个孙子及一个孙女。如果他从一开始就是为了谋朝篡位，篡来的位一定要传给子孙，他还会用严苛的礼教和律法将晚辈们逼上绝路吗？

绝对不会。

一个人伪装自己，几天、几年容易，要伪装几十年而不露馅，真的容易吗？王莽几十年始终如一地礼贤下士，这是不喜欢王莽的班固也无法反驳的事实，如果王莽真露出了什么“狐狸尾巴”，《汉书》里怎么会毫无记载呢？

作为一位时刻以儒家高标准要求自己的信徒，王莽是真的相信自己是被上天选中的人，代汉自立是来自上天的意志，属于天降大任，属于奉天承运，属于不可推卸。

他坚信自己的信仰是真理，只要把理论落实，就一定能实现天下大治。

当初被加封为“安汉公”后，王莽做的第一件事不是庆祝，而是追谥孔子为褒成宣尼公，封孔子后裔孔均为褒成侯。

给孔子后人封侯，汉高祖、汉元帝、汉哀帝都干过，但对孔子的追谥，王莽是第一人。而他所做的这一切，都是在按照儒家的标准行事。

可以说，王莽是背负着儒家所赋予的强烈使命走上权力祭坛的。正因为如此，他得到了众多知识分子的鼎力支持，一大帮重量级的文化精英都死心塌地地追随他，信仰着王莽。展开这份名单，我们将会看到一串长长的名字:《春秋》权威左咸、《诗》权威满昌、《易》权威国由、《书》权威唐昌、《礼》权威陈咸、《乐》权威崔发……

其中最有名的是两个大咖：扬雄和刘歆。

先说扬雄。

扬雄是蜀郡成都人，西汉大儒，“南阳诸葛庐，西蜀子云亭”——西蜀子云即扬雄，这是唐代刘禹锡在其《陋室铭》中为天下树立的精神标杆。患有严重口吃的扬雄四十岁那年离蜀入京，因为没有任何关系和背景，历经三代皇帝仍然只是个小小的黄门郎。扬雄却毫不在意，埋头于自己的学术研究。

元始四年（公元4年），扬雄已近六十岁。蜀中的一位土豪听说他正在码字写新作《法言》，怀钱十万来到长安，希望他能够在书里提一下自己，以便流芳百世，结果却遭到了拒绝：商贾们没有仁义的行为，就如同圈里的猪羊，怎可随便载入书中？

然而，一身正气吝啬的扬雄，却在《法言》中力挺王莽。在他看来，王莽勤于政事，建辟雍、立学校、制礼乐、定舆服，恢复井田，引导汉帝国走向中兴，实在是堪比尧、舜一样的伟大人物，是周公之后当之无愧的圣人！

不仅如此，大才子扬雄还写下了《剧秦美新》一文以称颂王莽，批评秦朝暴政，美化新朝建立，认为王莽的治理完全符合先圣精神，甚至称赞王莽之治“郁郁乎焕哉”！

还有刘歆。

刘歆在西汉学术史上的地位非常重要。有多重要？章太炎说，孔子以后的最大人物是刘歆。在王莽上位的过程中，刘歆为他制造了大量舆论，王莽所有的重要文书都出自刘歆的手笔，最后的登基大典也是由刘歆亲自主持筹划，他甚至还把自己的女儿嫁给了王莽的儿子王临。

王莽终于如愿以偿，在众人的欢呼声中坐上了龙椅。可是放眼望去，帝国的江山并不平静。

前面说过，早在武帝之时，汉帝国这艘巨轮就已经出现了问题，虽然经历了昭宣中兴，但帝国积弊已深。到元成之际，各种社会矛盾已经相当突出，大汉王朝岌岌可危：

土地兼并导致百姓穷困潦倒、失地流亡；

豪族大规模崛起，占有大片田地却有免税的特权，贫富差距越来越大；

朝廷官员穷奢极欲，地方官员只知盘剥，外戚贵族没有本事，依然霸占朝堂。

当初师丹、孔光建议限田限奴，结果因阻力太大，最后不了了之。

所有的这些问题，王莽都尽收眼底，他太想通过自己的努力，一扫西汉末年的种种积弊沉疴，最终实现儒家向往的大同社会。

托古改制

故事继续进行。

玉玺到手，王莽当了皇帝，王政君自然也就没有了用处。很多人都开始琢磨除掉这位碍事的老太太，倒不是有什么冤仇，而是想利用这个机会讨个头彩，在王莽面前表现一下。

这不，王莽的一个远支亲属叫王谏的上书了，他说：皇天废汉而立新朝，太皇太后不宜称尊号，当随汉废，以奉天命。

王莽不置可否，把奏折拿给老太太看。老太太看完，就一句：此言是也！

言语间很是不爽。

再怎么说，王政君也是自己的姑母，是在仕途上提携过他的人，王莽做不出这种事。紧接着，他对外宣称：此背德之臣也，罪当诛！

结果，拍马屁拍到了马蹄上的王谏被一杯毒酒鸩杀。另一个叫张永的则献上了一个“符命”，说是太皇太后当为新朝的“文母皇太后”，算是解决了此事。

前面说过，王莽是谶纬和符瑞的重度发烧友，这才会不假思索地乖乖走进哀章精心设计的骗局中。他当了皇帝后，完全按照哀章在金匮中瞎编的辅臣数目与名单，开始依次封拜王舜为太师、平晏为太傅、刘歆为国师、哀章为国将，是为四辅。其余还有三公、四将，共十一人。

更夸张的是，四将中有两个名字：王兴与王盛，王莽翻遍了所有在编官员的花名册，也没找到这两人，最后扩大搜索范围，终于在民间找到了他们。有个城门令史叫王兴，有个卖饼的叫王盛。

结果，在王莽的安排下，这两人朝为田舍郎，暮登天子堂。

王莽笃信这个。

无论如何，王莽开创了一个崭新的时代。

登基不久，王莽就开始了一场轰轰烈烈的改革，史称“王莽改制”。

这场改制，以王莽心中的周代理想社会为蓝本，以《周礼》为指南，涵盖了政治、民生、经济各项领域。在此过程中，王莽刻板教条机械的一面也充分暴露了出来。他每做一件事，都要核对是否与古代一样，又或是能从《周礼》《周官》《尚书》等古书中找到依据，压根不管符不符合当下的社会民情。

为了展示改朝换代的新气象，这位狂热的儒家复古主义者一上位，就开始了大规模改名，理由也很充分：我都是按照经典的指示来做的，有依据的。

谭其骧先生写过一篇《新莽职方考》，其中详细考证了王莽改过的名字，当我耐着性子读完后，严重怀疑王莽有重度强迫症。

比如，他改官名。

在朝廷官职中，他把大司农改为羲和（后又改为纳言），大理改为作士，太常改为秩宗，大鸿胪改为典乐，少府改为共工，水衡都尉改为予虞，光禄勋改为司中，太仆改为太御，卫尉改为太尉，执金吾改为奋武，中尉改为军正。

地方官职名称也有不少改动，太守改为大尹（或卒正、连帅）、都尉改为太尉、县令改为宰。此外还增加了很多官职，名字都是新编的。

匈奴单于要改成“降奴服于”，高句丽要改成“下句丽”，弄得匈奴和高句丽都挽起袖子要扁他。

他还改地名。

当时帝国有东海郡、南海郡、北海郡，王莽觉得不够完美，于是硬生生凑了个西海郡出来。那么西海郡在哪里呢？王莽的目光顺着地图往西找，一眼就看到了青海湖，当时这里还是羌人居住的地方。王莽为了凑够四海郡，强逼羌人“献”出了这块地方，为了让这块荒凉之地看上去像一个郡，他又强制移民，令大量的罪犯前去填郡。

当时，首都长安分为三辅：京兆、冯翊、扶风，王莽将其中的二辅分成了六尉：京尉、师尉、翊尉、扶尉、光尉、列尉。

南阳、河内、颍川、弘农、河东、荥阳六个郡全部改名，南阳叫“前队”、河内叫“后队”、颍川叫“左队”、弘农叫“右队”、河东叫“兆队”、荥阳叫“祈队”，合称为豫州六队。

有没有一种广播体操的既视感？

懂行的知道“队”字是“隧”的省字，意思是顺遂之意，不懂的还以为是准备跳广场舞呢！

这还不算完。

河西走廊设有四郡：张掖、武威、酒泉、敦煌，王莽觉得武威名字不好听，想改成张掖。可问题是，已经有一个张掖了，怎么办？王莽说，那张掖也改呗，就叫设屏吧！

酒泉和敦煌也没落下，这两个郡分别改成了辅平和敦德。

齐郡也没幸免，改名叫济南郡，旁边济南郡被改名乐安。

王莽不喜欢负面的字，把很多地名都改成了反义词：

上党有个谷远县，改成了谷近；

太原有个于离县，改成了于合；

陈留有个东昏县，改成了东明。

无锡改有锡，亢父改顺父，曲周改直周，曲梁改直梁，曲逆改顺平，曲平改端平，曲阳改从阳。

王莽不止在国内大改名，连国外也没放过。

当时，东夷西戎，南蛮北狄，怎么改？王莽大笔一挥，北边的郡统统改成填狄、厌狄、仇狄；西边的郡改成伐戎、威戎、厌戎；东边的就叫填夷；南边的就叫填蛮。

我仿佛看到，深夜孤灯下，王莽一边翻着儒家经典，一边浏览官职名册，手持朱笔，或沉思或疾书或满意地点点头：嗯，这样改才对嘛！

这么一通瞎搞，不但普通群众搞不清楚，连自己人都弄不明白。有的地方一年之内改了五次名，连章子都来不及刻，更别说日常使用了。政府发文，不得不在地名后头加括号，备注原来的名字。连王莽发诏书，都不得不加旁注“故汉 XXX”，否则没人看得懂。

不光改官名和地名，人名也逃不过他的魔掌。

王莽的长孙叫王宗，本来是很有希望继承大统的，可这个王宗是个急性子，自己弄了天子的衣冠穿上，还让人画了像，刻了三枚铜印，和他舅舅吕宽私通文书，准备谋权篡位，事情败露后自杀。

王宗死后，王莽对他的处罚中有这样一条：王宗本来叫王会宗，根据法令改为王宗，现在恢复王会宗这个名字。

有人做过统计，和西汉末年对比，新莽的郡从一百零六个增加到一百一十六个，连改带增，一共改了九十一个郡名，只有二十五个保留了原名；县从一千五百八十七变成一千五百八十五个，其中七百三十个县改了名字，将近一半。

这么神经病的改名运动，都是为了和经典相对应，简直就是瞎搞！

直到后来，光武中兴，把王莽改的这些名字都恢复原状，这场混乱才算是消停。

除了改名，王莽还改了官员薪酬发放制度，让诸侯公卿叫苦不迭。

王莽准备效法周朝，将郡县制改回分封制。依照周制，将爵位分成五等，公侯伯子男，然后规定，爵位总数为一千八。其中公爵的封地为一万户，方圆百里；侯爵、伯爵的封地五千户，方圆七十里；子爵、男爵封地为两千五百户，方圆五十里。

既然制度都有了，那这些人的俸禄就得依靠自己的封地了，国家只给一点钱意思一下。

可问题在于，加封的那些土地和人口户籍都还没整理好，也就没办法分封给这些诸侯，他们只能继续从中央领俸禄。

王莽可不这么想，他认为，既然已经给这些人封地了，那就不能发全额俸禄了，只能发一部分。这样一来，诸侯们的日子可就悲惨了，每月只能领到几千钱。

这点钱根本不够花，有些诸侯甚至需要给有钱人家打短工，来补贴家用。

改名、改薪酬发放制度，这些其实都算不上王莽改制中的重点。王莽改制的重点主要集中在这三个方面：财政、土地和货币，而且还是三管齐下。

先说财政。

王莽登基第二年，就推出了“五均六筦”。

所谓五均，就是在长安、洛阳、邯郸、临淄、宛、成都六大城市设立五均官，由原来的市令、市长兼任，称为“五均司市师”。其下设有交易丞五人、钱府丞一人。

五均官的主要工作就是评定物价和控制市场供应。

王莽规定，五均官在每季度的第二个月将商品分类定价，将每种商品按质量分为上、中、下三等，再分别评估出不同等级的商品价格，称作“市平”，也就是法定价格。

当市场价高于法定价格时，政府就抛售这种物资以平抑价格；如果低于法定价格，则听任百姓自由买卖。

百姓如果手头缺钱了，可以向政府申请办理贷款；贫民遇有丧葬、祭祀等事，可向政府申请无息贷款；想经商没有启动资金的，也可以申请低息贷款。

此外，五均官还有一项工作就是收税，一种是征收工商业者的个人所得税，要求全国除了农业外，所有的手工业、商业都要缴纳10%的个税；另一种是失业税，王莽依据《周礼》规定：有田不耕而令其荒芜者要缴纳“三夫”之税，院子里不种树的要缴纳“三夫”之布，无业游民要缴纳“夫布一匹”。

六筦的内容比较简单，就是产业国营化，国家专卖盐、铁、酒，专营铸钱，征收山泽之税，经办五均赊贷。

没办法，朝廷太缺钱了。

在王莽看来，这六项经济事业都是关系到国计民生的关键性产业。实行六筦，是为了避免豪民富贾利用这些暴利产业来剥削劳苦大众，将这六大产业收归政府后，既可以削弱豪强，又可以进行财富再分配，一举两得。

王莽的改革号称“托古改制”，常常被认为是从儒家经典中寻找作为社会改良的药方。然而当我们仔细一看，不难发现，王莽的改革其实就是桑弘羊经济改革的加强版。仔细对比，所谓“五均六筦”，像不像盐铁专营再加均属、平准二法？

换句话说，王莽虽然打的是复古的旗号，但他复的已经不是周朝的那个古，而是汉武帝和桑弘羊的古。

可问题在于，改革就是利益再分配的过程，王莽要想推行改革，必然要触动豪商巨贾的利益，而桑弘羊的改革方案虽然很完美，但他本人口碑实在太差，怎么才能堵住儒生和商人们的嘴？

王莽与他的智囊团翻出了儒家经典——《周礼》。

历史学家翦伯赞这样评价五均六筦政策：为了制止反抗，所以王莽不能不把《周礼》做他改良政策的旗帜。《周礼》是圣人定的制度，谁要反对新政就是反对《周礼》；反对《周礼》就是反对圣人；反对圣人，就是名教罪人，就应投之四夷以御魑魅。

乍一看，王莽费尽心思琢磨出来的五均六筦政策是极好的，可实际执行的效果如何呢？

只有四个字：惨不忍睹。

王莽用来推行“五均六筦”的，多是一些富商大贾，这些身穿官服的商人们与地方官勾结，中饱私囊，制造假账，最后的结果只能是肥了自己，国库与人民的腰包却落得两空。

为了确保五均六筦政策的执行，王莽在天凤四年（公元 17 年）重申六筦之法，加大了处罚力度，结果却让民众更加不安，百姓一不小心就会触犯五均六筦之禁。

地皇三年（公元 22 年），走投无路的百姓纷纷揭竿而起，王莽又慌忙下令废止这项政策，但此时天下已经乱成了一锅粥。

再说土地。

前面就说过，西汉末年的土地兼并相当严重，地方豪强占有大量土地，而大量失去土地的贫农不得不背井离乡、卖儿卖女，而这些又影响了国家人口及税收，同时造成了严重的社会隐患。

很显然，王莽已经认识到，土地私有和自由买卖是土地兼并问题产生的根源，而土地兼并是导致贫富差距加大、社会矛盾加深的根源。

公元 9 年，就在王莽登基的第二年，朝廷正式下诏，大力推行“王田制”。具体来说就是将土地收归国有，私人不得买卖，然后重新分配，以便缩小贫富差距。

之所以叫“王田”，是因为王莽坚信，溥天之下莫非王土，土地都是皇帝的。

与此同时，针对奴隶问题推行“私属制”，不可以买卖，违令者治罪。要知道，西汉末年，奴婢的数量高达三百八十多万，占全部人口的15%。深受儒家文化熏陶的王莽有着根植于内心的人本思想，他践行人人平等的原则，决不允许拿人不当人看。即便是自己的儿子杀了家奴，王莽也要逼他自杀偿命。

他规定，男丁八口以下之家，占田超过一井（九百亩）者，应主动把超过的地分给族人、邻居或同村亲友，没有土地的由国家授田。

他天真地按照《周礼》记载的井田模式，把全国的土地重新平均分配，人均不得超过一百亩。可结果是，即使将全国土地按户平分，每户也仅能分得六十多亩地。如果再加上各级官员的吃拿卡要，那么真正分到每个农民手中的土地实在少得可怜。

问题在于：这种打土豪分田地的做法，在治世可行吗？

要我说：完全不可行！简直就是异想天开！

早在汉哀帝时，师丹就发布过限田限奴令，但由于外戚傅氏和丁氏大量占有土地，从中作梗，最后不了了之。王莽的做法更为激进，他要废除土地私有和土地买卖制度，全部收归国有，这是赤裸裸的抢劫，而且抢劫的对象还是地方豪强和既得利益者！

在土地是唯一生产资料的西汉，你王莽凭什么让我们把家里几代人辛辛苦苦攒的千亩良田都交出来？就凭你是全国道德模范？就凭你是皇帝？

别忘了，你当皇帝还是我们扶持上去的！

改革其实就是重新切蛋糕的过程，在这一过程中，不可避免地要与利益集团发生博弈乃至冲突，出现阻力和社会动荡都是必然的。作为改革者，要想改变现状，让自己的改革落到实处，除了要有敏锐的洞察力外，还要有准确把握改革时机和条件的能力，只有充分认识到改革推行中的各种制约，才能做出正确有效的抉择。

此外，还有一点很重要，搞清楚谁是我们的朋友，谁是我们的敌人？王莽显然没有意识到这一点。他的土地改革严重损害了权贵们的利益，而无地百姓又得不到实际的土地，对朝廷也怨声载道，两边都讨不到好。

结果可想而知，这个方案下发后，地主豪强们并不买账，继续买卖土地和奴婢，因此获罪者不可胜数。

就在一片反对声中，焦头烂额的王莽不得不在诏令颁布的第三年，也就是公元11年，宣布取消“王田”和“奴婢私属”制度。

土地改革失败了。

最后再来说说货币改革。

先来回答一个问题：为什么王莽在掌握大权后，没有立刻实施政治改革，而是首先施行货币改革？

我在前面反复强调过，西汉后期发生了严重的社会危机，主要表现就是贫富分化：豪强富商兼并土地、买卖奴隶；小农失去土地，一部分沦为奴婢，一部分形成流民。王莽的货币改革其实就是通过新旧货币更换，将富人手中的钱收回来。

他能如愿吗？

我们接着往下看。

王莽的货币改革一共搞了四次。第一次是在他登基前一年，王莽在摄政的时候发行了三种货币，一种叫大泉，重十二铢，可兑换五十枚五铢钱；一种叫契刀，可兑换五百枚五铢钱；一种叫错刀，可兑换五千枚五铢钱。

这样一来，新币的名义价值远高于旧币五铢钱，民间疯狂铸造大钱。另一方面，由于货币贬值太厉害，民间开始使用黄金交易，而王莽则禁止黄金流通，强迫民间接受新货币。

很显然，这次货币改革是不成功的。

认识到这一问题后，王莽在称帝后进行了第二次货币改革。

这一次，王莽废除了两种刀币和五铢钱，代之以一种更小的货币，重一铢价值一文的小钱。这样一来，民间还是疯狂铸钱，十二个小钱就能铸造一个大钱，依然有可观的利润。结果是，民间的小钱都被拿来铸造大钱，导致民间小额交易无法进行，金融市场更加混乱。

前两次改革都没有达到预期目的，王莽并不气馁。很快，他就调整心态，开始了第三次货币改革。

这一次，王莽将货币称为“宝货”，发行了六种货币，分别是钱货（圆形方孔铜钱）、金货、银货、龟货（龟甲）、贝货（贝壳）和布货（铲状铜钱）。

这六种货币从价值一文的小钱，到价值一万钱的金货，一共分为二十八品，因种类繁多，各种货币之间换算极其复杂，老百姓根本记不住，交易大受影响。

在王莽的强行推动下，民间使用五铢钱越来越少，商业也出现了崩盘的迹象。王莽只得妥协，取消了龟货、贝货等货币。

第三次货币改革又失败了。

公元 14 年，王莽进行了第四次货币改革，也是最后一次货币改革。

这一次，王莽废止了大钱和小钱，发行了货布和货泉两种货币。

至此，王莽的货币改革终于告一段落。

长安乱

这是一次注定失败的改革。

为什么这么说?

天下的货币大部分在谁手里?当然是在富人手里。把天下的货币收回来,富人自然没钱再兼并土地、收买奴婢、放高利贷。可问题是,在富人的货币被收回的同时,普通百姓的钱也被收敛了去。富人没了钱,还有土地、房屋、牲畜、工具、作坊等生产资料,可百姓没了钱,就真的一无所有了。

七年内,王莽搞了四次货币改革,每改革一次,百姓都要破产一次,并且引发了大量的违法案件。为了打击私自铸钱和非议诋毁新货币制度的人,王莽用重刑,轻则流放,重则处死,可即便如此,也挡不住违法的人,监狱里因此人满为患。

当一项改革闹得所有人都起来反对、被迫违法时,王莽离失败只有一步之遥了。我仿佛听到新王朝的丧钟已经敲响。

最后的结果是,王莽在土地、货币、经济各方面的改革,悉数完败,老百姓也被折腾得够呛。改制前,西汉有人口近六千万,改制的后期已不足三千万,少了一大半,王莽要负主要责任。大伙儿算是看明白了,这个所谓的新王朝反倒还不如那个腐朽的西汉王朝呢!

或许又有人要问了,既然是改革,为什么一定要效仿传说中的周朝制度呢?为什么一定要照搬儒家经典?

因为不得已。

王莽能登上皇位,并不仅仅靠他个人的才能和品德,更重要的是儒家思想成为社会共识,在那样的一种大环境下,王莽才有了上升的梯子。既然王莽依靠儒学的影响获得了皇位,那么他怎么可能不用儒家的方法来治理天下?

这是一种路径依赖。

基于此,王莽不得不以复古为标志,言必称经书、言必称周礼,处处对标大圣人周公。但问题在于,将一千年前的规章制度套到当下,这就相当于一台电脑运行缓慢、经常出漏洞,使用电脑的人不是想着换一套 Windows 10 操作系统,而是选择了最原始的 DOS 系统,这电脑还能正常运转吗?

在国内大搞改革的同时,王莽与北方匈奴的矛盾也日益恶化,起因却只是一枚小小的印章。

此时,匈奴首领叫乌珠留单于,是呼韩邪单于的儿子,原名栾提囊知牙斯。王莽改名改上了瘾,说我们新朝人的名字没有超过两个字的,你们匈奴人的名字太长，得改。

乌珠留单于只得改名为“知”，去掉三个字，满足了王莽的要求。

单于的名字改了，印玺也得改。

公元9年，王莽派王骏等人去匈奴出差，准备用新朝的印玺换回汉朝颁给单于的旧印玺。

乌珠留单于不敢怠慢，高规格接待了王骏等人，接受了新朝的诏书，然后举起胳膊让人摘下他手臂上的印玺，不料，单于的一位近臣在旁提醒他：还没有见到新印玺的文字，最好先别给他们。

单于放下了手臂，过了一会儿，王骏等人又催要旧印玺，单于准备上交，近臣再次反对。单于说：印文怎么会变？将旧印玺摘下给了王骏，然后大大咧咧地佩戴上新印玺，又置办酒席款待王骏等人，宾主尽欢而散。

回到住处，王骏等人在灯下琢磨开了，之前汉朝颁给单于的印文是“匈奴单于玺”，而王莽让他们带来的新印刻的则是“新匈奴单于章”。前面多了个国号“新”，后面的“玺”改成了“章”，等于把匈奴降了一格。

万一单于发现字不对，来索要旧印，那就麻烦了。

一个叫陈饶的人提议说，干脆咱们毁了旧印，单于不认也得认！拿起斧头就把旧玺砍坏了。

第二天，单于果然派人心急火燎地赶来，请求归还旧印。王骏等人出示了被毁的旧印，你看着办吧！单于无可奈何，只得派自己的弟弟入朝称谢，并上书朝廷希望换一个原来的印，结果被王莽一口回绝，并对陈饶毁印的“壮举”大加赞赏。

因为这件事，双方关系破裂，单于派了上万骑兵驻扎在边塞，抗议加示威；王莽则下令将匈奴国土分为十五份，由呼韩邪单于的儿孙们分别管理，同时派人携巨款到边境去扶立了两个单于。

乌珠留单于彻底被惹毛了，撂了句狠话：先单于受宣帝大恩，不可背叛，但现在的天子不是宣帝的子孙，怎么轮得到他来干涉？

接着，单于兴兵犯境，要跟新朝干一架。

直到此时，王莽仍没意识到自己干了一件蠢事，他见匈奴大军出动，不甘示弱，一边把“匈奴单于”改为“降奴服于”，一边大张旗鼓地调拨军队，集中了三十万大军，号称要十路大军齐发草原，北上与匈奴人死磕。

看着规模阵仗挺大，但实际呢？

大军未动，粮草先行，三十万大军的粮草可不是小数目，一时半会儿根本凑不齐。北方云集的大军无事可干，便干起了四处打劫的营生；南方的官员则忙着催粮，搞得流民四起，百姓叫苦不迭。

王莽的悲剧在于，一套有着道德自信的执政者，破坏了社会发展的自然规律，完全按照自己的愿望来改造社会，开历史的倒车，结果能好吗？

吕思勉在《秦汉史》中说："王莽为有大志之人。欲行其所怀抱，势不能不得政权；欲得政权，势不能无替刘氏；欲替刘氏，则排摈外戚，诛锄异己，皆势不能免，此不能以小儒君臣之义论也。即以寻常道德绳之，后人之责莽，亦仍有过当者。"

而这，也许才是持公之论。

劳苦大众已经不堪重负，对他们而言，举大计只是时间问题。

天凤三年（公元 16 年），二月，地震，天降大雪。

闰五月，长平馆西岸坍塌，泾河水流阻塞，河水决口向北流去。

七月，霸城门发生火灾，又出现日食。

十月，益州大疫。

在很多人看来，这是上天发出的警告。可是这一年，王莽在干什么？

地震发生时，王莽搞自我欺骗，说大地有震有动，震有害而动无害；他改革薪酬制度，设置了一套复杂的核算办法，可官员还是领不到工资，只能以权谋私、收受贿赂维持生计；他征发十万丁壮、二十万运输队，对广西的句町发动军事进攻，百姓被各种摊派和捐税折腾得苦不堪言。

天凤四年（公元 17 年），荆州大旱，赤地千里，饥民成群结队进入野地、沼泽地采挖荸荠（bí qi）、野菜度日。

王匡和王凤所居的湖北京山因为沼泽地较多，附近的绿林山上有野菜野果，因而引来了不少饥民。各地的饥民分属于不同的阵营，经常为了采食而互相争斗。王匡和王凤为人豪爽侠义，经常为饥民调解纠纷，被推为"渠帅"，不料却被官府诬为聚众造反，派兵镇压。

王匡只得和他的一帮好兄弟领着饥民上了绿林山，与官府抗争，绿林起义爆发。

天凤五年（公元 18 年），山东琅琊人樊崇带领饥民百余人起义，他们把眉毛涂上红色，转战黄河南北，到处捕杀官军，没收地主财物，严惩恶霸地主，赤眉起义爆发。

江山沸腾，面对起义军摧枯拉朽般的攻势，王莽最后的解数，竟然是跑到南郊对着苍天号啕大哭。

十五年前，他在这里，带领全国老百姓走向希望。

十五年后，他在全国老百姓的绝望中走向绝望。

承明宫前，王莽仰天大呼：上天既然将皇位赐给了我，为何不帮我扫除那些逆贼？如果我王莽错了，你就打个雷劈死我吧！

接着，王莽捶胸顿足，号啕大哭，气尽，伏地叩头不止。

佝偻的身躯颤抖得越发厉害，凌乱且花白的头发随风乱舞。王莽老了，他已经是六十八岁的老人了。

地皇四年（公元 23 年）十月，长安城破。

乱兵烧宫阙，斧劈殿门，高呼：反贼王莽，何不出降？

大火蔓延至掖廷承明宫，王莽避火至宣室前殿，他不甘心地疾呼：天生德于予，汉兵能奈我何？

几天后，王莽在渐台被起义军碎尸万段。

长安城陷入浩劫，熊熊烈焰中，无论是二百一十年的西汉帝国，还是立国十五年的新莽王朝，都埋入了历史的灰烬之中。

成也周礼，败也周礼。

出来混，总是要还的。

如果刘邦地下有知，两百年后，他的江山被王莽取而代之，棺材板不知还压不压得住？

不过，刘邦也不必动怒。老刘家虽然已经被拱下去了，但你家命中仍有两百年江山大报。

而这份大报，将会应在另一个人身上。

他的名字，叫刘秀！